U0633192

　　国家社会科学基金全国艺术学项目"文化景观遗产的'文化DNA'提取及其景观艺术表达方法研究"(项目编号：15BG083)；上海交通大学创新设计世界一流学科建设项目"东方设计学研究"(项目编号：WF420320002)；农业农村部政府购买服务"中国休闲农业和乡村旅游创新创意评价"(项目代码：125E0405)；中国花卉协会"国家重点花文化基地认定办法及评定细则"(项目编号：SZ2000041)；上海交通大学设计学院"学术著作出版基金"。

国家社科基金丛书
GUOJIA SHEKE JIJIN CONGSHU

中国花卉旅游景区研究

Research on Flower-themed Tourist Attractions in China

徐媛媛　著

人民出版社

目　　录

序

世界应是一个大花园

　　我国是花的国度，是举世闻名的花卉王国。没有中国的花卉，就不成其
为花园；中国因而成为花园之母。丰富的花卉自然文化资源与民众日益增
长的游憩需求的结合，导致中国花卉旅游产业呈现井喷式发展态势。自从
2007 年中国花卉协会在南京举办以"花卉与旅游"为主题的首届中国花文
化国际学术研讨会（德国 Gert Groening 教授和美国 Diane Relf 教授代表国
际园艺科学学会 ISHS 出席会议）以来，以花卉和花文化为主题的旅游景区
建设开始受到广泛关注，并在近 10 年里形成热潮。然而"赏花热"背后的
旅游开发行为由于缺少理性思维和科学指导而产生诸多乱象，如同质化严
重、定位模糊等，难以保证可持续性地吸引更多旅游者。目的地形象是旅游
地竞争优势的核心筹码，直接影响旅游者的出行决策与行为意图，关注花卉
旅游目的地形象的建构问题将成为脱离其管理困境的一条重要路径。正是
因为看到了中国花卉旅游景区建设的困境和寻找摆脱这种困境之路径的紧
迫性，徐媛媛博士遍访国内外花卉旅游景区，凭着敬业和刻苦钻研精神，借
助于原来专业的深厚功底，完成了《中国花卉旅游景区研究》。本书是全国
第一部从新闻传播的角度研究花卉旅游的著作。作为指导老师和花卉旅游
工作者，我为之骄傲。

旅游目的地形象已得到国内外学界的普遍关注,然而相关研究大多集中于目的地形象的某一维度(如旅游者感知形象),少有从过程视角进行系统考虑,因此旅游目的地形象建构的内在机制与动态过程仍然处于暗盒之中。本书引入社会建构理论,提出中国花卉旅游目的地形象建构模型。除了人文社会科学的一般方法,还利用眼动仪设备以及 TLK 图片抽取技术获取数据;并收集了中外花卉旅游相关领域专家及花卉爱好者关于花卉旅游目的地形象的观点。在花卉旅游目的地形象的关键性组构元素、创意演化路径、多元的建构主体(花卉旅游目的地运营者、花卉旅游者、花文化掮客)和表征形态(文本、图像、影像),以及花卉旅游者群组中的年龄、花卉喜爱度、主观花卉了解度这三个要素与感知形象的关系等多方面取得了创新性成果。花卉旅游目的地形象建构是一个复杂的议题,该研究基于社会建构的思想,从不同的建构主体视角对形象组构元素及相互关系进行分析与讨论。研究成果一方面为目的地的旅游传播与管理提供理论思路,另一方面为中国花卉旅游产业的开发管理提供了重要的实践指导意义。

目前,我国已经建设了不少花卉旅游景区,并已认定过一批中国花木之乡和 20 个国家重点花文化基地。然而,各地新建的不少花卉旅游景区特别是所谓"花海"存在的问题不少,例如品种单一、粗制滥造、管理粗放、经济效益低下且又侵占大片耕地、不可持续的建设等,为花卉园艺事业的发展带来了负面效应。放眼全世界,不少著名的花卉旅游景区由于坚持了特色发展道路,迄今一直是世界热门景区。如贵州毕节的百里杜鹃、荷兰库肯霍夫的郁金香公园、加拿大温哥华的宝翠花园、美国费城的长木花园、法国普罗旺斯的薰衣草花田等,观者如云,络绎不绝。借此机会,谨提出以下五点建议,以借鉴经验,促进中国花卉旅游景区建设走上健康、可持续发展轨道。

一、坚决反对利用良田发展花卉旅游。我国是农业大国和人口大国,确保粮食安全是重中之重。从我所看到的一些基本农田保护区的现状来看,用于粮食生产的良田保护情况堪忧。在此情况下,发展花卉旅游决不能与粮食生产争地,也不应该把一些貌似"荒地"的良田发展为没有经济价值或经济价值很低的所谓花卉旅游区。

二、不赞成发展没有生产价值的"花海"。近几年来,各地盲目跟风发展"花海",不少地方栽培的是格桑花一类的纯观赏性,本身并不具备生产性,也缺少功能性利用价值的花卉种类。为了维系"花海"生存,一些地方甚至出现了给运维公司倒贴费用的怪现象。土地和钱财的浪费令人痛心。

三、鼓励利用生产性基地发展花卉旅游。历史上一些著名的花卉旅游胜地都是著名的果树等经济林生产基地,如江宁之龙蟠、苏州之邓尉、杭州之西溪,皆产梅。这些著名的梅花胜地都是果梅产区。现在流行的油菜花观赏胜地之所以能够长盛不衰,也因为它们可以结合菜籽油生产而兼具赏花功能。法国的普罗旺斯、新疆的薰衣草基地等,都是与生产相结合而获得成功。一些花木花卉基地可以景区化发展,兼具旅游功能。

四、优先发展自然生态型花卉旅游。贵州毕节的百里杜鹃、韭菜坪,西藏林芝的野桃花,新疆伊犁新源县的杏花沟,四川省凉山彝族自治州金阳县的索玛花海,云南的香格里拉花海等,辽阔的中华大地处处有自然生态的野生花海。各地应该优先保护、利用、发展这些天然的生态型花海,让中华儿女回归大自然、拥抱大自然、热爱美好河山!

五、开发利用城市公园花文化旅游。各地都在进行公园城市建设,不少公园缺少自然生态型花卉主题,对城市居民和外来游客的吸引力不足。中国的花文化历史悠久、内容丰富,是生态文明时代的主流文化——中国生态文化的有机组成部分。我们应该把灿烂的中国花文化融入人民城市规划,结合市民公园设计,让人民亲近她、享受她,服务市民的高品质生活。

花是大自然最美好的事物;世界是美好的。作为自然一分子的人类,应当热爱花卉,钟情自然,呵护家园。在从事环境设计时,应该尊重自然、尊重文化,其实质即是尊重人类自己。花文化在英语里可以理解为"People-Plant

Relationship",即人与植物之关系,正确理解花文化,妥善处理好人与植物、人与自然的关系,可以使我们的环境、我们的生活无限美好。世界应是一座大花园!是为序。

周武忠

2021 年 2 月 28 日于上海交通大学

第一章 绪 论

第一节 研究背景与意义

一、研究背景

改革开放以来,中国的经济社会发展成就令世人瞩目,然而快速的经济增长、工业化和城市化进程却为此付出了沉重的资源环境代价。2017年,党的十九大报告提出"人与自然和谐共生的现代化",既要创造更多物质财富和精神财富以满足人民日益增长的美好生活需要,也要提供更多优质生态产品以满足人民日益增长的优美生态环境需要。人与自然和谐共生的理念是对奢侈消费、资源低效高耗、污染高排放的经济发展方式的否定,而生态旅游产业以其环保、可持续发展的特点,在优化产业结构、提升质量效益、促进绿色发展等方面为生态文明建设起到了推动作用。中央一号文件多次提及旅游之于乡村振兴的重要性,发展生态旅游与乡村旅游成为建设美丽中国的有力抓手。

在众多珍贵的生态旅游资源中,花卉是自然界存在最广、色彩最为鲜艳、形态最为娇丽的植物,也是自然界最引人瞩目的物质。花卉旅游将花文化融入休闲文化,使人们享受花卉之美,感受花卉的神奇;花卉与旅游文化创意产业的有机结合,能够促进地区特色旅游产业链的延伸与发展。原国家林业局印发的《全国花卉产业发展规划(2011—2020 年)》提出"构建健全的花卉社会化服务体系和繁荣的花文化体系";中国花卉协会自 2015 年至今连续负责"国家重点花文化基地"的申报、审查、批准、授牌工作,并于 2019 年 3 月印发《关于推进中国特色花卉小镇建设的指导意见》,计划在全国范围内开展"中国特色花卉小镇"的建设工作。

从需求角度来说,自古以来中国人就有养花、用花、赏花、食花的习惯,历经千年形成独特的花卉情结。现如今,国人依旧喜爱莳花弄草,但对本地花卉的养护和观赏已无法满足其亲近繁花、享受自然的需求。因此,在政府的积极政策支持下,拥有特色花卉资源的地区迅速响应市场,打造和提供相应的花卉旅游产品,花卉旅游逐渐成为了全国旅游热潮中独树一帜的社会现象,引发媒体与民众的热烈关注。根据携程旅游发布的《2018 全球赏花旅游趋势报告》,以"赏花"为关键词搜索,网上可预订 1000 多条跟团游、自由行、一日游等产品;携程 App 在三四月间以油菜花、桃花、樱花为关键词的搜索量环比增长超过 500%。

由上述数据可以看到,中国民众自然游憩需求日益增多、赏花热情高涨,中国花卉旅游目的地的数量呈现迅速上升态势,客源市场的竞争也愈发激烈。然而,学术界对于这一旅游形式尚未引起足够关注,对于花卉旅游的产生沿革、发展现状、运行机制、营销推广等问题缺乏专业和系统的理论性研究;花卉旅游相关的设计、传播、管理理论大大落后于花卉旅游实践的需要,造成花卉旅游在理论与实践方面出现脱节与代沟。同时,"赏花热"背后的旅游开发行为由于缺少理性思维和科学指导产生诸多问题,在初步进行文献搜索和实践案例分析之后,本书发现:其一,当下中国花卉旅游目的地管理与营销缺乏宏观视角,在实际操作中工作推进散乱,问题频发;其二,花卉景观大多依赖于自然资源本身的长势,景观呈现手段单一,忽视旅游者的审美偏好,缺乏个性化的主题特色;其三,低质低效的旅游营销传播手段,未能与其他媒介载体进行结合创新,欠缺塑造有故事、有意境的花卉旅游地的能力;其四,花卉旅游目的地忽视与旅游者的沟通渠道,旅游者对于花卉旅游目的地的整体感知难以反馈至运营主体。因此,如何能够更加科学有效地进行花卉旅游发展战略的布局和实施?旅游设计运营者营造花卉景观的内容依据何在?花卉旅游目的地借助什么样的媒介载体能够最有效地将目的地理念从供给方传达至需求方?"赏花游"旅游者对于花卉旅游的态度和企盼是如何的?这些都是中国花卉旅游的发展研究拟解决的关键性问题。

本书将这一系列问题落脚于"花卉旅游目的地形象"之上。在旅游消费文化中,旅游者对于旅游地的消费并非仅仅是消费其所能提供的物态化的使用价值,而是希冀从形象中获取情感体验和符号价值;[①]目的地营销其实是探寻如何激发潜在旅游者内心愿望和共鸣的过程,而目的地形象是对旅游地有凭借的再创造,其结合"实构"的历史想象,融入"虚构"的创意创作,人们对风景的想象建构了并将继续建构着风景。[②]

二、问题的提出

虽然集中于旅游目的地形象的相关研究成果较为丰富,但旅游目的地形象建构的内在机制与动态过程仍然处于暗盒之中,旅游目的地形象由哪些元素构成?元素之间的关系如何?元素背后的利益相关者是如何对形象建构产生贡献的?现有的研究大多集中于目的地形象的某一局部问题或者停留于旅游过程的某一环节,并未对这些问题提供充分的解释。本书试图从系统整体的高度着眼,将花卉旅游的研究置于交叉学科理论视野中。在前人研究成果的基础上,建立花卉旅游目的地形象的动态建构理论框架,从而提出以下研究问题:

---

① 张黎:《日常生活的设计与消费》,《南京艺术学院学报(美术与设计版)》2010 年第 2 期。

② 何景明:《文化遗产旅游目的地:形象建构》,《旅游学刊》2010 年第 6 期。

1.建构花卉旅游目的地形象的组构元素有哪些?

2.花卉旅游目的地形象组构元素之间的关系如何?

3.花卉旅游目的地形象建构的动态运作机制是怎样的?

三、研究目的与意义

本书的研究目的是探讨中国花卉旅游目的地形象建构的内在机制,剖析形象建构过程中的关键性组构元素,明确各建构主体在形象建构工作中的角色与作用。在此基础上,为创造具备吸引力和独特性的花卉旅游目的地形象提供思路框架和行动指南。

本书的理论意义有:

1.丰富生态旅游理论的研究范畴。花卉旅游作为生态旅游的利基市场,在中国的发展势头尤为强劲,将这一热点旅游类型纳入生态旅游的研究范畴,通过全览花卉旅游的空间格局和发展图景,探寻花卉旅游地的成长历程和发展规律,形成以花卉旅游为研究主体的理论系统;同时花卉作为自然游憩资源亦具备中国传统花文化的核心载体之功能,对其旅游活动发展战略研究的理论成果将助力同类型其他旅游资源开发管理的研究进程。

2.拓展旅游传播的研究视角。本书落脚于能够集合花卉景观信息结构和文化意义的目的地形象议题,将传播学、设计学、心理学等学科理论运用于花卉旅游研究中,探讨中国花卉旅游目的地形象的建构机制与组构元素,将复杂的花卉旅游活动解构为各项能够创造价值的分析单元,以"客体形象—媒介形象—感知形象"为模块分别进行专题研究,积极拓展旅游目的地形象在旅游传播研究中的跨学科研究视角。

3.创新花卉旅游发展的研究范式。在形象建构系统框架下的多维度研究论题,以人本主义、规范主义、实证主义作为本课题哲学思想的指导,利用多学科理论系统集成,构建花卉旅游发展的新型研究范式,根据花卉旅游目的地的利益相关主体类别探求设计运营者的设计逻辑、解析媒介形象的呈现异同、揭示旅游者的感知心理,从而对花卉旅游的本质进行深入、细致的分层挖掘和多维度透视。

本书的实践意义有:

1.提供花卉旅游实践的路径和策略。在花卉旅游发展中,科学合理地建构定位明晰、极具特色、契合需求的旅游目的地形象是花卉旅游创意策划与管理的重要环节。深入研究花卉旅游活动中各利益相关者如何各司其职地建构花卉旅游地的客体形象、媒介形象和感知形象等问题,能够为花卉景区的设计与表达、营销与传播、花卉旅游者的关系维系等方面提供现实的科学依据。

2.响应生态文明建设的号召和政策。维系自然生态资源的可持续性是人类文明进程中的重大责任,绚烂多彩的花田不仅是自然馈赠给人类的珍贵财富,也是人类实现生态游憩的绝佳场所。花卉旅游的兴盛表达了城市居民对于复归自然的向往,厘清花卉旅游目的地形象建构的内在机制,找寻出建构环节价值提升的关键点,将有可能推进生态文明建设。

3.推动区域经济发展的转型和优化。发展花卉旅游成为新农村建设致富的途径之一,中国多处花田景区位于城郊或乡村,大部分的花卉旅游成为乡村旅游和生态旅游的结合体,规划和运营得当的花卉旅游区域可以创造工作机会,改善乡村劳动力空心问题,改造旅游景区的同时提升公共服务设施,从经济发展和公共服务方面提高景区人民的生活水平。此外,花卉旅游还有助于打破城乡壁垒,增进城乡互动,更好地促进城乡一体化。

4.促进中国花卉文化的弘扬和传承。与花卉相关的文化想象和以花卉为中心的文化体系凝结为中国花文化(Chinese flower civilization),花卉旅游作为花文化最直观的传播与表达方式,通过营造花卉旅游场所为大众提供文化沉浸机会,促进提升其花卉审美意识,有利于中国传统花文化的弘扬和传承。

第二节 研究现状及评述

一、花卉旅游研究现状

（一）国外相关研究

国外的花卉旅游胜地繁多,如法国普罗旺斯（Provence）、日本东京（Tokyo）、荷兰利瑟（Lisse）、韩国济州岛（Jeju）、南非纳马夸兰地区（Namaqualand）等;以花卉为主题的旅游活动亦丰富多彩,如葡萄牙马德拉鲜花节、英国切尔西花展、保加利亚玫瑰节、斐济红花节、意大利真扎诺鲜花节、荷兰库肯霍夫郁金香节等。然而,以"flower tourism"为关键词进行搜索,发现在旅游学科范畴内以花卉为研究对象的文献较少,仅发现零星几篇与"花卉旅游"主题直接相关的文章。为探其原因,笔者在国外联合培养博士期间及借参加国际会议之机会与欧美教授、同事进行交流,发现西方并不存在与"花卉旅游"直接相关的专用术语。总结原因有二:一方面,花卉在西方城乡规划设计中运用广泛,且民众的花卉消费意识较强,无论是公共区域的街区路道还是私人领域的家庭院落,采用花卉置景的现象都较为普遍,民众并未有意识地将观赏花卉作为一种主要目的的旅游形式;另一方面,西方实践更愿意将花卉与其他旅游主题相结合,营造丰富的旅游体验,如花园旅游、森林旅游等,而并非将花卉作为唯一的目的地吸引物。

因此,笔者在数据库中又以"花园旅游（garden tourism）""节事旅游（event tourism）""农业旅游（agritourism）""生态旅游（eco-tourism）"进行搜索,发现部分研究也会涉及花卉观赏活动或花卉节事,其中有学者提出花卉旅游相关的一系列概念,如"wildflower viewing"等,并将其定义为"节事旅游""可持续旅游""植物旅游""农业旅游"等概念的子集,认为花卉旅游目的地是旅游者将花卉独有的魅力作为主要旅游动机或原因的一类基于自然的旅游目的地。① Kruger M 等受启发于动物旅游（fauna tourism）的分类形式，以市场规模和生物群系的种类为标准将花卉旅游分为"广泛型"（mega-flora tourism）和"利基型"（micro-flora tourism）。② 但总体而言，"花卉旅游"在国际学界呈现零散的研究分布，并未出现更加全面系统的研究，归纳后主要包括以下研究分支。

1. 花卉文化及与人类的关系

此分支早期的代表性研究是在不同文化背景下阐释花卉文化的表现特征、应用形式及象征意义，如 Joseph Hammer Pugstall 的专著《花语辞典》（*Dictionnaire du language des fleurs*），以及 Cortambert L 与 Martin L A 合著的《花的语言：植物王国的符号论》（*Le langage des fleurs*）。

20 世纪 70 年代后，相关研究呈现两个显著趋势：一是运用文化人类学、历史学、社会学方法研究花卉文化，Glenny G 在近 30 年的知识积累基础上，按照花卉品类为章节线索汇总分析不同类型的花卉与植物的内涵与意义；Parkinson F（1986）在《花卉节庆》（*Flower Festivals：Themes and Ideas*）一书中对花卉节庆相关主题和理念进行梳理；Goody J 就不同地区（非洲、西欧、中国、印度等）的花卉文化进行专题性研究；Ziegler C 从全球的经济与文化流通视角研究花卉的培育、贸易、管理和消费问题。二是将花卉、园艺等活动作为载体和媒介讨论人与自然的相互关系，代表人物是美国园艺疗法协会主席、美国学者 Diane Relf 教授，她的一系列著作和论文从多个层面讨论花卉及园艺活动在人类文明进步和社会发展中的作用，例如花卉之于人类情感传递的作用、花卉与国家形象表达的关系等。此外，Gibson C 和 Wong C 研究了乡村绿色节庆活动（green rural festivals）对生态环境的影响以及这种节庆如何重置人与自然的关系。

----

① Laurens N, *Market Segmentation of Visitors to Selected National Parks during the Flower Season*, Masters dissertation, Potchefstroom：North-West University, 2009, p.16.

② Kruger M, Viljoen A, Saayman M, "Who Pays to View Wildflowers in South Africa?", *Journal of Ecotourism*, Vol.12, No.3（2013）, pp.146-164.

2.花卉旅游的历史变迁梳理

学者们分别聚焦某一地域不同形式(花卉节庆、花展、花园)的花卉旅游活动,按照历史脉络解析花卉旅游活动的发展历程及其与当地社会、文化、经济的相互关系。

日本学者 Matsuo E(1990)对日本赏花活动(flower appreciation)进行历史溯源,并列明日本人的花卉观赏行为特征和习惯,如观赏对象(object)、花卉形态(size and color)、花卉内涵(concept)、观赏方式(method of admiration)、感知方式(senses mainly used);[1]Edwards R 通过总结不同历史时期(1880 年至 2004 年)澳大利亚金平地区花展(Gympie flower shows)的社会背景和发展特征,构绘出一部花展兴衰演化史,揭示出社会变迁对乡村节庆和社区发展的影响;[2]Elliott B 从管理主体角度出发,以英国 19 世纪的花展为研究对象,描述此历史时期不同的花展和花卉比赛的主办方和管理机构互相竞争和比拼、不断崛起和消亡的景象,如皇家园艺协会(Royal Horticultural Society)、大都市花卉爱好者协会(Metropolitan Society of Florists and Amateurs)、水晶宫公司(Crystal Palace Comany),并指出英国花展在经历全盛时期后走向衰落的一系列原因:如巨额的花展运营花费、花卉观赏受众过于单一化、混乱的产品流通等;[3]Thomas R P 等在梳理新西兰花园旅游活动时,提及"花园之城"克莱斯特彻奇(Christchurch)每年一度的鲜花节活动,就是由花园之城信托机构(Garden City Trust)负责运营的。[4]

---

① Matsuo E., "Analysis of Flower Appreciation and its International Comparison Contribute to Progress of Flower Production and International Flower Trade", *Hortscience A Publication of the American Society for Horticultural Science*, Vol.25, No.12(1990), pp.1468-1470.

② Edwards R., "Arranging Society with Flowers: the Rise and Fall of Flower Shows in Gympie, 1880-2004", *Journal of Australian Studies*, Vol.35, No.1(2011), pp.99-112.

③ Elliott B, "Flower Shows in Nineteenth-Century England", *Garden History*, Vol.29, No.2 (2001), pp.171-184.

④ Thomas R P, Porteous G, Simmons D G., *Garden Tourism and its Potential Organization in Canterbury*, Occasional Paper, Canterbury: Lincoln University, 1994, p.13.

3. 花卉旅游的游憩价值评估

此研究分支调研的花卉旅游目的地案例多位于南非的半干旱地区。学者们通过对花卉旅游地的旅游者进行调研,基于旅游成本理论(travel cost model)对花卉旅游的游憩价值进行测算和评估,其核心思想是游憩价值是旅游者的总消费者剩余(consumer surplus)和实际花费总额之和,为方便计算研究多将旅游时间的机会成本赋值为 0。

James I 等通过对 160 位在 2002 年盛花期到南非纳马夸兰国家公园(Namaqua National Park)观赏花卉的自驾游旅游者进行采访,将其按照距离目的地远近分组,采用"分区旅行费用模型"(zonal travel cost model)和"旅游生成函数"(trip-generating function)分析花卉旅游线路的经济价值,结论表明:在仅考虑花费和收入的情况下,此国家公园得益于花卉观赏的游憩经济价值已超过公园每年日常运营的净损失(5 万美元);①Turpie J 和 Joubert A(2004)认为"野花旅游"(wildflower tourism)是保护区域植物生物多样性的有效方式,他们利用半开放式问卷调查的方式对游览南非 Bokkeveld 高原(Bokkeveld Plateau)的 164 位旅游者进行调研,采用旅游成本法(travel-cost method)采集旅游者的人均花费信息,从而评估花卉旅游的价值,并通过联合分析法(conjoint analysis)分析不同花卉特征的花卉旅游产品对旅游价值的贡献,花卉特征包括花卉规模(abundance)、花卉种类(variety)和球茎种类(number of bulb species);②O'farrell 等将南非西部的卡鲁生态区(Succulent Karoo biome)作为研究案例地,基于气候情况将此地的旅游服务分为"花卉观赏(flower viewing)、景致(scenery)和遥远感(remoteness)"。其中,花卉观赏部分采用 Thornton 和 Feinstein 的日消费法(total daily expenditure)进行生态系统

① James I, Hoffman T, Munro A, et al, "The Value of Flower Tourism at the Namaqua National Park: Environmental and Ecological Economics", *South African Journal of Economic and Management Sciences*, Vol.10, No.4(2007), pp.442-456.

② Turpie J, Joubert A, "The Value of Flower Tourism on the Bokkeveld Plateau-A Botanical Hotspot", *Development Southern Africa*, Vol.21, No.4(2004), pp.645-662.

服务的旅游估值,分别按照花卉旅游的年均每平方公里旅游价值(total annual value)、人均旅游价值(per capita value estimates)以及人均总价值增值(% of gross value added per capita)进行数据呈现。①

此外,从花卉旅游的游憩服务价值出发,Nakamura K 等基于三维服务价值创造模型(three-dimentional service value creation model)绘制由日本机器人公司 ZMP(ZPM INC.)出品的花卉旅游信息服务应用——"Hana Navi"的服务价值传递过程图。②

4. 花卉旅游的市场细分研究

西澳观光局(Western Australian Tourism Commission)在 2002 年发布的《野花旅游日历》(*Industry events calendar wildflower guide opportunity*)中指出,野花旅游市场属于旅游行业中的利基市场(niche market),面向有相似兴趣或需求的顾客。然而,随着花卉旅游活动日渐丰富,花卉旅游市场的细分愈发重要。在梳理相关文献后,发现花卉旅游相关的市场细分研究主要分为以下四类。

(1)地理特征细分(Geographic Segmentation)

如客源地的国家、地区、城市等。Tkaczynski A 对澳大利亚图文巴花卉狂欢节(Toowoomba Carnival of Flowers)的 511 位参与者进行调研,发现当地居民和外地旅游者人数各占一半;③另还有学者按照"国际旅游者、国内旅游者和当地居民"三类游览群体的游览需求和偏好进行差异性分析。

(2)人口特征细分(Demographic Segmentation)

如年龄、性别、婚姻状况、收入、职业、教育程度等。Kruger M 等基于人口

① O'farrell P J, Lange W J D, Maitre D C L, et al, "The Possibilities and Pitfalls Presented by a Pragmatic Approach to Ecosystem Service Valuation in an Arid Biodiversity Hotspot", *Journal of Arid Environments*, Vol.75, No.6(2011), pp.612-623.

② Nakamura K, Imahori T, Ikawa Y, "Three-dimensional Service Value Creation Model Based on Multidisciplinary Framework", *Proceedings of PICMET 2010*, 2010, pp.2915-2923.

③ Tkaczynski A, "Flower Power? Activity Preferences of Residents and Tourists to an Australian Flower Festival", *Tourism Analysis*, Vol.18, No.5(2013), pp.607-613.

特征的市场分类法,对南非纳马夸兰国家公园(Namaqua National Park)和开普敦以北的西岸国家公园(West Coast National Park)的野花旅游线路上的旅游者进行调研并作聚类分析。① 值得一提的是,国外花卉旅游市场的年龄细分并不显著,典型旅游人群多为 50 岁以上的中老年;②Priskin J 总结出西澳中部沿海地区(Central Coast Region of Western Australia)的春季野花旅游活动中有半数以上的旅游者年龄超过 55 岁;③Kruger M 等认为对花卉这类自然景物的欣赏兴趣是伴随着年龄的增长而愈发强烈的。④

(3)心理特征细分(Pyschographic Segmentation)

如态度、兴趣、观点和生活方式等。这类研究主要集中于花卉旅游者动机的序列排名。Ballantyne R 等采用七级李克特量表对澳大利亚布里斯班库萨山植物园(Mt.Coot-tha Botanic Gardens)的 150 名旅游者进行调研,分析他们的环境保护意识、环境保护承诺以及游园兴趣,并就植物园观赏与其他类似生态旅游活动(如观鲸、看孵化海龟、水族馆、海底公园等)的游览动机作比较,其植物园游览动机按照优先次序为:享受好时光、欣赏植物园美景、与家人和朋友共度一段高质量的休闲时光、享受户外或大自然;⑤Tipples R 和 Gibbons P(1992)对新西兰坎特伯雷地区(Canterbury)的花园敞开项目进行研究,位列前三项的旅游的动机分别是热爱花园的景致(15%)、喜爱花园体现的哲学和

① Kruger M,Viljoen A,Saayman M,"Who Pays to View Wildflowers in South Africa?",*Journal of Ecotourism*,Vol.12,No.3(2013),pp.146-164.

② Loubser G,Nel J,Mouton P,"The Ecotourism Potential of Herpetofauna in the Namaqua National Park,South Africa",*South African Journal of Wildlife Research*,Vol.31,No.1(2001),pp.13-23.

③ Priskin J,"Characteristics and Perceptions of Coastal and Wildflower Nature-based Tourists in the Central Coast Region of Western Australia",*Journal of Sustainable Tourism*,Vol.11,No.6(2003),pp.499-528.

④ Kruger M,Viljoen A,Saayman M,"Who Pays to View Wildflowers in South Africa?",*Journal of Ecotourism*,Vol.12,No.3(2013),pp.146-164.

⑤ Ballantyne R,Packer J,Hughes K,"Environmental Awareness,Interests and Motives of Botanic Gardens Visitors:Implications for Interpretive Practice",*Tourism Management*,Vol.29,No.3(2008),pp.439-444.

生活思想(13%)、想参与花园相关活动的资金筹措(12%);①Marujo N 研究发现,初次参与马德拉岛(Madeira Island)鲜花节的旅游者动机主要是"了解这项节庆活动的文化"和"亲身参与一项特殊的活动"。②

(4)行为特征细分(Behavioral Segmentation)

如旅游产品的消费行为、忠诚度等。Lobo R 等在加利福尼亚州卡尔斯巴德地区(Carlsbad)的花卉旅游地调研显示:75%的旅游者为"多次游览型",且其中又有四分之三的旅游者每年会游玩 2 至 5 次;③Marujo N 基于 Pine B J 和 Gilmore J H 的"体验经济"(experience economy)模型研究参加鲜花节旅游者的旅游体验维度。④

5. 花卉旅游的影响因素研究

花卉旅游的影响因素分为两个层面:一是对花卉旅游目的地本身的影响因素研究;二是对花卉旅游者旅游体验的影响因素研究。

就前者而言,花卉旅游作为生态范畴下的旅游形式,所处的物理环境可控性较低,支撑其可持续发展的自然生态系统面临着诸多因素的挑战和压力,如矿业与农业(禽类、谷物生产)的影响、植物入侵、公共区域的不可再生资源问题等;Kruger M 等指出,花卉旅游是季节依赖型(senson-dependent)与气候依赖型(weather-dependent)的活动形式,受自然条件影响,在任何季节花卉的种类和数量都难以完全掌控,这对于管理者为旅游者提供美好的观花体验大大增加了难度。⑤

---

① Tipples R, Gibbons P, "Garden Visiting–Twentieth Century Local Tourism in Canterbury", *Horticulture in New Zealand*, Vol.3, No.2(1992), pp.29–34.

② Marujo N, "Tourism and Special Events: The Flower Festival in Madeira Island", *Tourism & Management Studies*, Vol.10, No.2(2014), pp.26–31.

③ Lobo R, Goldman G, Jolly D, et al, "Agritourism Benefits Agriculture in San Diego County", *California Agriculture*, Vol.53, No.6(1999), pp.20–24.

④ Marujo N, "Tourism and Special Events: The Flower Festival in Madeira Island", *Tourism&Management Studies*, Vol.10, No.2(2014), pp.26–31.

⑤ Kruger M, Viljoen A, Saayman M, "Who Pays to View Wildflowers in South Africa?", *Journal of Ecotourism*, Vol.12, No.3(2013), pp.146–164.

在此类研究中,气候变化对花卉旅游的影响研究较为突出,多位学者采用历时性研究方法,观察气候与花期的匹配关系,以此为花卉旅游活动如何应对气候变化提供线索和建议。如 Sparks T H(2014)聚焦英国剑桥郡南部 Thriplow 小镇一年一度的"水仙花周"(Daffodil Weekend)活动,通过收集小镇地方志、时事通讯、网站记录以及与当地居民交流,梳理出"水仙花周"自 1969 年首次举办至今每年的举办日期,并结合举办周期的平均气温绘制趋势比较图,查看各自的变化情况及相互关系;①Aono Y 与其同事通过连续记录历年来京都地区樱花花期和三月平均温度,基于物候学跟踪研究气候变化与日本樱花开放时间的关系;②Primack R 和 Higuchi H 经调查指出,对于同一花卉种类,城区花卉普遍的开花时间早于郊区和乡村,这与城市化(urbanization)(如树木砍伐、人造景观增多等)所带来的一系列影响息息相关;③Van Rooyen M W 等还研究了雨量(rainfall)与水分胁迫(moisture stress)对干旱区花卉生态系统的影响;④Liu J 等学者在旅游研究中引入生物气候学(phenology),以日本 6 个景区的枫叶观赏点为案例,采集近四十年枫叶变红期与落叶期数据以及近十年景区旅游者数量在各月份的分布数据,利用似不相关回归模型(seemingly unrelated regression)验证了气候变化对旅游者数量增减的显著影响。⑤

就后者而言,Priskin J 认为影响旅游者的野花观赏体验的因素包括与

① Sparks T H, "Local-scale Adaptation to Climate Change: the Village Flower Festival", *Climate Research*, Vol.60, No.1(2014), pp.87-89.

② Aono Y, Kaizui K, "Phenological Data Series of Cherry Tree Flowering in Kyoto, Japan, and its Application to Reconstruction of Springtime Temperature since the 9th Century", *International Journal of Climatology*, Vol.28, No.7(2008), pp.905-914.

③ Primack R, Higuchi H, "Climate Change and Cherry Tree Blossom Festivals in Japan", *Arnoldia*, Vol.65, No.2(2007), pp.14-22.

④ Van Rooyen M W, Grobbelaar N, Theron G K, et al, "The Ephemerals of Namaqualand: Effects of Photoperiod, Temperature and Moisture Stress on Development and Flowering of Three Species", *Journal of Arid Environments*, Vol.20, No.1(1991), pp.15-29.

⑤ Liu J, Cheng H, Jiang D, et al, "Impact of Climate-related Changes to the Timing of Autumn Foliage Colouration on Tourism in Japan", *Tourism Management*, Vol.70, No.2(2019), pp.262-272.

植物的距离(许多花卉种类的观赏距离需要小于 1 米)、合适的穿行路径、植物知识的标识和讲解材料;①Kruger M 等经调研得出的三种因素是不可模仿性(inimitability)、可识别性(identification)、惊喜与多样性(amazement and variety)。②

6.气味景观中的花卉旅游研究

在西方学者"视觉至上"的理念占据环境感知理论较长时间后,越来越多的学者意识到除视觉之外的知觉功能对人类感知的深层次情感刺激。继 Schafer R M(1977)提出"声景"(soundscape)概念后,Porteous J D 提出"气味景观"(smellscape)概念,并借鉴"声景"相关的词汇类比定义"气味景观"的一系列亚概念,强调了气味的空间秩序性和地域关联性。之后,Dann G 和 Jacobsen J K S 将气味景观引入旅游研究领域,以时间(前现代、现代、后现代)和空间(发展中社会、发达社会)为线索,对旅游游览记录中的气味描述进行分析。③ 由于花卉具有散发香味的自然属性,有部分学者开始关注气味旅游景观(tourism smellscape)中的花卉主题,如日本学者 Aida M 采用气味漫步(smellwalks)的主观评价方法在不同季节对日本东京的新宿区、北区等地点的植物香风景进行跟踪记录和分析。④

(二)国内相关研究

中国学者自 20 世纪 90 年代开始对中国传统赏花习俗等文化史类内容进行研究,对"花卉旅游"这一主题的关注始于 21 世纪初,周武忠教授于 2002

---

① Priskin J,"Characteristics and Perceptions of Coastal and Wildflower Nature-based Tourists in the Central Coast Region of Western Australia", *Journal of Sustainable Tourism*, Vol. 11, No. 6 (2003), pp.499-528.

② Kruger M, Viljoen A, Saayman M,"Who Pays to View Wildflowers in South Africa?", *Journal of Ecotourism*, Vol.12, No.3(2013), pp.146-164.

③ Dann G, Jacobsen J K S,"Tourism Smellscapes", *Tourism Geographies*, Vol.5, No.1(2003), pp.3-25.

④ Aida M,"Smellwalks in Edo", *Aromatopia*, Vol.19, No.2(2010), pp.65-69.

年在《东南大学学报（哲学社会科学版）》发表篇名为《论花卉的旅游审美意义》。① 其后国内陆续出现探讨中国各地区花卉旅游发展现状及开发策略的说明性文献。笔者以"花卉旅游""花卉观赏"及其相似概念"花卉休闲观光园""花卉景区""花卉主题公园"等为主题，检索论文，并基于已获得论文采用滚雪球的方式追溯查找相关文献，共获得论文（含硕博论文）140 余篇，涉及农学、历史学、旅游学、管理学、建筑学等多个学科。值得一提的是，以"花文化与旅游"为主题的首届"中国花文化国际学术研讨会"于 2017 年在中国南京召开，与会学者围绕"花卉主题景点（公园）、植物旅游资源、花卉旅游商品、花卉美食、花卉与节庆文化、花卉与旅游审美"这六大议题进行讨论交流，并形成《中国花文化国际学术研讨会论文集》。② 此外，周武忠教授著作《中国花文化史》中的"屐痕处处：花文化与中国旅游"一章从"发展简史、花景产品、赏花节庆、旅游商品"等维度对花卉旅游主题做了专门讨论。③

1. 视角的多元：花卉旅游的概念内涵

花卉旅游从字面上看是指围绕花卉主题的旅游活动，有关花卉旅游的种种现象正在进入我们的视野，在近十年来成为中国旅游市场一个标签式的旅游类型，证明了"花卉"已成为汇集中国旅游者游览兴趣的一个旅游吸引物门类。人们愿意利用周末公休日或公共节假日前往某一花卉旅游目的地，旅游者作为行为主体发生空间移动形成的"异地性"，以及其旅游活动自由时间的相对"完整性"成为花卉旅游区别于其他花卉相关休闲活动的关键属性。这一词汇在现实与网络中的反复出现标志着中国的赏花活动从零散的自发性行为逐渐转向市场化发展。

"花"是指植物的繁殖器官，主要代表的是开花植物，也引申为具有观赏

---

① 周武忠：《论花卉的旅游审美意义》，《东南大学学报（哲学社会科学版）》2002 年第 5 期。

② 周武忠：《花文化与旅游——中国花文化国际学术研讨会综述》，《艺术百家》2007 年第 S1 期。

③ 周武忠：《中国花文化史》，海天出版社 2015 年版，第 557—594 页。

价值、色彩缤纷、气味香馥的植物;①汉代许慎《说文解字》中称:"卉,艸之緫名也",即"卉,草之总名也"。② 广义的"花卉"概念包括所有具有观赏价值的草本、花灌木、开花乔木、藤本地被植物及盆景等。从花卉资源的旅游属性来说,人类在赏花之时脱离花卉本身的功利内容,直接从遗传出发形成的一种快感,称为"形式快感";这种使人产生快感的生理在人类早期审美中被强化,其美的生理感受与心理感受产生稳定联系,不断形式化和固定化,③成为格雷(H.P.Gray)所谓的"恋物指向"(sunlust)的旅游驱动力。除花卉在"色、香、姿"等第一层次自然美方面的物态价值外,④花卉不断地被注入人们的思想和情感,不断地被融进文化和生活的内容,从而形成与花卉相关的文化现象和以花卉为中心的文化体系,⑤在这种花文化浸淫下的人们在面对花卉时,通过感知、理解、情感、联想等一系列活动,获得超脱于"物境"之上的一种"情境"与"意境"的超功利审美体验,并能够形成花卉旅游吸引物所代表的符号化的价值认同。

总体而言,花卉旅游以旅游市场为前提,以花卉的种植与培育为依托基础,以花卉文化为重要载体,其核心吸引物是以花卉景观为核心的自然景观综合体和以花卉文化为核心的社会文化综合体。花卉旅游业有别于花卉业。花卉业是指出售花卉及相关种植技术为基础的产业,而花卉旅游是出售花卉给人带来的感官体验,销售与花卉相关的旅游产品和商品的行业。⑥ 根据文献梳理,国内学者从不同视角对"花卉旅游"的概念进行定义(表1-1)。

---

① 熊继红:《花卉旅游资源定量评价研究——以武汉市花卉资源为例》,《旅游纵览》2014年第6期。

② 周武忠:《中国花文化史》,海天出版社2015年版,第2页。

③ 张启翔:《中国花文化起源与形成研究(一)——人类关于花卉审美意识的形成与发展》,《中国园林》2001年第1期。

④ 周武忠:《论花卉的旅游审美意义》,《东南大学学报(哲学社会科学版)》2002年第5期。

⑤ 周武忠:《论中国花卉文化》,《中国园林》2004年第2期。

⑥ 孟莉娟、李景初:《河南花卉旅游开发优势与策略分析》,《河南商业高等专科学校学报》2006年第5期。

表 1-1　国内学者对"花卉旅游"概念的定义列表

定义视角	关键观点	代表学者
生态视角	属于生态旅游的一种范式,强调花卉资源在旅游活动中的核心作用,将环境保护和旅游需求结合起来,有助于物种资源管理和生物多样性保护	谢云等,2005;刘加凤等,2007;刘颖,2012;郑喜,2015
农业视角	花卉业与旅游业的有机结合,是产业融合视角下花卉农业生产的更新与升级的一种方式	黄蓉、和太平,2010;金晓雯、夏云,2011
休闲视角	强调花卉旅游的目的在于满足人们对异地花卉的好奇,即人的参与性在旅游活动中的重要性,是指人们在花卉资源集聚区进行的花卉生态审美休闲和花文化体验认知活动;具有休闲和消费两重属性	王书侠,2011;高洪涛,2011a;向宏桥,2014
文化视角	强调以花文化作为花卉旅游活动的重要载体,除花卉景观之外,花卉文化也成为花卉旅游的主要吸引物之一	汤澍等,2008
行为视角	花卉旅游定义为人们在花卉旅游资源地与花的若干种互动行为,包括观花、赏花、采花、嗅花、花技表演、养花等	黄国华等,2008;董瑾,2012
时空视角	花卉生长发育受到光、热、水、肥等自然条件影响,花卉旅游资源随着时空动态变化而变化	马子森,2015

从类型学来说,学者们对花卉旅游活动及产品按照不同的标准作出分类。以花卉旅游活动的动机不同分为观光休闲、科普教育、度假养生、购物娱乐、产业博览(表 1-2);以花卉旅游吸引物的属性不同分为花卉观赏旅游产品(花卉地观赏、花卉展览观赏)、花卉文化旅游产品(花卉民俗文化旅游、花卉主题公园旅游)、花卉休闲旅游产品(花卉休闲度假、花卉饮食旅游、花卉保健疗养旅游)、花卉艺术旅游产品(花卉主题艺术活动、花卉旅游工艺品);[①]根据花卉种植环境分为露天观光园、温室观光园、露天与温室混合园区;[②]还有学者直接按照国家旅游局对旅游产品的分类方式对花卉旅游产品进行分类,包括观光类、度假类、康体运动类以及创新参与类。[③]

---

① 潘鸿雷、汤澍:《南京环城游憩带花卉旅游产品探讨》,《合作经济与科技》2009 年第 19 期。
② 黄国华、赵铁柏、刘丽萍:《对我国花卉休闲观光业发展的思考——兼论北京市花卉休闲观光业的发展》,《林业经济》2008 年第 7 期。
③ 张伟丽:《百里杜鹃风景区花卉景观和花卉旅游产品规划探讨》,硕士学位论文,贵州大学,2015 年,第 18 页。

表1-2　以花卉旅游活动动机分类的花卉旅游类型①

旅游动机	动机说明	特色	适用区域	典型案例
观光休闲	以赏花经济为主导,辅之特色主题观光活动	花海景观、特色花卉节庆活动、花卉历史文化的呈现	面积广阔、种植条件好、风景美	日本富田农场
科普教育	展示花卉种类的全面性与稀有性,用于科普教育	导入新型种植技术和新媒体展示技术,注重科普体验的趣味性	生态基地,依托植物科研机构	英国伊甸园
度假养生	兼顾花卉特色观光和美化环境功能,以花造景、依景度假	注重用地的景观特色、私密性和经济性,完善度假旅游的配套设施	消费需求大、市场基础好的区域	加拿大哥伦比亚布查特花园
购物娱乐	消费美食、花卉商品等娱乐性活动	以花卉应用为主,除售卖花卉外,花食、花饮等花文化衍生商品	以人文特色为主的花市、花街	昆明斗南花卉市场
产业博览	集花卉苗木种植、交易、展览、观光休闲等为一体的产业链	具备花卉苗木资源和管培人才,兼顾产业和旅游需求,定期举办花卉成果展、产业论坛等	商贸活动频繁、花卉产业优势明显、设施完备	北京国际鲜花港

此外,在文献梳理时发现了一批与花卉旅游相关的衍生概念,多是对花卉旅游的细分主题类别的专门研究,如花海旅游、花展旅游、花卉休闲观光园等。学者们从各自主题的特征、类型、规模标准以及与其他花卉旅游形式的区别与联系等方面作出了说明和阐释。

2.时代的转向:花卉旅游的演进轨迹

花卉旅游概念形成于现代化的社会环境与消费市场,然而花卉赏游这种处于初级阶段的花卉旅游活动却自古有之,并伴随着中国花卉栽培历史以及花卉文化的发展而不断演进变化。从历史角度看,学者们挖掘园艺古籍的记载,以不同朝代为纵向线索梳理中国古代花卉业及花卉文化的发展脉络。《中国花经》将中国花卉业发展归结为四个阶段,分别是"始发期——周秦时

---

① 根据陆月(2017),崔学彬、吴承祯(2010)等人的研究整理。

代""渐盛期——汉晋南北朝时代""兴盛期——隋唐宋时代""起伏停滞期——明清民国时代";①然而,程杰指出上述归纳方式将明清时期作为"起伏停滞期",与文中所介绍的花卉事业实际发展情况不符;他依据审美认知水平,将花文化发展阶段依次定义为"物质实用时代""花色审美时代""文化象征时代",从历史上分别对应先秦的始发期、秦汉至盛唐的渐盛期和中唐以来的繁盛期。② 随着历史的变迁,人们偏好的观花种类、赏花习俗与风尚、花卉消费习惯,以及由花卉植物自然属性发端的人文内涵都各不相同,这是与时代发展的社会背景、经济水平、文化氛围等息息相关的。

(1)赏游对象的转变

首先是从自然花卉到人工景致的转变,自然的野生花卉通常生长于山野或水域,而栽培花卉除房前屋后零星种植外,通常密集生长于园林之中。③ 最早的赏花活动是到自然界中去寻找芳姿,观赏最原始、淳朴的花色美景;而随着人们对生活要求的提高,便开始出现了人工培植的花卉、经修剪美化的盆景以及能工巧匠们打造的花园,从而进一步提升了花卉观赏的精致度和丰富感。④

以朝代作为划分标准,一部分学者集中讨论了同处于花文化发展繁盛时期的唐宋两代人们对于花卉赏游偏好的异同。在唐代,赏玩牡丹成为唐人日常生活的一部分。而野生牡丹最初并不受人青睐,《洛阳牡丹记》中有"牡丹初不载文字,唯以药载《本草》,然于花中不为高第",后经人工栽培、驯化后,在唐代名声大噪。⑤ 一个时期的社会风尚与权力者的偏好密切相关,君王们拥有主宰环境的文化资本,能够利用权力营造自己喜爱的花卉景观以满足其

① 陈俊愉、程绪珂:《中国花经》,上海文化出版社 1990 年版,第 4—12 页。
② 程杰:《论中国花卉文化的繁荣状况、发展进程、历史背景和民族特色》,《阅江学刊》2014 年第 1 期。
③ 舒迎澜:《古代花卉》,农业出版社 1993 年版,第 1—24 页。
④ 王赛时:《古代的赏花习俗》,《文史知识》1995 年第 11 期。
⑤ 贾鸿雁:《牡丹文化及其旅游开发》,《北京林业大学学报(社会科学版)》2009 年第 2 期。

"视觉消费"的需求,因此华艳丰腴的牡丹之美与唐代贵族的审美意识相契合。① 到了宋朝以后,赏花在民间形成风气。② 宋代文风兴盛,官员或者富贵人家有极高的文化素养,向往高雅生活。③ 彼时人们偏好的花卉对象逐渐从牡丹转为梅花。从比较视角来看,唐朝意气风发的社会文化心态,使知识分子在咏叹开明盛世和人生理想的同时,把视野向外无限拓展,追求宏丽、博大、鲜艳的客观物象;而宋朝把开拓建功的汉唐雄风转变为宁内虚外、沉潜内向的集权体制,因此宋代理想人格的载体——梅花的地位得以提升。④

(2)旅游行为的演变

按照花卉旅游行为的核心内容,可划分为"观—赏—游—玩"四种类型,不同时期下这四种行为或交替出现,或聚合发生。"观花"作为花卉旅游行为的初级阶段,是从旅游者"看"的角度出发,关注花卉物象的自然状态而形成的一种对花卉植物的视觉消费行为。花卉从观感上吸引人类的最大特征在于其拥有丰富的色彩,色彩的视觉感觉通过眼、脑获得,属于生理现象,并进一步作用于人的心理;⑤此外,花木的叶片形状、花果形状以及花木的枝势等姿态美也是观花的主要内容。⑥ "赏花"是在"观花"的基础上调动旅游者除视觉以外的其他感觉器官,如嗅觉、触觉、听觉等,增进人与花卉在感官体验上的互动,诱发旅游者心中产生的花卉意象与情感共鸣;⑦其中,嗅觉环境所形成的某种"物理力"与人的"心理力"契合形成异质同构,可以触发感情,生成意境。

---

① 赵丽霞:《花卉文学与唐宋时代的审美意识》,硕士学位论文,中南民族大学,2005年,第31—32页。

② 陈文华:《宋元明清时期的花卉种植业》,《农业考古》2006年第1期。

③ 金城:《从宋代笔记看宋人花卉消费》,《名作欣赏》2016年第11期。

④ 杨朝云:《牡丹与寒梅:以两种花卉阐释唐宋士人的差异》,《曲靖师范学院学报》2006年第1期。

⑤ 郑阳:《花卉色彩在现代室内陈设品设计中的应用》,硕士学位论文,西南交通大学,2015年,第17—18页。

⑥ 周武忠:《论花卉的旅游审美意义》,《东南大学学报(哲学社会科学版)》2002年第5期。

⑦ 何丽芳、周本贤:《论花卉在旅游中的审美特征》,《怀化学院学报(社会科学)》2003年第4期。

在此基础上,与花卉相关的花文化逐渐成为花卉旅游活动的分支主题,赏花从消费花木植物转向一种文化消费行为,例如古人所言的"赏花三品",即茗赏为上,谈赏为次,酒赏为下,反映的正是赏花活动中的一种衍生花文化。① "游花"是以花卉为主题、以娱乐消遣为目的的一种花卉旅游行为,根据约翰·厄里(John Urry)的游客凝视理论,如果说"观花"是一种注重个人感和敬畏心的"浪漫型凝视"(romantic gaze),那么"游花"则是涉及共同活动、强调相似性的"聚合型凝视"(collective gaze)。例如隋唐时期的"杏园探花"就是全体及第进士狂欢性的集体游花活动;②而最传统和典型的"游花"行为应属起源于春秋时期的花朝节,节日期间有品尝花糕、祭祀花神、拈花祈福、花朝燃灯、嫁接花木等活动。③ "玩花"侧重的是花卉赏游中出现的与花卉相关的习俗与风尚,例如唐人"斗花",是指邀请宾客至家中花园游赏,并以此作为炫耀,各家互相攀比;④宋人"簪花",是指无论男女,无论是朝廷集会或是私人聚会,都有头戴花卉作为装饰的习俗。⑤

(3)审美意识的发展

花卉旅游活动是一项以花卉为审美对象的特殊审美认识活动,由于花卉是具有生命的自然之物,因此花卉欣赏除受审美主体的知识水平、文化素养、情绪条件等影响外,还受自然条件和天时景象的影响。⑥ 不同学者从旅游审美文化角度出发,对花文化中植物自然属性的审美意义及所蕴含的人文内涵进行了研究。张鸿翎以中国诗词中的花卉形象为对象,提炼出"形态、花色、花香、花期"四种自然属性,对应每种属性阐释花卉如何成为人们寄托理想和

① 林森:《"赏花三品"雅为高》,《中国花卉园艺》2002年第9期。
② 刘红娟:《明末清初的咏花诗与士人心态变迁》,《郑州大学学报(哲学社会科学版)》2012年第4期。
③ 李菁博、许兴、程炜:《花神文化和花朝节传统的兴衰与保护》,《北京林业大学学报(社会科学版)》2012年第3期。
④ 白茹冰:《唐代牡丹文化初探》,《农业考古》2009年第4期。
⑤ 汪圣铎:《宋代种花、赏花、簪花与鲜花生意》,《文史知识》2003年第7期。
⑥ 周武忠:《论花卉的旅游审美意义》,《东南大学学报(哲学社会科学版)》2002年第5期。

情趣的载体,并演化为若干人格化的具象。① 与之类似,何丽芳从花卉自身的形态之美(色、香、形)、花卉文化的意境之美(与自然景物的组合、与植物的组合、与昆虫鸣禽的组合)、花卉文化生发的拟人化的精神之美以及花卉文化中崇尚自然的生态之美这四个角度,剖析花卉文化的旅游审美。② 张启翔从早期人类生理、心理、应用三个方面探讨花卉审美意识的产生与发展过程,提出花卉对于人类的"形式快感""内模仿与移情"作用是花文化最初形成的基础,而花卉的实用性是形成审美心理的推动力。③ 陈秀中和王琪认为中华民族传统的赏花趣味与理论体系同中国传统文化体系一脉相承,总结出八种赏花理论的表现形态,分别是"比德传统、比兴手法、崇尚自然与追求天趣、意境趣味与诗情画意、应时而赏、高雅脱俗、感官滋味、香为花魂"。④

此外,还有学者关注中国某个特定历史阶段及特定群体的花卉鉴赏文化,例如明末清初江南士人热爱赏花与明代中后期的个性解放思潮有关,形成独特的审美理念和鉴赏心得,如涉及物候与时空的相宜性、鉴赏的主客体统一以及雅俗之辩等。⑤

3. 空间的营造:花卉旅游的规划管理

从传统地理学来说,空间被认为是"人类活动的容器,是客观、可绘制的",⑥而空间不仅是消极的容器,还可以促发人的行为和活动,成为行为的促媒器和发生器。从旅游学来说,空间是权力运作的基础,旅游目的地实际是一个能满足旅游者消费需求的"容器"。在花卉旅游从非市场化迈向市场化特

① 张鸿翎:《中国花文化的自然属性及其人文内涵》,《内蒙古农业大学学报(社会科学版)》2004 年第 4 期。
② 何丽芳:《浅谈花卉文化旅游审美》,《湖南林业》2003 年第 9 期。
③ 张启翔:《中国花文化起源与形成研究(一)——人类关于花卉审美意识的形成与发展》,《中国园林》2001 年第 1 期。
④ 陈秀中、王琪:《中华民族传统赏花理论探微》,《北京林业大学学报》2001 年第 S1 期。
⑤ 宋立中:《闲隐与雅致:明末清初江南士人鲜花鉴赏文化探论》,《复旦学报(社会科学版)》2010 年第 2 期。
⑥ 邹统钎、高中、钟林生:《旅游学术思想流派》,南开大学出版社 2008 年版,第 85 页。

征的转换中,花卉旅游目的地的设计者与管理者需要发掘花卉旅游空间营造、使用、更新的潜力,通过筛选和评价潜在花卉旅游目的地的花卉旅游资源,采用系统的规划设计建构出能够引发旅游者旅游欲望的空间,并寻找到这一空间持续不断地运营下去的发展路径和管理模式。

(1)花卉资源的分析与评价

花卉旅游的核心吸引物是花卉资源,对花卉资源的分析与评价是能够有效保护和合理开发花卉资源的前提。在相关文献中,研究主题归纳而言主要分为两类:一是区域性花卉资源的分布、特征及价值分析;二是花卉资源的分类与评价方法研究。

第一类主题聚焦某个特定区域或特定类别的花卉资源,并从资源本身的属性和特点出发探寻开发此区域花卉旅游的可能性。从特定区域来说,俞益武等以"旅游资源单体"为基本单位,对浙江省的生物景观类旅游资源进行普查和评价,并对不同的亚类(如花卉地资源单体)的城市分布、类型构成(花卉地包括草场花卉地和林间花卉地)、分级统计(优良级与普通级)进行梳理,根据单体总数、分布密度、基本类型占国标类型比例等指标提出浙江省生物景观类旅游资源开发的思路;[1]钱璐和杨晓云总结出云南省花卉旅游资源多样性、季节性、稀有性的特点,阐述云南省在地理位置、气候特征、花卉产业基础、花卉资源知名度等方面开发花卉旅游资源的优势;[2]高洪涛通过对河南省许昌市花卉产业基地名优花木科技园中的管理委员会和企业负责人进行访谈和抽样调查,以供应商资源为着力点分析许昌花卉旅游的发展前景。[3]从特定类别的花卉资源来说,马培和张丹以山区野生花卉资源为研究对象,分别剖析其在造景功能、旅游审美、绿色生态、旅游品牌开发中的价值;[4]赖启航指出,中

---

[1]　俞益武、李健、肖胜和等:《浙江省生物景观类旅游资源现状分析及旅游项目开发》,《浙江林学院学报》2005年第1期。

[2]　钱璐、杨晓云:《云南花卉旅游资源与产品开发探析》,《安徽农业科学》2011年第7期。

[3]　高洪涛:《许昌花卉旅游发展的调查分析》,《国土与自然资源研究》2012年第4期。

[4]　马培、张丹:《山区花卉的生态旅游价值》,《山地学报》2008年第S1期。

国的杜鹃花作为重要的观赏性景观资源,在旅游资源开发方面的学术研究滞后,且旅游实践中的开发力度远远不足。[①]

花卉资源的分类是基于某种分类标准,梳理归纳花卉资源的相似性和差异性,并划分出不同层次的花卉资源类型。李海燕侧重花卉资源的景观属性和特征属性,结合花卉资源的整体性与部分性、相似性与差异性,提出三种分类方法:基于花卉资源成因和性质的分类(主类、亚类、基本类型)、基于克劳森和尼奇资源的分类(利用者导向型、资源基础型、中间型)、基于花卉品种的分类;[②]尹娟等提出按照生活型、株型、观赏性状的特殊性对野生花卉资源进行分类;[③]朱报著等采用离差平方和的聚类分析方法,对广东红花荷属植物的花期、花序、花瓣大小、花瓣颜色进行调查试验,最终将其分为 3 个组 7 个类型。[④] 就花卉资源的评价方法来说,学者们分别提出了层次分析法(AHP)、灰色关联度法(grey-correlation analysis)、美景度评价法(scenic beauty estimation)、德尔菲法(delphi)、模糊综合评价法(fuzzy comprehensive evaluation)、技术单因子定量评价法等(single factor index evaluation);欧静和杨成华对野生草本花卉的观叶、观花、观果、观形四类观赏价值分别赋值进行量化评价,通过这种方法筛选具有较高观赏性的花卉进行引种驯化。[⑤]

(2)花卉旅游的规划与设计

从宏观的规划视角来说,学者们在规划前期运用系统分析的思想,通过对花卉旅游目的地的调查,按照轻重缓急或影响程度等排序方式,构建 SWOT 矩阵,将各因素相互匹配叠加起来进行综合分析,提出花卉旅游的开发优势、

① 赖启航:《我国杜鹃花旅游资源特点及开发初探》,《北方园艺》2011 年第 18 期。

② 李海燕:《花卉旅游资源分类和评价研究》,硕士学位论文,重庆师范大学,2017 年,第 14—22 页。

③ 尹娟、蔡秀珍、田径:《野生花卉资源调查及其观赏性状的评价》,《北方园艺》2017 第 17 期。

④ 朱报著、徐斌、张方秋等:《广东红花荷属植物野生花卉观赏类型划分》,《广东农业科学》2011 年第 1 期。

⑤ 欧静、杨成华:《野生草本花卉观赏价值的定量评价》,《贵州农业科学》2009 年第 6 期。

劣势、发展机遇及瓶颈。有学者以城市作为花卉旅游目的地的规划对象,在全城尺度上对花卉旅游空间布局进行全面的规划考虑:解瑞红按照传统的分类标准(花卉类型、行政区划)总结武汉市花卉旅游的空间布局特征,借助 GIS技术对武汉市花卉旅游空间布局状况进行可视化处理,对花卉旅游的密度、人均占有率、集中度和核密度进行分析,并对花卉旅游空间布局进行结构评价、质量等级空间评价及综合性评价;①黄国华等依据北京市城市发展规划和北京市花卉产业发展规划,制定分别依托世界花卉大观园和奥林匹克公园的京南、京北花卉休闲观光园区规划,并围绕市内公园和郊野花卉公园,构建北京花卉休闲观光的"公园环"。② 另有学者在分析区域性的花卉资源的分布类型基础上,规划出不同的赏花旅游路线。

从微观的设计视角来说,学者们从景观设计理论出发,探讨花卉旅游目的地中植物配置的原则、方式、色彩以及与其他元素的搭配等。从植物配置和植物景观营建方面来说,有学者基于旅游心理学,将旅游者和观者的喜好作为评价标准:翁殊斐等采集广州市公园木本花卉景观不同配置方式的照片,利用美景度评价法(SBE,Scenic Beauty Estimation),让公众通过网络参与的方式,以网页为媒介对木本花卉景观进行评价,并利用 SAS 系统进行数据分析,寻求受公众欢迎的花卉景观的最佳配置方式;③田文桥采用语义差异量表法(SD,Semantic Differential),针对北京花卉休闲观光园植物景观的空间特征,选取20 张有代表性的植物景观照片作为分析样本,并筛选出适合描述景观特征的15 对正反义形容词(空间感、体量感、层次感、韵律感、幽静度、熟悉度、色彩丰富度、光感、动感、美感、整齐度、变化度、氛围度、吸引力、生命力),以 5 级为

①　解瑞红:《武汉花卉旅游空间布局及其评价》,硕士学位论文,华中师范大学,2016 年,第19—50 页。

②　黄国华、赵铁柏、刘丽萍:《对我国花卉休闲观光业发展的思考——兼论北京市花卉休闲观光业的发展》,《林业经济》2008 年第 7 期。

③　翁殊斐、何健、柯峰:《基于网页的 SBE 法研究广州城市公园木本花卉景观》,《福建林业科技》2008 年第 4 期。

评价尺度进行评定,以此确定被调查者对景观画面的认识。① 从设计理论及设计原理的专业角度出发,李田遵循多样与统一、对比与调和、均衡与稳定、韵律与节奏的形式美法则,提出"平面构成—色彩构成—空间构成"的设计原理,在花卉主题公园植物的点状、线状、面状、立体景观及色彩和意境的设计方面表达了观点;②周璐从线条美、块面美、色彩美、季相美、空间韵律美五个方面阐述人工花海植物景观设计的艺术感知;③宋元明提出片植、混植、间植、花田、花溪、轮作这六种植物配置方式。④

(3)花卉旅游的开发与管理

借助 SWOT 矩阵和昂普分析法(RMP,Resource Market Product),⑤学者们在分析现阶段的花卉旅游开发时总结出一系列缺陷和不足:①文化挖掘力度不够,开发层次较低,缺乏精品品牌,项目大同小异缺乏特色;②忽视旅游者情感,缺乏互动体验项目,旅游者参与感不强;③行业管理滞后,运营维护不足,缺乏配套的服务设施;④环境保护意识淡薄;⑤宣传力度不够等。此外,黄婧和罗晶关注到花卉旅游"季节性强、花期短、时间集中"的特征,探讨旅游季节性的供求矛盾对花卉旅游发展的影响;⑥高洪涛则从花卉旅游的用地问题出发,研究在花卉旅游项目中如何解决流转土地农民的心理失衡问题。⑦

从结构上来看,花卉旅游的开发模式分为三个层次:一般基础层次、延伸活化层次、综合拓展层次。其中,一般基础层次侧重单纯的视觉观光;延伸活

① 田文桥:《北京地区花卉休闲观光园植物景观规划设计研究》,硕士学位论文,北京林业大学,2012 年,第 14—40 页。

② 李田:《花卉主题公园植物景观设计》,硕士学位论文,西南大学,2010 年,第 25—38 页。

③ 周璐:《安徽地区花海景观的研究与实践》,硕士学位论文,安徽农业大学,2016 年,第 12—16 页。

④ 宋元明:《郑州大花海休闲观光园植物景观规划设计研究》,硕士学位论文,河南农业大学,2015 年,第 31—33 页。

⑤ 杜乃星:《成都花卉旅游产品开发的 RMP 分析》,《旅游纵览》2013 年第 24 期。

⑥ 黄婧、罗晶:《武汉花卉旅游发展规划对策研究》,《安徽农业科学》2013 年第 3 期。

⑦ 高洪涛:《管理视角下花卉与旅游的实证研究——以鄢陵名优花木科技园为例》,《安徽农业科学》2011 年第 17 期。

化层次由单一的观光功能提升为旅游综合功能,包含意境环境、主题场景、要素活动和生态设施四个方面;综合拓展层次是指拓展花卉旅游的载体空间,向休闲度假层次方向发展深化。① 从类型上看,花卉旅游的开发模式分为两种,一类是花卉旅游产业发展模式,另一类是花卉旅游节庆营销发展模式。前者按照关键要素的优先发展顺序分为"花卉—文化—旅游"产业发展模式(如荷兰郁金香)、"文化—花卉—旅游"产业发展模式(如日本樱花)以及"旅游—文化—花卉"产业发展模式(如中国河南牡丹);后者按照主导营销方式的不同分为纯宣传措施的花卉节庆营销、纯促销措施的花卉节庆营销以及纯市场交易的花卉节庆营销。②

就具体的花卉旅游产品维度而言,杜乃星根据花卉旅游的"三层次"开发模式,打造以"花卉观光旅游产品""文化体验旅游产品""休闲度假旅游产品"为主体的成都花卉旅游产品体系;③张亚红基于旅游活动的核心环节,提出"花食、花宿、花行、花游、花品、花娱"的花卉旅游发展策略;④许占民和李阳从旅游文化创意产品设计的角度出发,从"形态、色彩、花语"三个方面提取设计因子并做权重分析,构建因子间层次结构和判断比矩阵,建立花意文化设计因子空间,应用于牡丹文化的创意设计上。⑤

从品牌管理角度出发,卢政营等以云南罗平油菜花节为研究对象,通过深度访谈和问卷调查,借助 SPSS 分析软件总结出消费者关注的 7 个花卉旅游品牌形象因子:尊重度、熟悉度、关注度、归属度、信任度、忠诚度和发展度。⑥ 李

① 刘加凤:《文化审美视角下的花卉旅游市场开发与经营》,《陕西农业科学》2007 年第6 期。

② 向宏桥:《国内外花卉旅游发展模式研究》,《旅游论坛》2014 年第 1 期。

③ 杜乃星:《成都花卉旅游产品开发的 RMP 分析》,《旅游纵览(下半月)》2013 年第 12 期。

④ 张亚红:《生态文明城市建设中花卉旅游发展策略研究》,《中国市场》2016 年第 38 期。

⑤ 许占民、李阳:《花意文化产品设计因子提取模型与应用研究》,《图学学报》2017 年第1 期。

⑥ 卢政营、张威、唐静:《乡村节事旅游活动品牌形象的实证研究——以罗平油菜花节为例》,《旅游学刊》2009 年第 5 期。

云霞建议云南花卉旅游品牌围绕"花卉旅游产品设计、花卉旅游产品特征、花卉旅游产品形象"三方面创立品牌内涵,提出"三优转化"("优势资源"—"优质品牌产品"—"优势产业")的品牌培育模式;①黄婧和张利科将 CIS 系统(Corporate Identity System)引入武汉市"新花城"旅游品牌的塑造之中。② 还有一批台湾地区的学者将花卉旅游业与台湾农村的永续发展、地方形象商圈的营造进行联系,以田尾公路花园、彰南花卉园区为案例地讨论如何通过创新的商业模式助力社区产业转型,从而实现"具有地方特色的花田城市"的目标。

在此研究分支方面,大多数学者关注研究的是区域性的花卉旅游产业的发展路径(表 1-3)。

表 1-3　具代表性的区域花卉旅游产业发展研究

序号	地区	代表作者(成果年份)
1	云南	施晓春(2002);李云霞(2003);卢政营等(2009);崔学彬和吴承祯(2010);钱璐和杨晓云(2011);张菊和梅红波(2015);李辛怡(2016)
2	河南	孟莉娟和李景初(2006);乔秋敏和王少琴(2006);王伟红(2008);薛珂(2010);高洪涛(2011;2012);马子森(2015);宋元明(2015)
3	四川	王瑷琳(2007);董瑾(2012);杜乃星(2013);肖艳红(2015)
4	浙江	谢云等(2005);俞益武等(2005)
5	湖北	黄婧等(2013;2014);熊继红(2014);解瑞红(2016)
6	北京	黄国华等(2008);高立鹏(2010);田文桥(2012)
7	台湾	薛雅惠等(2003);谢琦强等(2009);梁炳琨(2009);黄国敏等(2011);庄财福等(2013)

4. 感知的评价:花卉旅游的影响效应

作为一种多元系统网络结构,旅游是市场经济的产物,是一种以文化为内核的综合性社会现象。基于旅游的基本属性,旅游活动所产生的影响效应成

---

① 李云霞:《云南花卉旅游品牌培育》,《经济问题探索》2003 年第 6 期。
② 黄婧、张利科:《基于 CIS 系统的武汉花卉旅游发展策略研究》,《宁夏农林科技》2014 年第 1 期。

为学术界研究关注的热点,旅游影响(tourism impact)研究逐步成为显学,其主要内容包括旅游的经济影响、社会文化影响、生态环境影响、综合影响以及居民对旅游影响的感知等。① 花卉旅游作为旅游活动的分支,学者们对其作用于不同主体从而产生的影响进行不同视角的剖析:汤澍等基于乡村旅游多元影响效应,讨论分析乡村区域的花卉旅游发展在经济、社会和生态三个方面与传统乡村旅游影响效应的关系,并认为适度开发花卉旅游是避免和消除部分乡村旅游负面影响的有效途径;②马子森采用计量经济学线性回归方法分析全国及各省的花卉产业与旅游业的相互影响效果及影响差异比较。③

落脚于旅游活动最核心的对象——旅游者,在旅游空间当中,旅游者行为在很大程度上依从情感原则而不是理性原则,因此在花卉旅游者出游动机及感知维度的研究方面:田文桥对北京地区花卉休闲观光园的旅游者进行问卷调查,分析结果显示旅游者出游动机的前三位分别是:①与家人朋友一起享受;②远离城市,亲近自然;③休息放松,增进身心健康;④姚若颖在广州百万葵园进行调研,采用探索性因子分析方法,得出"花卉资源感知、花卉开发与体验型感知、景区综合条件感知"三大感知因子,并根据客源特征得出高学历群体对"花卉资源感知"因子的高度重视的结论;⑤李辛怡根据 Schmitt 提出的五种体验维度,结合花卉旅游自身特点,构建花卉旅游体验感知测量的指标体系,其二级指标包括感觉体验、情感体验、思维体验、行动体验、关联体验,其中每个二级指标包含细化的三级指标;并以此指标体系为分类线索进行花卉旅

---

① 曾军:《近期国外旅游影响研究综述——〈Annals of Tourism Research〉文献分析》,《云南地理环境研究》2006 年第 6 期。

② 汤澍、陈智博、丁蕾等:《基于乡村旅游多元影响效应的花卉旅游研究》,《安徽农业科学》2008 年第 23 期。

③ 马子森:《河南省花卉产业与旅游业融合发展路径与对策研究》,硕士学位论文,河南理工大学,2015 年,第 26—34 页。

④ 田文桥:《北京地区花卉休闲观光园植物景观规划设计研究》,硕士学位论文,北京林业大学,2012 年,第 14—40 页。

⑤ 姚若颖:《基于游客感知视角的广州花卉旅游开发研究》,硕士学位论文,广州大学,2016 年,第 36—51 页。

游体验感知的"重要性—表现程度"分析（IPA，Importance-Performance Anayl-sis）；①郭瑞通过由资源环境、基础配套设施条件、赏花点服务、赏花点景观、文化休闲体验和游客感知这6个子系统构建出城市花卉旅游游客满意度评价体系，并据此对无锡花卉旅游进行调研评价。② 此外，王汝辉等关注花卉旅游目的地原住民的感知，基于扎根理论对四川三圣花乡旅游景区的原住民生存感知因子进行探索性识别。③

在将花卉旅游感知作为影响模型的前因变量的研究中，邱宏亮以杭州西溪花朝节为例，基于节庆依恋视角，在参考旅游地形象"认知—情感"模型（emotional-cognitive model）基础上，构建基于节庆依恋与环境责任态度"双重引擎"的旅游节庆意象影响节庆旅游者环境责任行为的概念模型，在此模型中将旅游节庆的认知意象划分为花卉意象、活动意象和配套意象，分析结果显示：花卉意象不仅直接影响节庆旅游者环境责任行为，且通过节庆依恋间接影响；而活动意象和配套意象对节庆旅游者环境责任行为存在完全的中介作用（图1-1）；④孙洁提出新疆霍城县薰衣草休闲观光旅游者感知价值的五个维度：薰衣草体验性、人文内涵、薰衣草主题产品、基础设施、价格和服务，并通过李克特量表调查分析得出结论：感知价值对旅游者满意度与忠诚度的影响主要来源于薰衣草体验性，其次是价格与服务、薰衣草主题产品，其他两项的影响并不显著。⑤

---

① 李辛怡：《旅游体验下的昆明市花卉旅游发展对策研究》，硕士学位论文，云南财经大学，2016年，第16—47页。

② 郭瑞：《基于游客体验的无锡花卉旅游发展路径研究》，《产业科技创新》2020年第2期。

③ 王汝辉、吴涛、樊巧：《基于扎根理论的三圣花乡旅游景区原住民生存感知研究》，《旅游学刊》2014年第7期。

④ 邱宏亮：《旅游节庆意象、节庆依恋、节庆旅游者环境责任态度与行为——以杭州西溪花朝节为例》，《浙江社会科学》2017年第2期。

⑤ 孙洁：《花卉旅游的游客感知价值及开发策略研究》，硕士学位论文，新疆农业大学，2014年，第11—33页。

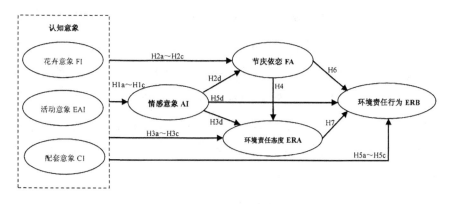

图 1-1　花卉旅游节庆意象的影响模型(邱宏亮,2017)

旅游是有性别差异的社会产物,一部分学者从女性视角分析研究性别之于花卉旅游感知的特征及差异性。肖艳红从女性在感觉和知觉上对花卉旅游景区产生的心理和生理感受为出发点,提出女性对于花卉旅游景区"安全性、感性化、舒适性"的需求;①范向丽等在分析女性与花的渊源关系及女性旅游市场发展现状基础上分析了花卉女性旅游产品开发的可能性;②刘颖采用定量分析方法研究我国女性对于花卉旅游的认知情况,如兴趣度、满意度、花卉旅游产品类型的偏好、消费承受范围、获取相关信息的渠道等信息,并据此对面向女性的花卉旅游产品开发给出对策。③

二、旅游目的地形象研究现状

(一)旅游目的地形象的文献计量学分析

形象学(imagology)源于比较文学(comparative literature)领域,而在当下

① 肖艳红:《绵竹玫瑰园花卉景区开发研究》,硕士学位论文,成都理工大学,2015 年,第13—14 页。
② 范向丽、郑向敏:《基于女性市场的花卉旅游产品开发策略研究》,载周武忠主编:《2007年中国花文化国际学术研讨会论文集》,东南大学出版社 2007 年版,第 25—28 页。
③ 刘颖:《基于女性的花卉旅游产品开发策略研究》,硕士学位论文,燕山大学,2012 年,第24—48 页。

已经演化为具有普适意义的广义文学文本中符号印象形式规律的研究,应用于学术界的众多领域和学科。最早对于"形象"概念的提出和讨论始于 20 世纪 50 年代 Boulding K E(1956)和 Martineau P(1958)的研究,他们提出了人类行为依赖于形象而非客观现实(objective reality)的观点;随着现代旅游的出现,到 20 世纪 70 年代"目的地形象"(destination image)这一概念广泛运用于旅游研究领域,①在旅游目的地形象的概念、属性、类型、结构、影响因素、测量方法等方面形成丰富研究成果。

笔者以 Web of Science 数据库作为样本采集对象,以"Tourist Destination Image"(TDI)为检索标题,对 2000 年至 2017 年期间发表的英文文献进行搜索,共获得论文 100 篇。就学科类型而言,发表数量最多的前五位分别是旅游休闲类(hospitality,leisure,sport & tourism)56 篇、管理类(management)21 篇、商业类(business)18 篇、环境科学类(environmental studies)14 篇、经济类(economics)8 篇。采用 Web of Science 统计表和 Cite Space V 文献分析软件,对旅游目的地形象的研究文献进行数据挖掘和计量分析,以可视化方式呈现其研究趋势和研究热点。

1. 研究分布分析

借助 Web of Science 的"统计结果分析"功能,对旅游目的地形象的 100 篇文献发表情况进行历时性的统计分析。由图 1-2 可见,关于旅游目的地形象的研究呈现"三阶段"发展趋势:研究自 2001 年至 2010 年间处于起步发展阶段,文献数量从 1 篇增长至 9 篇,在此阶段初期(前 8 年间)除 2002 年与 2003 年未有论文发表外,其他每年均维持 1—2 篇的发表量,到 2009 年(6 篇)与 2010 年(9 篇)发生了较大增幅;2011 年至 2014 年处于回落调整阶段,发表数量在 4—6 篇内略有起伏;2015 年开始实现跳跃式增长(15 篇),并在之后两年保持稳步增长势头,2017 年发表数量达到 23 篇,占历年发表总量的五分

---

① Baloglu S & Mccleary K W,"A Model of Destination Image Formation",*Annals of Tourism Research*,Vol.26,No.4(1999),pp.868-897.

之一。由此可见,旅游目的地形象研究的研究热度不断升高,得到国际学界持续性的广泛关注。

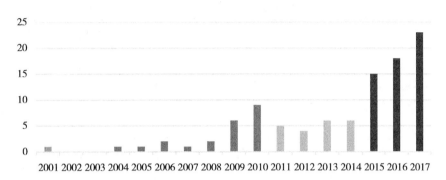

图 1-2 旅游目的地形象研究文献发表历年趋势图

采用 Web of Science 的"国家/地区"(Country/Region)功能对采集的文献信息进行分析可见(图 1-3),此研究主题最多的文献来源国是中国(22 篇),其次是美国(11 篇)和澳大利亚(10 篇),其他排名前十的国家和地区还有中国台湾(9 篇)、马来西亚(7 篇)、西班牙(7 篇)、韩国(5 篇)、以色列(5 篇)、加拿大(4 篇)、巴西(4 篇)。由此可见,中国地区关于旅游目的地形象的总体研究数量位居全球前列,对这一研究主题保持较强的研究兴趣。

从研究机构统计数据来看,对前 8 位(发表数量≥3 篇)以旅游目的地形象为主题的研究机构进行分析,结果如表 1-4 所示,玛拉工艺大学和海法大学分别以 5 篇和 4 篇占据旅游目的地形象研究的前两位。

表 1-4 旅游目的地形象主要研究机构情况(篇数≥3 篇)

序号	研究机构	国家/地区	篇数
1	玛拉工艺大学(University Teknologi MARA)	马来西亚	5
2	海法大学(University of Haifa)	以色列	4
3	格里菲斯大学(Griffith University)	澳大利亚	3
4	香港理工大学(Hong Kong Polytechnic University)	中国香港	3

续表

序号	研究机构	国家/地区	篇数
5	庆熙大学(Kyung Hee University)	韩国	3
6	铭传大学(Ming Chuan University)	中国台北	3
7	四川大学(Sichuan University)	中国	3
8	佛罗里达州立大学(State University of Florida)	美国	3

　　按照文献的被引频次高低进行排序后,位于第一位的是由英国萨里大学的 Hosany S 等撰写的论文《目的地形象与地格:品牌理论在旅游领域的应用》,①被引频次达 227 次,研究者共采集 148 份来自于英国公民的问卷,利用李克特量表对"目的地形象"及"地格"这两个构念进行测量,并对获得的数据进行典型相关分析以验证这两组变量之间的关系,结果显示:"目的地形象"的情感相关的子变量对"地格"的解释能力最强。位于第二位的是被引频次达 221 次的论文《美国旅游运营商及代理商对土耳其、埃及、希腊和意大利的旅游目的地形象感知研究》,②其创新点在于摈弃聚焦旅游者感知的传统研究视角,从旅游中间商视角出发,研究他们对地中海四国旅游目的地的结构化(structured)与非结构化(unstructured)形象感知,以及这种感知是否会影响他们的旅游目的地营销决策。位于第三位的是来自于昆士兰大学的一篇研究论文(被引频次 117 次)——《目的地形象、浪漫与场所体验:亲密关系理论在旅游中的应用》,③论文基于大量基础文献,借鉴人际关系研究

---

① Hosany S,Ekinci Y,Uysal M,"Destination Image and Destination Personality:An Application of Branding Theories to Tourism Places", *Journal of Business Research*, Vol. 59, No. 5 (2006), pp.638–642.

② Baloglu S,Mangaloglu M,"Tourism Destination Images of Turkey,Egypt,Greece,and Italy as Perceived by US-based Tour Operators and Travel Agents", *Tourism management*, Vol. 22, No. 1 (2001),pp.1–9.

③ Trauer B,Ryan C,"Destination Image,Romance and Place Experience –An Application of Intimacy Theory in Tourism", *Tourism Management*,Vol.26,No.4(2005),pp.481–491.

中的自我中心(self-centred)和他者中心(other-centred)概念,研究在关系周期模型(the relationship cycle)中旅游者间的关系对于目的地形象及场所体验的影响。由此结果初步分析可见:以旅游目的地形象为主题的研究视角呈现多元化特征;跨学科的理论迁移与应用是旅游目的地形象研究的趋势之一。

2.共词网络分析

采用 Cite Space V 可视化文献分析软件对旅游目的地形象的100篇文献进行高频关键词分析,以显示此研究领域中的研究热点;并对高频关键词分析结果进行共词网络分析,对关键词中心度进行排序,从而揭示旅游目的地形象研究领域中不同文献研究主题的亲疏关系,在一定程度上协助总结该领域的基本概念体系。

根据高频关键词的分布统计显示,当前旅游目的地形象研究领域的研究主题主要聚焦于目的地形象(destination image)、模型(model)、行为意向(behavioral intention)、满意度(satisfaction)、行为(behavior)、忠诚度(loyalty)、动机(motivation)、概念框架(conceptual framework)、形象(image)、旅游(tourism)、意向(intention)等(表1-5)。对关键词进行梳理,可以看出:(1)旅游目的地研究多从旅游者视角出发,研究内容以旅游目的地形象与旅游者的认知、态度和行为间的相互影响关系为主,如满意度、忠诚度、动机等;(2)旅游目的地形象的概念框架和模型搭建亦是该领域的研究热点。

表1-5 旅游目的地形象研究高频关键词(频度≥4次)

关键词	频次	关键词	频次	关键词	频次
目的地形象	28	行为	6	形象	5
模型	17	忠诚度	6	旅游	4
行为意向	11	动机	5	意向	4
满意度	10	概念框架	5		

关键词中心度(centrality)是能够表现关键词在共词网络中重要性的指标,能够表明不同时间切片下的核心研究主题(表1-6)。

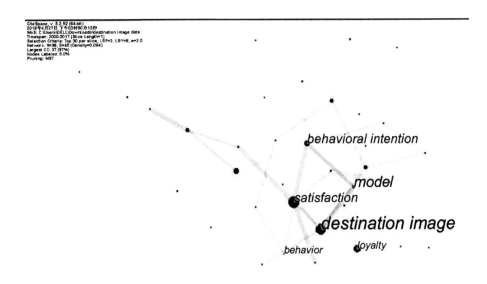

图1-4 旅游目的地形象研究关键词共现图谱

分析结果显示,2000年至2013年间旅游目的地形象研究的共词图谱中并未有较强中心度的关键词,研究主题的凝聚力尚显不足;在之后的2014年实现突破,关键词呈现中心度较强但数量较少的特征;2015年至2017年是旅游目的地形象研究的繁荣时期,出现较多的关键词数目,产生多样化的研究主题,尤其是2015年"满意度"关键词呈现较强的中心度,成为此阶段研究领域的核心节点。

表1-6 旅游目的地形象研究领域共词网络的中心度排序

年份	关键词	中心度	年份	关键词	中心度
2014	目的地形象	0.54	2016	产品	0.32
2014	模型	0.17	2016	旅游	0.22
2015	满意度	1.05	2016	质量	0.19
2015	行为意向	0.49	2017	忠诚度	0.49
2015	动机	0.43	2017	旅游者满意	0.19
2015	形象	0.31			

(二)旅游目的地形象建构研究

从概念诠释角度来说,"旅游目的地形象"这一名词的定义在研究中存在着诸多分歧,面临难以深入探索的困境,如概念结构属性不明晰的"内部性模糊"(internal vagueness)、与相似名词难以区分差别的"外部性模糊"(external vagueness)以及概念本身固有的"基础性模糊"(fundamental vagueness)等,[①]学者们试图通过构建多样化的框架模型优化对此概念的定义与解释。从主流研究趋势来说,以旅游目的地形象为主题的大量文献将"形象"作为一个固态概念,从结构性的测量视角探索其与行为之间的关系,[②]这一观点在上述文献计量学分析结果中也能得以验证。就本书所关注的形象建构问题而言,西方研究所对应的英文词汇有多种表达方式,如"image formation","image building","image shaping","image construction"及"image creation"等。笔者汇总中西方该主题的研究文献,梳理出旅游目的地形象建构的研究范畴主要集中于以下三个方面。

---

① Lai K,Li X,"Tourism Destination Image:Conceptual Problems and Definitional Solutions",*Journal of Travel Research*,Vol.55,No.8(2016),pp.1065−1080.

② Baloglu S & Mccleary K W,"A Model of Destination Image Formation",*Annals of Tourism Research*,Vol.26,No.4(1999),pp.868−897.

1. 旅游目的地形象表征机理研究

Myers 在其提出的"形象理论(image theory)"中表示:世界其实是客观现实形成于人们个体心中的一种心理表征。视觉文化研究者认为,形象与表征、视觉性共同构成视觉文化的概念体系,具有密切的内在逻辑关系,表征即形象的动态运作或生成过程。① 在旅游领域中,目的地的选择决策往往决定于目的地在诸如视觉表象中所传达的象征性要素,而非现实特征;②不同力量对旅游目的地形象的话语建构实际上是一种"表征实践"(representational practice)和"空间实践"(spatial practice)。由于空间表征的生产、分配与消费牵连在社会关系及人类(个别和集体)主体认同的建构过程中,因此旅游目的地形象的建构是一种复杂的表征意指实践过程,是表征链聚合并实现表达和认同的过程,而这种过程所体现的意义和意识形态是多元的,而非单一的。与此对应,旅游目的地形象并非是静态的,在不同历史时期新层次的意义会随着旅游参与者的社会互动得以生产和交流,呈现螺旋式的意义循环;③举例而言,以媒介信息(media message)为载体的表征可以用"动态目的地形象指数"表达一定时间序列下目的地形象的变化。④

通过社会建构,目的地在旅游者心中的形象不仅仅是具体的物质景观的简单汇总,而是具有符号意义和象征意义的精神消费品。旅游目的地、表征主体和符号之间的关系是旅游目的地形象建构的实质,其表征运作机理是旅游目的地通过信码形成形象概念系统、符号系统,并最终形成旅游目的地形象,建构过程分为"解读、定性、共享、规范"四个阶段(图1-5)。⑤ Fesenmaier D 和

① 孙九霞、王学基:《旅游凝视视角下的旅游目的地形象建构——以大型演艺产品〈印象·刘三姐〉为例》,《贵州大学学报(社会科学版)》2016年第1期。

② Fesenmaier D,Mackay K,"Deconstructing Destination Image Construction",*The Tourist Review*,Vol.51,No.2(1996),pp.37-43.

③ 刘建峰、王桂玉、郑彪:《旅游目的地形象内涵及其建构过程解析》,《旅游论坛》2009年第4期。

④ Stepchenkova S,Eales J S,"Destination Image as Quantified Media Messages:The Effect of News on Tourism Demand",*Journal of Travel Research*,Vol.50,No.2(2011),pp.198-212.

⑤ 刘建峰、王桂玉、郑彪:《旅游目的地形象内涵及其建构过程解析》,《旅游论坛》2009年第4期。

Mackay K 将旅游目的地与博物馆、展馆进行对比,从"权威话语"(authoritative voice)、"语境重现"(recontextualization)、"原真性"(authenticity)和"意义生成"(created meaning)四个方面对旅游目的地形象进行解构(deconstruction);①而按照兼顾"形态型—功能型"的研究模型分析,旅游目的地形象可以分为"形象生成"(image formation)、"形象强度"(image intensity)、"形象精度"(image specificity)、"形象动力"(image dynamics)四个模块。② 从语言研究的"文本与语境"分析范式来说,语境对文本意义的建构作用体现在交流层次和解读层次上,将旅游目的地(即文本)放置于目标旅游者群体的知识结构、审美偏好和客观需求的语境中,能够获得符合目标旅游市场特征和需求的意义。③ 此外,形象建构受多种要素的作用影响,如文化身份和政治宣传目的。④

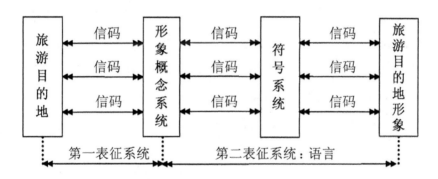

图 1-5 旅游目的地形象建构中的表征运作机理

---

① Fesenmaier D,Mackay K,"Deconstructing Destination Image Construction",*The Tourist Review*,Vol.51,No.2(1996),pp.37-43.

② Teodorescu N,Pargaru I,Stancioiu A F,et al,"Modelling the Image Research of a Tourism Destination",*Amfiteatru Economic*,Vol.16,No.8(2014),pp.1076-1088.

③ 马凌、王瑜娜:《旅游目的地形象的社会文化建构:"文本与语境"的分析范式——以湖南凤凰古城为例》,《学术研究》2013 年第 3 期。

④ Duncan C,"Art Museums and the Ritual of Citizenship",*in Interpreting Objects and Collections*,SM Pearce,London:Routledge,1994,pp.291-298.

旅游目的地形象表征的属性(attributes)是该领域定量研究的核心概念,存在不同的分类方式和定义内容,葡萄牙学者 Rodrigues A I 采用列表勾选的方式总结了 2000 年至 2012 年间 24 位学者关于目的地形象表征属性的分类方式;①其他的属性分类观点包括:"基础设施、目的地环境、可进入性、旅游吸引物";②"旅游者资源、目的地环境、基础设施与氛围、社会经济环境"。③ 在旅游目的地形象的媒介表征方式方面,学者们主要采用视觉(visual)与文本(textual)两种方式,并通过实证分析验证旅游目的地形象的视觉标志符号、文字表述符号以及符号隐喻之间相互存在的正相关关系。④

2. 旅游目的地形象认知路径研究

形象建构的目的最终指向消费者,了解旅游者对于目的地形象的认知及形成过程将有助于为目的地形象建构提供线索思路。学者们建立不同层次、不同类型的子概念,重点研究落脚于人地交互时旅游者所形成的认知形象或感知形象的路径。

从静态过程来说,目的地形象由认知形象(cognitive image)、情感形象(affective image)和整体形象(overall image)组成,⑤受刺激因素(stimulus factors)和个体因素(personal factors)的影响;⑥从动态过程来说,目的地形象的

---

① Rodrigues A I, Correia A, Kozak M, "Combining Visual and Textual Data for Assessing Destination Image: Lake Tourism Example", *Journal of Global Scholars of Marketing Science*, Vol.27, No.4 (2017), pp.319–339.

② Toudert D, Bringas-Rábago N L, "Impact of the Destination Image on Cruise Repeater's Experience and Intention at the Visited Port of Call", *Ocean & Coastal Management*, No.130 (2016), pp.239–249.

③ Blas S S, Carvajal-Trujillo E, "Cruise Passengers' Experiences in a Mediterranean Port of Call", *The Case Study of Valencia*, No.102(2014), pp.307–316.

④ 白凯、孙天宇、谢雪梅:《旅游目的地形象的符号隐喻关联研究——以陕西省为例》,《资源科学》2008 年第 8 期。

⑤ Gartner W C, "Image Formation Process", *Journal of Travel & Tourism Marketing*, Vol.2, No.2 (1994), pp.191–216.

⑥ Jenkins O H, "Understanding and Measuring Tourist Destination Images", *The International Journal of Tourism Research*, Vol.1, No.1(1999), p.1.

形成过程历经原生形象(organic image)、引致形象(induced image)和感知形象(perceived image),是一种传播与再传播、建构与再建构,最终形成一种复合形象的过程(complex image)。① 基于心理学知识,人们通过"感觉—知觉—体验(知识和情感)"框架形成对旅游目的地的认知形象;②并解析旅游目的地形象的可感知性和不可感知性。③ 沈雪瑞和李天元在总结国外研究前沿文献基础上,罗列出目的地形象的四种结构分布形态:三维度结构、因果网络结构、长尾分布结构和"核心—边缘"结构。④

目的地形象建构是对来自于不同媒介或源头的信息处理的过程。⑤ 在旅游目的地形象认知的影响因素方面,王红国和刘国华认为决定形象形成的两大因素是理性分析与感性分析;⑥美国学者 Gartner W C 在其论文《形象生成过程》中提出六种导致形象生成的信息:显性诱发信息(overt induced)、隐性诱发信息(covert induced)、自发信息(autonomous)、被动接收信息(unsolicited organic)、主动接收信息(solicited organic)和原始信息(organic)。⑦

然而有学者指出,在认知过程中旅游者的某些行为存在着表征圈循环(hermenuetic circle of representation),对认知和建构目的地形象存在消极影响。以摄影行为为例,旅游者在游前通过各种媒介已经建构出对目的地的想象与期望,而在实际出游时使用相机频繁拍照,忽视自身感官对风景的直接体

---

① 文春艳、李立华、徐伟等:《旅游目的地形象研究综述》,《地理与地理信息科学》2009 年第 6 期。

② 李巍、张树夫:《旅游地形象的认知与构建》,《资源开发与市场》2002 年第 6 期。

③ 宋章海:《从旅游者角度对旅游目的地形象的探讨》,《旅游学刊》2000 年第 1 期。

④ 沈雪瑞、李天元:《国外旅游目的地形象研究前沿探析与未来展望》,《外国经济与管理》2013 年第 11 期。

⑤ Beerli A,Martín J D,"Tourists' Characteristics and the Perceived Image of Tourist Destinations:A Quantitative Analysis—A Case Study of Lanzarote,Spain",*Tourism Management*,Vol.25,No.5 (2004),pp.623-636.

⑥ 王红国、刘国华:《旅游目的地形象内涵及形成机理》,《理论月刊》2010 年第 2 期。

⑦ Gartner W C," Image Formation Process",*Journal of Travel & Tourism Marketing*,Vol.2,No.2(1994),pp.191-216.

验,摄影行为仅是对脑海中已建构的形象进行复制,视觉体验逐步被各种摄影镜头的凝视所取代,审美快感逐步转变为消费快感。①

3. 旅游目的地形象建构方法研究

无论是从"供给—身份投射(projecting idendity)"视角,还是"需求—形象感知(perceiving image)"视角,建构地方形象的方式都正在发生巨大的变化。根据不同基准,旅游目的地形象的理想建构需要考虑多方面综合因素,其建构重点包括信息渠道、供求关系、时间序列等。② 基于营销学知识,中国学者做出大量实证研究工作,提出形象设计和策划的多种思路和模型,如将旅游目的地形象进行分区(第一印象区、最后印象区、光环效应区和地标区);③通过借鉴企业的 CIS 模型提出旅游目的地形象的"理念基础、行为准则、视觉形象"策划框架;④梳理旅游形象建立的基本程序包括基础性研究(地方性研究、受众调查、形象替代分析)和显示性研究(理念核心、界面意象、传播口号、传播视觉符号)等。⑤ 还有一批学者基于景观类似性较高的旅游目的地竞争研究提出目的地形象建构中的遮蔽、叠加、替代、异化、不对称作用、"阴影区"、"灰度区"等一系列问题。

除了对形象的创建和塑造外,旅游目的地形象的扩展(expanding)、修复(repair)、固化(solidification)和更新(renewal)问题也被纳入建构方法研究讨论的范畴内。Scherrer P 等通过半结构访谈法采访西班牙加那利群岛(Canary Islands)酒厂的经理及管理人员,挖掘出"展现制酒历史"和"提升景区设施质

---

① 刘彬、甘巧林:《基于旅游者摄影行为的旅游目的地形象建构研究——以江西婺源为例》,《旅游论坛》2015 年第 4 期。

② 杨雪珂、吴健清、张晓虹等:《基于网络文本的旅游目的地投射形象分析:张家界案例》,《中山大学研究生学刊(自然科学·医学版)》2014 年第 1 期。

③ 李蕾蕾:《旅游地形象的传播策略初探》,《深圳大学学报(人文社会科学版)》1999 年第 4 期。

④ 陈传康、李蕾蕾:《风景旅游区和景点的旅游形象策划》,第五届全国区域旅游开发学术研讨会会议论文,1996 年 9 月,第 8 页。

⑤ 吴必虎、宋治清:《一种区域旅游形象分析的技术程序》,《经济地理》2001 年第 4 期。

量"是提升当地葡萄酒旅游业整体形象的关键节点;①Avraham E 根据形象修复理论(Theory of Image Restoration),采用"扭转地方形象的多步骤模型"应对"阿拉伯之春"(Arab Spring)给当地带来的旅游业危机,从源头、信息与受众三方面提供解决策略;②胡宪洋和白凯通过问卷调查方式归纳出旅游目的地形象修复策略的构成维度,包括降低攻击/揭露批评、修正行动、承认/道歉、形式上致意、否认和逃避责任;③程德年等采用案例分析与内容分析方法,以苏州为例总结出地方政府、市场组织、当地居民和旅游者间的协商互动是旅游目的地形象发生固化和更新的主要动力。④

从不同主体对形象建构的共同作用角度来说,学者们将研究焦点放置于形象的创造者与参与者,即旅游目的地形象建构的利益相关者,如居民、旅游者、目的地营销机构。Kong W H 等研究显示,识别居民和旅游者关于目的地形象的认知偏差对当地政府部门的旅游营销工作有深远意义;⑤Seiver B 和 Matthews A 提出目的地形象建构需要鼓励多样性视角,如融入原住民的参与积极性,以此打破传统的建构力量和建构方式,将旅游业与其社会整体发展的目标联系得更加紧密;⑥韦俊峰和吴忠军关注的是旅游目的地形象建构中的隐性介体(摄影家、旅游规划机构、旅游经营公司、政府),并研究这些隐形介体运用独立性旅游话语、专业性旅游话语、商业性旅游话语和消费性旅游话语

---

① Scherrer P, Alonso A, Sheridan L, "Expanding the Destination Image: Wine Tourism in the Canary Islands", *International Journal of Tourism Research*, Vol.11, No.5(2009), pp.451–463.

② Avraham E, "Destination image repair during crisis: Attracting tourism during the Arab Spring uprisings", *Tourism Management*, Vol.47(2015), pp.224–232.

③ 胡宪洋、白凯:《旅游目的地形象修复方式量表探讨:中外旅游者整合对比的视角》,《旅游学刊》2013 年第 9 期。

④ 程德年、周永博、魏向东:《旅游目的意象固化与更新的动力机制研究——以苏州为例》,《旅游学刊》2017 年第 2 期。

⑤ Kong W H, Du Cros H, Ong C E, "Tourism Destination Image Development: A Lesson from Macau", *International Journal of Tourism Cities*, Vol.1, No.4(2015), pp.299–316.

⑥ Seiver B, Matthews A, "Beyond Whiteness: A Comparative Analysis of Representations of Aboriginality in Tourism Destination Images in New South Wales, Australia", *Journal of Sustainable Tourism*, Vol.24, No.8(2016), pp.1298–1314.

生产旅游地空间、建构目的地形象。①

　　为营造一个良好的、一致的目的地形象,目的地营销机构(DMOs)也需要与大众媒体展开广泛合作。② 在现代化、高科技的社会发展背景下,多样的媒介方式(如电影、广告、宣传册、歌曲等)选择将有助于提升旅游目的地形象价值。学者们落脚于各项媒介具体应用的策略和规则,寻求目的地形象建构的有效途径。例如《旅行家》杂志推出的航空广告采用"多图片拼贴"(collage)的排版方式,在尊崇"一致性"原则下使用标志性地域景观和人文特点塑造目的地形象;③实证研究分析结果得出以陕北民歌为例的听觉因素对旅游目的地形象建构具有间接性作用。④ 与此分支相关的研究列表汇总见表1-7。

表1-7　旅游目的地形象建构中的大众媒介策略研究

序号	大众媒介方式	代表作者
1	电影、微电影、宣传片	Frost W(2006);程德年等(2015);Gong T Y & Tung V W S(2017);刘鹏等(2017)
2	旅游宣传册	Pritchard A,Morgan N J(1996);Salim M(2017)
3	歌曲	朱竑等(2010);巩妮等(2014);李欣华(2018);李大伟等(2018)
4	旅游博客	张文和顿雪霏(2010);Chun-Chang Y 等(2011);Tudor R(2012);杨昆等(2013);易婷婷(2013)

　　值得一提的是,社交媒体有助于供应者、消费者和第三方在信息的提供和

---

　　① 韦俊峰、吴忠军:《"隐性介体"视野下的旅游地空间生产与形象建构话语——以龙胜金坑大寨红瑶梯田为例》,《人文地理》2015年第6期。

　　② Beerli A,Martín J D,"Tourists' Characteristics and the Perceived Image of Tourist Destinations:A Quantitative Analysis—A Case Study of Lanzarote,Spain",*Tourism Management*,Vol.25,No.5(2004),pp.623-636.

　　③ 李蕾蕾、王薇、肖秀轼:《航空广告:实证、隐喻和目的地形象的建构》,《深圳大学学报(人文社会科学版)》2004年第6期。

　　④ 巩妮、宋保平、詹新惠:《陕北民歌对旅游目的地形象的建构意义研究》,《东南传播》2014年第8期。

评价方面的交叠和互动;在建构过程中对社交媒体信息质量的考量可从以下方面考虑:内在质量(intrinsic quality)、情境质量(contextual quality)、表征质量(representational quality)和可达性质量(accessibility quality)。[①]

三、研究评述

受市场发展、政府扶持和旅游者消费需求的影响,国外和国内对花卉旅游的研究热度呈现不均衡状态。国外的花卉旅游市场尚未形成一个明晰的专类利基市场,学界鲜有对花卉旅游的专门研究;国内"赏花热"激活了美丽乡村的旅游价值,有效联结乡村供给和城市需求,在近几年的旅游市场中成为令人瞩目的特定门类,因此国内学界的相关研究日益增多。

经梳理总结,现有的花卉旅游研究主要有以下问题:(1)应用性经验介绍多于规范理论研究。相当一部分文献采用描述性的经验叙述(如描述某种现象或事物的某种特性和功能),而建立在翔实的样本调查和实验数据上的模型构建和定量统计研究较少,大量个案研究的构想分析和策略建议多有雷同,研究方法缺乏创新;(2)研究视角单一零散,缺乏系统的逻辑分析思维。案例研究视角基本立足于旅游者或者花卉旅游目的地本身,研究聚焦但割裂了供给与需求,鲜有研究能从顶层设计视角完备地思考花卉旅游产业链的系统设计与管理;(3)问题导向不足。现有研究对花卉旅游地规划管理的正向验证较多,对旅游发展中的问题和矛盾研究力度不足。

历经多年,在旅游情境下的形象问题研究始终是旅游学界的热点和难点之一。但总体而言,旅游目的地形象的研究仍存在以下问题:首先,研究者对于目的地形象的概念阐释很难达成一致,它的内涵与外延界定受限于对抽象概念探测和解释的技术壁垒,多数目的地形象范畴内的定量研究成果仅落脚于旅游者视角的感知形象及其与相应的结果变量关系,而少有涉及对形象的

---

① Wang R Y,Strong D M,"Beyond Accuracy:What Data Quality Means to Data Consumers", *Journal of Management Information Systems*,Vol.124,No.4(1996),pp.5-33.

源本体——客体形象及其传播途径和过程的描述和测量,仅有少数学者从流程视角提出形象的生成模型,但缺乏数据支持的实证贡献,难以探索和验证旅游目的地形象建构的关键节点。其次,现有文献中对于目的地形象的设计与策划研究多依赖于经验性推演和源自实践的创新理念提出,对于旅游设计中实证依据和技术方法等维度的关注和研究不足。再者,随着越来越多的人文社会科学分支介入旅游研究,在旅游情境下的形象塑造、图像表征、文化建构等方面的研究逐渐增多,将社会学的研究视角与研究方法引入旅游目的地形象建构问题将为旅游管理和旅游设计增添哲学范式的思考维度。最后,旅游目的地形象的研究对象多集中于国家旅游或城市旅游层面,对于具体目的地类型的形象专题研究较少,仅少数文献有所涉及,如湖泊旅游(lake tourism)、葡萄酒旅游(wine tourism)、海岸旅游(coastal tourism)等。

综上所述,本书将关注焦点集中于目的地形象研究中的非传统实体——花卉旅游和花卉旅游目的地区域,在地理上拓展了旅游目的地形象研究的范围;采用系统设计的思想,提炼和总结不同主体对花卉旅游形象建构的过程与结果,试图深化花卉旅游研究,以期指导和解决中国花卉旅游发展中存在的形象缺失、形象模糊等问题。

第三节　研究内容与研究方法

一、研究内容

本书的研究内容主要包括以下几个方面:

首先,在第一章绪论中阐述中国花卉旅游发展的研究背景并聚焦至旅游目的地形象议题上,提出中国花卉旅游目的地形象建构相关的研究问题,阐述研究的目的与意义;在此基础上,本书对研究问题中涉及的花卉旅游与旅游目的地形象这两项关键词进行研究历史与现状的文献梳理,总结出研究不足和潜在的研究探索空间;最后阐明本书的研究内容、研究方法以及技术路线。

其次,本书第二章以梳理中国花卉旅游历史脉络、发展动因以及空间分布为核心内容,从纵向和横向角度对中国花卉旅游发展历史与现状进行多维度、全景式的分析,基于史料、书籍、报告及网络的文本与数据搜集与整理,归纳出中国花卉旅游的时间线与空间分布点,为中国花卉旅游目的地形象研究提供研究对象的基础分析。

再次,本书第三章是对中国花卉旅游目的地形象建构议题的理论溯源与模型建构。在明确和诠释花卉旅游目的地形象这一基本概念后,通过理论溯源、已有模型的对比借鉴,提出本书的建构模型中的三个关键性组构元素,并重新定义花卉旅游范畴下三个组构元素的内涵以及相互关系,界定组构元素背后的建构主体,在此基础上提出静态的"链式结构"模型与动态的"弹珠碰撞"模型,以奠定后续研究的逻辑框架。

又次,本书的第四、五、六章采用层层渐进的方式分别对中国花卉旅游目的地形象建构模型中的三个关键性组构元素进行研究,是对第三章第三节提出的"链式结构"模型与"弹珠碰撞"模型的实证分析。第四章客体形象的研究围绕其最重要的建构主体——花卉旅游目的地设计运营者,通过内容分析与案例研究方法,从访谈陈述记录以及设计作品文稿、图稿中挖掘设计运营者关于花卉旅游目的地客体形象的建构思路。第五章的媒介形象建立在客体形象之上,存在多元的建构主体:包括花卉旅游目的地运营者、花卉旅游者和花文化掮客;研究探讨三个建构主体在媒介形象建构中的特点、作用及相互博弈关系,并结合三种媒介表征形态(文本、图像、影像)组成3×3的媒介形象建构九宫格模型,通过内容分析法对不同建构主体呈现的媒介形象异同进行定量分析。第六章的感知形象建构主体是花卉旅游者,其形成过程与前两个组构元素(客体形象、媒介形象)紧密相关,研究运用实验研究法、访谈法、问卷调查法和图片测试法对媒介形象以及客体形象作用下的感知形象生成过程进行深入剖析,并借助问卷调查数据研究不同花卉旅游者群组对社会化感知形象聚集的影响。

最后,结论部分对研究成果进行总结,并提出本书的学术贡献以及局限性。

二、研究方法

本书力求围绕"花卉旅游目的地形象建构"这一论题,寻求中国花卉旅游产业的发展道路。研究涉及传播学、设计学、管理学等相关学科知识,以社会建构理论为指导,构筑花卉旅游目的地形象建构的理论支撑;借鉴相关研究成果,遵循"理论—推演"的规范主义思维和"经验—验证"的实证主义思维,结合定性和定量研究方法,借助 NVivo、ROST、SPSS、Vegas Movie Studio、Begaze 等软件工具对研究材料进行预处理、分析统计以及视觉化呈现,对花卉旅游目的地形象论题进行诠释、建构和验证。

1. 文献分析法。对研究相关论文、书籍、报告、新闻报道进行搜集、整理和分析工作,通过对国内外有关花卉旅游与旅游目的地形象的现有文献进行系统性梳理和分析,总结归纳此领域研究的历史进程、热点问题、发展趋势和潜在空间,确立本书的立论依据。

2. 内容分析法。本书涉及文本、图片和视频的内容分析法,采用客观系统化的编码和记录程序对文本、图片和视频内容进行定量描述和统计,从而挖掘不同形态资料的信息单元。

3. 实验研究法。为研究媒介形象作用下的感知形象生成,采用实验的组内设计(前测、后测)测量接受媒介刺激前后被试的感知形象数值是否存在显著变化,采用实验的组间设计测量文本组、图像组、影像组被试的感知形象差异;同时在实验过程中通过记录文本输出关键词、佩戴眼动仪、影像回忆率测试的方式分别采集文本组、图像组和影像组的显性感知形象数据。

4. 访谈法。对来自于花卉旅游管理、景观设计学方向的中外专家以及花卉爱好者进行半结构化访谈工作,根据访谈录音与整理记录提炼客体形象直接作用下的感知形象因素。

5.问卷调查法。在案例地现场发放、填写和收集结构化调查问卷,采集被调查者关于花卉旅游目的地感知形象数据,同时采集花卉旅游者的人口统计学特征数据、出行相关数据、花卉喜爱度数据,利用 SPSS 软件对问卷数据进行描述性统计分析、探索性因子分析、单因素方差分析、独立样本 T 检验、多元回归分析等量化统计分析工作。

6.图片测试法。本书主要有两处使用图片测试法:一是在影像媒介形象作用下的显性感知形象研究中,基于 TLK Picture Sort(Young & Robinson,1989),从影像视频中抽取截图画面,与干扰画面打乱次序一同放入测试图片库,考察被调查者对已观看影像的回忆率;二是在花卉了解度对感知形象的影响研究中,使用 6 幅花卉图片的识花测试考察被调查者的客观花卉了解度。

第二章 中国花卉旅游的发展全景研究

从纵向研究来说,历史学研究的主要范式是依托时间维度,在时间背景下探讨各种社会经济现象;在旅游活动发展的过程中,旅游目的地的演化、旅游者特征的变化、目的地居民态度的变化乃至旅游政策的演化等,都是一个时间的演变过程。[1] 从横向研究来说,区域旅游空间结构是一定区域内旅游要素组织在空间上的投影,体现旅游要素相对区位关系和分布的表现形式。[2] 本章聚焦中国花卉旅游发展历史与现状,首先根据时间历程展现花卉旅游产生的历史轨迹,研讨花卉旅游发展的内在动因和基本动力;基于地理信息观察花卉旅游地现阶段的地理分布,并根据网络数据呈现花卉旅游的游客足迹。

第一节 中国花卉旅游的历史阶段

了解旅游史必须从"旅游"一词的概念定义出发,以认定和判断旅游行为的起源。历史是一个发展更新的过程,旅游的概念在中国历史上同样经历过

---

[1] 章杰宽、张萍:《历史与旅游:一个研究述评》,《旅游学刊》2015 年第 11 期。
[2] 戢晓峰、李康康、陈方:《节假日旅游流时空分异及其形成机制——以云南省为例》,《经济地理》2018 年第 3 期。

更新和变迁的轨迹。①　西方学界最普遍接受的关于旅游的定义即"艾斯特"
(AISET)定义,提出判定旅游现象的四个非完备条件:暂住地、短时间、不赚钱
和各种关系总和,②然而这一定义在诠释中国古代旅游时却显得过于绝对化
和理性化。③　有学者提出历史时期的"旅行"与现代意义上的"旅游"的区别,
前者带有明显的功利性质;后者则以消遣休闲为目的。为能够界定中国古代
旅游活动,本章采纳的观点是将空间的位移视为旅游的最核心质素,强调异地
身心的自由体验,分为"被动位移"——迁徙和"主动位移"——游览、游乐
两类。

从农业考古的视角来说,中国花卉旅游的内涵伴随花卉旅游实践的发展
不断更新、逐步丰富。在中华花文化历史积淀下,花卉旅游同时吸纳各时期的
时代特征和历史要素,历经四个重要发展阶段形成一部中国花卉旅游演化史。

一、滥觞:实用价值导向的花卉旅游

极其漫长的史前社会通过人类开发空间的斗争,导源了中华民族旅游活
动的滥觞、旅游意识的萌芽和旅游文化的发端。④　纵观旅游文化史,最初的古
代旅游文化具有功利性、求知性、宗教性等特征。⑤　古代贫瘠的自然环境促使
人们拥有对生存本能的需求,渴望食物的充足,原始社会先民们为谋取生活资
料,所做的迁徙旅行是最原始的旅行。中国早期的园圃业并不发达,兼具实用
性与经济性的蔬菜种植并未得到推广,因此最早始于花卉的旅游活动应追溯
至为采摘食用、药用或其他功用的花卉而去往野外所引发的空间移动,具有功

①　方百寿:《中国旅游史研究之我见》,《旅游学刊》2000 年第 2 期。
②　王敬武:《对旅游艾斯特定义的质疑》,《北京工商大学学报(社会科学版)》2010 年第
1 期。
③　张嵩:《〈中国旅游史〉教学中"旅游"概念辨析》,《河南商业高等专科学校学报》2014 年
第 5 期。
④　方百寿:《中国旅游史研究之我见》,《旅游学刊》2000 年第 2 期。
⑤　邹本涛、曲玉镜:《旅游文化史:内涵与分期的再探讨》,《旅游学刊》2015 年第 12 期。

利性质,我们将其定义为"实用价值导向的花卉旅游"。

古人一开始并不重视花的观赏价值,这一点在明朝谢肇淛所撰的《五杂俎》中有所体现:"古人于花卉似不着意,诗人所咏者不过苤苢、卷耳、蘩之属,其于桃李、棠棣、芍药、菡萏间一及之,至如梅、桂则但取以为调和滋味之具,初不及其清香也。"①虽然用花传统具体始于何时难以考证,但根据古籍的文字记录也能略探一二。明代陈诗教的《花里活》一书中记载五帝时期有"赤将子舆,黄帝时人,不食五谷,啖百草华";典籍《吕氏春秋·本味》记载"菜之美者:昆仑之蓣;寿木之华",是商朝庖人出身的宰臣伊尹以"庖中至味"作比阐述自己政治主张时的形容语句,②这两段字句中的"华"即代表"花",由此可见,中国的食花习惯最早出现于先秦时期。以具体花卉种类举例来说,梅花最初并非为了观花而植,而是为了采果,作为调味及馈赠亲友的礼品,《尚书·说命下》中记载有"若作和羹,尔唯盐梅",就是指当时梅作为调味品和食盐同等重要,盐主咸,梅主酸;屈原在《楚辞·九歌·云中君》中有"浴兰汤兮沐芳,华采衣兮若英",是以兰草作为沐浴之用;在《楚辞·离骚》中有"朝饮木兰之坠露兮,夕餐秋菊之落英",是对古人以菊花入馔的描述;朱熹所谓"四者皆取其芬芳以飨神也"中的"四者"是指《楚辞》中的"蕙肴、兰藉、桂酒、椒浆"被楚地人民用于祭祀东皇太一。③ 自汉始,历朝历代皆有花木酿酒的记载,如《汉书·礼乐志》中著有"百末旨酒布兰生",其提及的"兰生酒"即是汉武帝命人采百花酿制而成的"百末旨酒";刘歆的《西京杂记》中也有西汉时期关于菊花酒的描述:"九月九日佩茱萸,食蓬饵,饮菊花酒,令人长寿"。④ 古人倡导"药食同源",神农尝百草的行为就是以采摘药用花草为目的的一种空间位移,于东汉

---

① 程杰:《论中国花卉文化的繁荣状况、发展进程、历史背景和民族特色》,《阅江学刊》2014年第1期。
② 高歌:《中国古代花卉饮食研究》,硕士学位论文,郑州大学,2006年,第6页。
③ 钟晓璐:《中国古代餐花行为及其文学书写研究》,硕士学位论文,南京师范大学,2017年,第10页。
④ 高歌:《中国古代花卉饮食研究》,硕士学位论文,郑州大学,2006年,第7页。

时期集结成书的《神农本草经》对桃花、辛夷花、菊花、款冬花等可入药花卉的名称、性味、功效主治等作了详尽介绍,由此推知药用花卉的采摘行为也是出现于先秦时期。

文风在对"旅游"与"旅行"的概念辨析时称:在整个旅游过程中,一往直前、心有所系的奔走形态占据主导地位时,可以判定这种形态属于旅行;反之,围绕游览观光而展开的娱乐消遣、审美鉴赏、超逸游憩、修养身心等散心形态占据主导地位时,则可判定这种形态属于旅游。[①] 若按此定义标准,这一阶段为摘花而形成的行走跋涉基于现实主义需要,应属于一种"旅行"状态,其特征是关注食花、花疗、祭祀等实际功能,以物质利益为先,以实用价值为导向,花色美景的审美价值在此阶段并未被挖掘出来。相应发生的旅游活动多属于价值创造性的花卉采摘行为,旅游行为是个别的、偶然的,缺乏自觉性,活动规模比较有限,不具备覆盖人群的广泛性;且发生时间并非为闲暇时间,更多地表现为具有生产和探险性质的活动。[②] 由此产生的跨区域移动不具有消遣和娱乐特征,其具备的休闲性质只能称之为劳作行为的附属。此时的花卉旅游并非狭义范畴内的旅游活动,而是为实现花卉的实用价值出现的一种被动位移或准旅游现象。

二、勃兴:观赏寄情导向的花卉旅游

魏晋时期的"魏晋风流"崇尚隐逸和寄情山水的思想作风,开启了人们"玩物审美"的"山水意识",这一时期人们的审美对象从社会转向自然,审美意识开始独立并趋向完整,漫游更具有旅游审美的自觉性和主动性。[③] 由于在汉、晋、南北朝时期,树木、竹、各类花卉栽种较为普遍,伴随着自由时间的增

---

① 文风:《"旅游"与"旅行"——〈旅游史〉教学中的概念新辨》,《历史教学(下半月刊)》2009 年第 3 期。

② 陈才、耿旭、张晓磊:《旅游起源探析》,《渤海大学学报(哲学社会科学版)》2007 年第 6 期。

③ 王晓云:《关于中国旅游起源问题的研究》,《旅游科学》2001 年第 2 期。

多及审美意识的强化,花卉业开始从纯生产事业转向以欣赏为主。"花木""草木"等已开始作为花卉草木等观赏植物的总称,史书记载有晋人嵇含关于岭南所产花木的《南方草木状》以及佚名创作的《魏王花木志》等;之后以"花卉"复合连称的词汇开始见于南朝史籍。帝王们将群臣进贡的异树奇花栽植于宫苑庭园之中用于观赏,如《西京杂记》载有"群臣远方,各献名果异树二千余种",就是说汉武帝在扩建上林苑时仅花草树木一项就栽种多达2000多种。在此阶段,诗人们的歌咏主题从偏重人事转向自然情趣,希冀以花寄情。晋朝张华的《咏荷》写道:"荷生绿泉中,碧叶齐如规。回风荡流雾,珠水逐条垂。照灼此金塘,藻咉君玉池。不愁世赏绝,但畏盛明移",是作者将对荷花的命运担忧代入自己对社会和人的消长规律的感触和理解,是物我融合观念的突破性体现。① 南朝梁人徐勉的《为书诫子崧》中有"聚石移果,杂以花卉;以娱休沐,用托性灵",②将人性之"雅"寄于花果木石之上,以示远离尘俗之意。魏晋时代玄风兴盛,因此咏花诗喜清谈玄理,颇含玄机禅意,注重生命的感性体验,如袁宏的《采菊诗》:"息足回阿,圆坐长林。披榛即涧,藉草依阴。"③

至隋唐时期,中国国力鼎盛,经济文化繁荣,造园栽花活动盛行,据传隋炀帝因"江都锦绣之乡,又有琼花一株,擅天下之美"令其"久思游览"。同时,赏花活动也从宫廷普及至民间,其中又以唐代在京师长安观赏牡丹的风尚最为突出,百姓们的赏花景象有:"三条九陌花时节,万户千车看牡丹"(唐·徐凝);"唯有牡丹真国色,花开时节动京城"(唐·刘禹锡);"城中看花客,旦暮走营营"(唐·白居易);"长安牡丹开,绣毂辗晴雷"(唐·崔道融);"鹍鸠声中双阙雨,牡丹花际六街尘"(唐·徐夤)。此时期诗人们以花为主题的比兴

---

① 黄丹妹:《汉魏六朝咏花诗研究》,硕士学位论文,首都师范大学,2011年,第17页。
② 程杰:《论花卉、花卉美和花卉文化》,《阅江学刊》2015年第1期。
③ 叶卫国:《文化哲学视野下的中西花卉审美特征漫议》,《广东海洋大学学报》2007年第2期。

吟咏揭示出由植物的自然属性发端的人文内涵,如"灼灼荷花瑞,亭亭出水中。一茎孤引绿,双影共分红。色夺歌人脸,香乱舞衣风。名莲自可念,况复两心同"(隋·杜公瞻);有作者托物言志,演绎直指江山的气魄,如黄巢的《菊花》:"待到秋来九月八,我花开尽百花杀。冲天香阵透长安,满城尽带黄金甲。"还有作者观花联想而引发乡愁,如李白的《宣城间杜鹃花》:"蜀国曾闻子规鸟,宣城还见杜鹃花。一叫一回肠一断,三春三月忆三巴。"

观赏寄情导向的花卉旅游特征有:旅游吸引物多为自然界的花卉植物,未经人工细致的雕琢造景,位置分布零散;旅游活动的形式为游览观赏,感官反应以视觉和嗅觉作用为主;花卉旅游的目的是欣赏美景、寄托情思。陈俊愉院士在谈及中西赏花趣味比较时认为:欧美人赏花重外表,满足于花朵的大、鲜、奇、艳,忽视内在美;而中国人赏花强调内在品质,注重韵味、香味,讲究情感趣味和人生体验。[1] 花卉文化的精神价值在这一时期得以大量挖掘和积累,与西方偏重"求真"相比,中国的旅游活动更倾向于"向善",即塑造旅游者的道德品格,这种强烈的"比德修身"倾向在以伦理为本的中国传统社会尤其突出。[2] 以花比德,以美储善,花卉的文化象征和民族精神逐渐凸显,文人墨客在赏花时创作的咏花诗作是这一时期花卉旅游的有力见证,亦成为记录和传承中国花文化的纽带。

三、隆盛:休闲消遣导向的花卉旅游

自宋朝开始,伴随着休闲思潮的兴起和自觉,闲情文化对宫廷、官员、文士、百姓的生活伦理和审美趣味都产生了重大影响。此阶段的花卉旅游真正进入了以休闲为目的的主动位移形态,注重物质和精神方面的消遣娱乐。唐宋之际社会经济经历了重要的转变,商业逐渐兴盛,社会结构分化出的有闲阶

---

① 陈秀中:《中华民族传统赏花趣味初探》,中国园艺学会主编:《中国园艺学会成立70周年纪念优秀论文选编》,中国科学技术出版社1999年版,第509—513页。
② 谢贵安:《中国传统旅游的伦理特征》,《旅游学刊》1999年第4期。

层,逐渐形成稳定的旅游者群体。① 赏游方式通常将观赏花卉与其他休闲方式相结合,形成"赏花三品",即所谓"茗赏上、谈赏次、酒赏下"。② 从宋代上层社会的文化活动来说,赵氏家族得天下后提倡享乐,大兴宴游之风,成为和谐君臣、巩固皇权的方略;兴盛于此时的曲宴作为古代宫廷赐宴,成为一项特殊的宫廷礼仪制度,由宗室成员、外国使臣及近密臣僚一同赏花、钓鱼、赋诗,如《宋会要辑稿》对"赏花曲宴"有专门记载:"淳化五年三月六日,赏花,宴于后苑,帝临池钓鱼赋诗,命群臣皆赋,应制者三十九人。"③宋廷还命令各海港购买海外的奇花异草,种植于各园苑中;追忆南宋都城临安城市风貌的著作《武林旧事》中就有记载帝王赏花的情景:"起自梅堂赏梅,芳春堂赏杏花,桃源观桃,粲锦堂金林檎,照妆亭海棠,兰亭修禊,至于钟美堂赏大花为极盛。"④在此时期,南宋文士的精神世界完成了功利价值观向休闲价值观的转向,其花卉旅游活动呈现更加雅逸的面貌;同时花卉游赏风俗也持续流行于民间,反映出当时社会生活富庶的现实情况。宋人邵伯温在《闻见前录》中记载:"洛中风俗,岁正月梅已花,二月桃李集花盛,三月牡丹开,于花盛处作园圃,四方伎艺举集,都人士女载酒争出,择园亭胜地上下池台间,引满歌呼,不复问其主人,抵暮游花市,以筥笼买花,虽贫者亦戴花饮酒相乐。"⑤苏轼在其《牡丹记叙》中记载了杭州牡丹花会的盛景:"余从太守沈公观花于吉祥寺僧守璘之圃。圃中花千本,其品以百数。酒酣乐作,州人大集,金盘彩篮以献于坐者,五十有三人。饮酒乐甚,素不饮者皆醉。自舆台皂隶插花以从,观者数万人。"⑥

随着金中都废弃和元大都兴建,大都城南地区(丰台、草桥、黄土岗等地)

① 陈才、耿旭、张晓磊:《旅游起源探析》,《渤海大学学报(哲学社会科学版)》2007年第6期。

② 林森:《"赏花三品"雅为高》,《中国花卉园艺》2002年9月。

③ 张胜海:《帝子设宴纳宾贤,赏花钓鱼赋太平——中国古代曲宴初探》,《学术探索》2005年第3期。

④ 金城:《从宋代笔记看宋人花卉消费》,《名作欣赏》2016年第11期。

⑤ 王赛时:《古代的赏花习俗》,《文史知识》1995年第11期。

⑥ 陈平平:《苏轼与牡丹》,《南京晓庄学院学报》2004年第3期。

自元代开始园林业兴盛起来,文人们修建别墅花园、宴集会友郊游,花匠与士大夫交往频繁。元初政治家、学者王恽的《远风台记》中写到元初期御史韩通甫、韩君美兄弟"卜筑耕稼,植花木,凿池沼,覆茓池傍,架屋台上",修筑赏花观景的"远风台";①元代诗人张天英对江南地区寒食节人们游乐于桃花坞的景象也作了描述:"三五丫鬟不知丑,紫花红花簪满头。"②

到明清时期,花卉栽培和引进已有多年历史,园林、花市和寺庙等较为固定的区域成为热门赏花目的地,花卉产区不仅遍布全国,还形成一些名产区,③本地和周边居民会邀约同伴共同前往。如北京著名的花产区草桥和丰台,成为京落赏花胜地,清初潘荣陛编撰的《帝京岁时纪胜·四月》有云:"京都花木之盛,惟丰台芍药甲于天下。……于四月间连畦接畛,倚担市者日万余茎。游览之人,轮毂相望";④又如云南丰富的花卉观赏资源,在徐霞客的《滇游日记》和《云南通志》中都有所体现。随着商品经济日趋发达,中国传统的旅游消费在明清之后呈现扩展至城镇社会各阶层的趋势;⑤群众性赏花活动在明清时的盛行,推动了花卉的栽培、贸易、运输的兴旺,专业性的花农、花商出现,改变了农业结构。⑥而晚明士人受个性解放思潮影响,强调享受现实物欲,也怡情于山水花草之中。⑦

值得一提的是,花卉节庆在这一阶段繁荣起来,如始于北宋时期的洛阳牡丹花会、始于清嘉庆年间的上海年宵花卉以及兴盛于明清的花朝节。花卉节庆承载着花卉文化的各种衍生和演化,以花朝节为例,关于花神的考证工作自

---

① 吴文涛:《元代大都城南花卉文化的兴起》,《北京社会科学》2010 年第 2 期。

② 张雪慧:《元人生活中之花卉及其商品化》,《商业文化月刊》1997 年第 4 期。

③ 叶静渊:《我国明清时期的花卉栽培》,《农业考古》1987 年第 2 期。

④ 王赛时:《明清时期北京的花卉业》,《古今农业》1994 年第 3 期。

⑤ 林德荣、郭晓琳:《时空压缩与致敬传统:后现代旅游消费行为特征》,《旅游学刊》2014 年第 7 期。

⑥ 严奇岩:《明清时期云南的观赏花卉资源》,《中国园林》2004 年第 3 期。

⑦ 刘红娟:《明末清初的咏花诗与士人心态变迁》,《郑州大学学报(哲学社会科学版)》2012 年第 4 期。

清朝开始进行,以花神庙、花神形象为代表的花神文化逐渐深入皇家与民间,如《清稗类钞·时令类》记载:"孝钦后宫中之花朝,整理二月十二日为花朝,孝钦后至颐和园观剪裁……演花神庆寿事,树为男仙,花为女仙,凡扮某树某花枝神者,衣即肖其色而制之";①花神节除了踏青赏花外,还结合多种休闲娱乐的项目,如品食花糕、赏红扑蝶、觥筹宴饮、吟诗作赋等。②

四、转型:功能融合导向的花卉旅游

随着科学教育的普及,旅游文化能力迅速大众化,大众旅游者替代了"精英"旅游者,③并催生了同时具备迁移性、闲逸性、大众性、经济性、季节性这五大特征的现代旅游业。④ 这一时期的花卉旅游业供给更加注重不断更新的花文化旅游衍生产品以及现代化的旅游体验服务,在延续传统赏花习俗与习惯的前提下,受不同时间段不同要素的驱动力影响,在后期逐渐呈现综合性、多元化的发展趋势。此阶段自新中国成立之后萌芽,至今步入强劲生长期,根据驱动力因素分为四个重要节点(表2-1)。

表2-1 功能融合导向的现代花卉旅游发展历程

阶段	时期	驱动力	重要特征或事件	示例
1	1949年新中国成立之后	历史延续	悠久历史的传统赏花胜地	传统赏花胜地:洛阳牡丹、南京梅花、开封菊花、扬州芍药、无锡杜鹃园、济南荷花、长春君子兰、武汉东湖梅园、苏州桂花、成都木芙蓉等
2	1978年改革开放之后	政府推动	全国各地展开市花评选	市花评选:木棉(广州,1982)、君子兰(长春,1984)、白玉兰(上海,1986)、月季和菊花(北京,1987)

① 李菁博、许兴、程炜:《花神文化和花朝节传统的兴衰与保护》,《北京林业大学学报(社会科学版)》2012年第3期。

② 王蕾:《唐宋时期的花朝节》,《华夏文化》2006年第3期。

③ 曹国新:《中国与西方旅游的古代、现代和后现代特征》,《旅游学刊》2006年第6期。

④ 郝革宗:《试论现代旅游活动的基本特征》,《广西师院学报》1993年第2期。

续表

阶段	时期	驱动力	重要特征或事件	示例
3	2009 年以后	旅游发展	旅游成为国民经济战略性支柱产业	花卉旅游景区蓬勃兴起:婺源油菜花田、香格里拉杜鹃花海、伊犁薰衣草花田、武汉樱花等
4	2014 年以后	文化创新	中国花卉协会《国家重点花文化基地认定办法》的编制、批准与实施	国家重点花文化基地:北京植物园、上海植物园、广西横县、南京梅花山等

以历史为驱动力的中国传统赏花胜地依托优质的花卉栽种资源和悠久独特的花文化,其核心吸引力不仅仅是花卉争相开放时的自然景观所带来的视觉冲击,更重要的是历经多年的赏花历史赋予当地的人文意义,即为人们提供能够与过去进行联结和想象的场所,延续和重现古都的伦理背景和文化存量,从而获得消费历史与空间的体验。例如不逊色于洛阳牡丹的扬州芍药,从古籍中即可体现芍药之于古都广陵(今扬州)的重要地位,如《芍药谱》中的"由此芍药之美,益专于扬州焉",《花镜》中的"芍药唯广陵者为天下最"。① 在经历了民国至解放前的"冷却期"后,在新中国成立时随着"绿化运动"重新大放异彩,通过引种广植的方式恢复昔日盛景,引人流连。

之后在全国范围内开展的市花评选,是在政府政策层面对花卉业发展的一次强有力的推动,并进一步从城市发展和对外宣传方面明晰了花卉与城市形象定位的关系。1982 年,《植物杂志》首先发起国花、省花、市花评选工作,之后自 1986 年开始分别在深圳、北京、洛阳举办了三届中国城市市花展览。② 市花的评选一方面是对城市特色花卉资源的梳理和凝练,另一方面通过市花景观增植的方式,强化居民和旅游者心中的地区符号,间接增强了花卉之于城市旅游吸引力的作用。

---

① 李保华:《广陵芍药趣谈》,《江苏地方志》2001 年第 5 期。
② 周武忠:《中国花文化史》,海天出版社 2015 年版,第 488 页。

2009 年,国务院印发《关于加快发展旅游业的意见》,在 41 号文件中将旅游业定位为国民经济的战略性支柱产业,区域旅游目的地积极响应,改造、开发和大力宣传花田景观,并摸索建立赏花衍生活动和配套服务设施,打造花卉经济,有将原先平淡无奇的农作植物打造成地区热门的旅游资源,如婺源的油菜花田;也有通过积极引种、科学培育种球并进行多产业布局的全新旅游景点,如江苏盐城大丰的荷兰花海。

2014 年始,作为国家发展花文化产业的抓手,评选"国家重点花文化基地"成为中国花卉协会的重要任务之一。在协会部署下,国家重点花文化基地认定管理办法课题组编制了《国家重点花文化基地认定管理办法》,对国家重点花文化基地认定工作的范围、条件和程序进行了规定,明确了花文化产业示范性、可持续发展、建设与运营管理和综合效益等评价指标。在对申报对象材料进行多次评议,并对申报对象实地进行调研论证后,最终确立了第一批(8 家)和第二批(12 家)国家重点花文化基地(名录详见附录 1)。可以说,评选工作从花文化利用与创新的角度审视了花卉旅游供给方的发展现状与目标方向,进一步提出了具有行业示范性的要求和标准,有助于提升市场规范性,拓展产业发展思路。

总体而言,此阶段的花卉旅游逐渐从原先小规模、零散的粗放模式步入产业化初级阶段,景区的行业准入标准、管理规范、监管体系开始建立,与之相关的花卉旅游目的地的配套服务逐渐向标准化目标迈进。同时,伴随旅游者的差异化需求和不断提升的消费购买力,花卉旅游在提供观赏活动基础上衍生出多种游憩功能,提供给消费者不同的感官享受,形成多个延伸的细分市场,如花卉种植体验游、花卉购物游、花卉婚宴游。花卉旅游提供商亦营造不同类型的花卉情境,如郊野田园类满足市区居民返璞归真、享受自然的旅游动机;或在原有的花卉资源基础上进行人工艺术景观的再创造,满足旅游者新奇、求知需求,从而提供多功能融合的游憩方式。

第二节 中国花卉旅游的发展动因

系统哲学观认为,整体是一种系统、结构和综合体,通过新陈代谢不断更新。旅游系统是一个非线性方式运行的、具有混沌特点的复杂系统,[①]系统中的不同个体相互之间存在着主动的适应关系:交互影响、互相缠绕,形成旅游动力系统结构。[②] 当代中国花卉旅游的兴起与蓬勃发展受若干因素影响,但总体而言归功于不同适应性主体在复杂互动中的共同驱动。本节重点讨论旅游主体(旅游者)、旅游媒体(旅游产业)以及旅游支持体(目的地政府)这三类适应性主体在中国花卉旅游系统演化和发展动力源方面的功能和作用,分别从需求推动视角、文化拉动视角、发展压力视角及产业融合视角对花卉旅游发展的内部动因进行剖析(图2-1)。其中,与旅游者相关的出游动力基于 Crompton J L 提出的旅游动机"推—拉"模型,分为推因素——社会心理动机(socio-psychological category)以及拉因素——文化动机(alternate cultural category)两大类。[③]

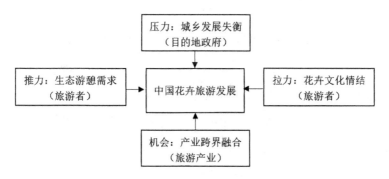

图 2-1 中国花卉旅游发展动因分析视角

① McKercher B, "A Chaos Approach to Tourism", *Tourism Management*, Vol.20, No.4(1999), pp.425-434.

② 袁国宏:《旅游业可持续发展的动力系统研究》,《旅游科学》2004年第1期。

③ Crompton J L, "Motivations for Pleasure Vacation", *Annals of Tourism Research*, Vol.6, No.4(1979), pp.408-424.

一、推力:生态游憩需求

根据人本主义心理学,需求是行为表现的先决条件和内在动力,只有满足旅游者的期望和需求,旅游形式才能享有源源不断的发展动力。从人们对区域空间的需求来看,多样性是其显著特征,伴随人类的生产历史不同类型的空间需求主导地位不断更替变换,在步入工业化后期和信息化时代以后,人们的关注点从城镇空间与交通空间逐渐转向生态空间;[1]同时,从区域空间的实际发展来看,随着城市化水平的提高,城市空间由内向外、渐进扩散,城郊游憩空间伴随城市建成区的不断扩大而逐渐向外推移,延伸至乡野田间。[2] 中国历史上传统花卉旅游繁荣发展的契机即来源于民众在自然界中找寻休闲游憩的乐趣;现代花卉旅游因其具备集观赏、科教、养生、购物为一体的组合功能满足不同特征的旅游者群体需求,从而丰富了国民休闲游憩的选择。从旅游者生态游憩需求角度来说,花卉旅游热潮兴起动因的推力基于旅游者的心理动机,包括以下三个方面。

1.传统自然审美的观念影响。自然世界作为人类审美意识的发源地,与人类有着"异质同构"的心理感应场,自然审美作为当代社会大众审美活动的基本形式,其模式受中国传统哲学观念影响。[3] 相较于西方的思维模式,中国传统文化的审美倾向于重视功能动态而超过形质,更讲究观赏对象的"气韵""风骨""性灵"等美学特质。与西方切花、摘朵的用花习惯不同,中国人民偏爱"生植观赏",即观赏自然生长或立地栽培的植物,[4]古有《周易·系辞》中的"生生之谓易"、程颢的"万物之生意最可观,此兀者善之长,斯所谓仁也"、

① 刘传明、曾菊新:《区域空间供需模型与空间结构优化途径选择——功能区建设的科学基础》,《经济地理》2009 年第 1 期。
② 吴必虎、宋治清:《一种区域旅游形象分析的技术程序》,《经济地理》2001 年第 4 期。
③ 陈载舸:《传统自然审美三维结构的建立及其意义》,《广东社会科学》2005 年第 4 期。
④ 程杰:《论中国花卉文化的繁荣状况、发展进程、历史背景和民族特色》,《阅江学刊》2014 年第 1 期。

王象晋在《群芳谱序》中的"种不必奇异,第取其生意郁勃,可觇化机"等,都是激发人们注重花卉鲜活真实的生物属性的思想溯源,并进一步促使人们亲自到自然生长的花卉资源地观赏和游乐,形成地理区域上的位移从而引发花卉旅游行为。

2. 向往田园生活的心灵诉求。当人从动物分化出来的时候,就有了某种对原有生活环境的"走出和超越"的行为和趋向;[1]大都市生活方式下,理性原则对生活各个层面有所控制,个性化生活受到限制,感性生活受到压抑,个体渴望从生活的连续性中突然消失或离去。促发旅游动机的心理需要分为两种:一是探新求异的积极心理;二是逃避紧张现实的消极心理。就后者而言,从旅游与现代性的联系视角来看,旅游可以当作对现代性所造成的异化、生态环境的恶化以及生活节奏的程式化和机械化等状况的暂时解脱。[2] 无论是从古代的吟游诗人到现代的旅游者,不管是流连于山川秀色,还是沉迷于古老文化,都是在寻求与其个人当时处境相悖的某种补偿。[3] 在城市密集的写字楼建筑里、嘈杂的生活环境中,以及城市化进程的重压之下,人们或多或少会出现一种心理失衡,从而产生逃离的动机。不过,现代文明中人类征服自然的思想不复存在,人与自然相契、相合的生态时代的到来引发了人们对于田园生活的回归思潮。人与自然不可或缺的关联由于都市化的扩张而断裂,返归自然便是重建这种关联。[4] 由于环境氛围的特殊性和异质性是旅游目的地的本质特征,[5]花田所创造出的近距离亲近大自然的氛围能够替代忙碌的城市生活环境,为旅游者提供"崇尚自然,追求天趣"的模拟田园生活。

---

[1]　郭青生:《旅游动机的文化学阐释》,《东南文化》1991年第6期。

[2]　王宁:《旅游、现代性与"好恶交织"——旅游社会学的理论探索》,《社会学研究》1999年第6期。

[3]　谢彦君:《论旅游的现代化与原始化》,《旅游学刊》1990年第4期。

[4]　周宪:《现代性与视觉文化中的旅游凝视》,《天津社会科学》2008年第1期。

[5]　杨俭波、乔纪纲:《动因与机制——对旅游地社会文化环境变迁理论的研究》,《热带地理》2003年第1期。

3.享受快感现象的实用需求。基础生理快感现象基体作为信号显示和信息传达媒体,一端联系于它的启动根源——基础生理过程和生命实践行为,一端联系于它的作用对象——意识中枢。① 将人类对于自然界绚丽多彩的花卉在生理上形成的愉悦感称之为快感,由愉悦感产生的反复作用,使人的心理对外界审美主体形成一种依恋关系。② 相异于西方美学家将视觉和听觉作为仅有的审美器官,中国传统美学对味、嗅、触、视、听五感更加重视;③花卉的色彩美、香味美、姿态美、风韵美为旅游者带来生理和心理上的舒适感,④这种兼具生理快感和精神快感的实用需求在观赏、食用、养生目的的花卉旅游过程中皆能体现。

二、拉力:花卉文化情结

人类学家 Mary Douglas 在关于"消费的文化意义"言论中表明,消费不再只是以某种物质的方式来满足需求,而是作为一种文化实践而存在。在新经济语境下,旅游产业的升级与更新依赖于旅游者在物质形态消费的基础上形成文化服务劳务形态的消费,打造融合文化、创意、科技与消费的新型文化消费模式和业态。"推—拉"模型中的拉因素就是指文化动机,花卉旅游动机中文化情结的拉动更偏重于旅游目的地本身文化氛围的作用,以及在人地关系中旅游者以文化为基石和纽带的恋地情结。

对于传统的花卉旅游胜地来说,花卉之于城市所形成的文化内涵根植于城市发展史之中,花文化的塑造与传播历经不同时代的累积、加工和演化,大部分现代旅游者的出游动机来自于旅游目的地的遗产属性,以学习教育、休闲娱乐为主;旅游者通过花会、花展的体验旅游方式建立与历史往昔的联络关

---

① 王宜山:《快感现象发生原理》,《齐鲁艺苑》1996 年第 1 期。
② 张启翔:《中国花文化起源与形成研究(一)——人类关于花卉审美意识的形成与发展》,《中国园林》2001 年第 1 期。
③ 陈秀中、王琪:《中华民族传统赏花理论探微》,《北京林业大学学报》2001 年第 S1 期。
④ 周武忠:《论花卉的旅游审美意义》,《东南大学学报(哲学社会科学版)》2002 年第 5 期。

系,试图复刻古人赏花赋诗的生活情趣,如在洛阳赏牡丹、在南京赏梅花。对于新晋的赏花热门地来说,大多是基于互联网迅速传播的"网红"打卡地,网络开放、多元的媒介属性造就了新型的赏花文化,具有全民性、大众性、狂欢性的特质,形成线上、线下群体围观的景象;① 这类花卉消费文化的形成主要是满足公众参与社会公共生活的需要,增进旅游者的社交价值和社会参与价值,如江苏南京鸡鸣寺的樱花、安徽婺源的油菜花等。

从文化共鸣来说,中国人接触花卉、使用花卉、品玩花卉的历史悠久,古有文人墨客以花为媒、结交挚友,而当代中国花文化作为多要素、多层面的文化网络已沉浸于中国社会生活的各个方面。② 中国历史中的花卉与民俗、食品、文学、艺术、健康、宗教等各方面文化要素紧紧相连,在这种花文化熏陶下,对于旅游者来说花卉旅游目的地除花卉观赏活动以外的衍生项目也能够成为辅助的旅游吸引物。

文化消费与人们的价值观、审美观和兴趣爱好联系紧密,并与之发生多重的相互影响关系,因而文化消费具有鲜明的层次性特征。③ 在具体的审美活动中,旅游者的活动更多表现为一种精神活动、情感活动和自由的生命活动,而非生理性本能活动或实践性物质活动。④ 花卉审美观与中国传统的儒家思想、伦理道德观、天人合一思想、雅致文化等协同演化。通过模仿、写意、移情等过程,花卉已在中国人民的精神世界中形成一种丰盈、复杂、深刻的文化象征。花卉作为核心的旅游吸引物,已不仅只是物质性的景观呈现,而是融合了中国传统哲学观和审美观的精髓。这一历经千年的文化情结使得花卉旅游在旅游者的精神体验中形成独特的再加工记忆,促进中国传统花文化的复兴与传承。

---

① 马相彬:《"网红"文化的传播与狂欢》,《大众文艺》2016 年第 15 期。
② 张启翔:《中国花文化起源与形成研究(一)——人类关于花卉审美意识的形成与发展》,《中国园林》2001 年第 1 期。
③ 欧翠珍:《文化消费研究述评》,《经济学家》2010 年第 3 期。
④ 邓辉:《旅游本质探微》,《中南民族大学学报(人文社会科学版)》2009 年第 2 期。

三、压力:城乡发展失衡

城市与乡村是中国区域发展的两大主体,早期"工业先导、城市偏向"的发展战略以及"挖乡补城、以农哺工"的资金积累模式造成了城乡二元分化格局,①中国城乡社会经济在投资及居民的收入和消费增长等方面的失衡程度不断加剧,如何在城市现代化进程中维护空间生产的社会公正成为亟待解决的问题。② 经济发展的现实压力和竞争是迫使城乡寻求创新机会的重要原动力。20 世纪英国著名的城市学家埃比尼泽·霍华德(Ebenezer Howard)在其著作《明日的田园城市》一书中首次提出"用城乡一体的新社会结构形态来取代城乡分离的旧社会结构形态",从社会顶层设计的理论高度提出将乡村和城市的改进作为一个统一的问题来处理;为解决乡村发展变迁中农村滞化、弱化、退化的诸多问题,将城乡关系从对立转向和谐发展,中共十六届三中全会上明确提出"统筹城乡发展"的战略思路。从实践探索来说,发展乡村生态旅游成为在经济、就业、生态等多方面能够促进和平衡城乡关系的一条重要途径。

乡村发展的一大问题即农村空心化,造成剩余老弱群体生存压力巨大、农村初级社会群体关系衰落、土地资源闲置浪费等影响,其根本原因并不是农村人口外流,而是农村产业的缺失。③ 中国大部分花田资源位于城郊或乡村,这些地区的花卉旅游就可以成为结合乡村旅游和生态旅游产业的落脚点。旅游目的地政府通过发布鼓励村民自主参与花卉旅游事业的一系列支持和引导政策,积极引入专业的旅游规划和运营单位及社会资本,将区域的花卉旅游产业链拓宽、延长,在花农的花卉种植、乡村农家乐、制作花卉旅游商品的乡村企业

---

① 刘荣增:《城乡统筹理论的演进与展望》,《郑州大学学报(哲学社会科学版)》2008 年第 4 期。

② 周宪:《当代视觉文化与公民的视觉建构》,《文艺研究》2012 年第 10 期。

③ 刘永飞、徐孝昶、许佳君:《断裂与重构:农村的"空心化"到"产业化"》,《南京农业大学学报(社会科学版)》2014 年第 3 期。

等方面多点布局、提升附加值,增进市场化的互动与调配,调动乡村的劳动流和资金流的正向循环,以创造更多的工作机会,改善乡村劳动力空心问题。

同时,将城乡统筹与花卉旅游耦合协调发展能够有效弥合城乡生活质量的落差,在改造花卉旅游景区的同时提升公共服务设施,从经济发展和公共服务方面提高景区人民的生活水平。以花卉为主体的生态旅游以农促旅,将乡村优质的种植资源和环境资源集中挖掘和加工,留住和保持城市所稀有的农村资源的原真性。花卉旅游还有助于打破城乡壁垒,增进城乡良性互动,改变城乡人口单向流动的现状,更好地促进城乡一体化。

另外,乡村旅游发展促使乡村内部的人际关系逐渐以旅游利益分配为核心,形成对旅游业的依赖性心理,反过来促使村民更加深度地卷入当地旅游业,激活其城乡统筹发展中的主动性和机动性;花卉旅游资源用于旅游利益的斗争和协调,乡村对花卉旅游发展的路径依赖进一步加强。

四、机会:产业跨界融合

旅游产业的融合发展是旅游产业与其他产业或旅游产业内不同行业相互渗透、相互交叉,逐步形成新产业或产业链的动态发展过程。[1] 旅游产业无边界、强关联性和需求导向的产业特征决定了它与其他产业融合的天然属性,而旅游产业融合的根本原因深植于以"知识资本"为主导的信息经济和以"消费"为中心的服务经济。[2] 花卉旅游在坚持以提供旅游服务为核心的基础上,在产业链上进行横向与纵向延伸,实现农业、旅游业和轻工业的产业跨界融合,是创新传统产业、扩大产业增值点的必然趋势。产业跨界融合聚焦于花卉旅游的原因主要有两个方面。

1.闲暇二重性。源于马克思对于闲暇具体活动指向的不同目的而做出的

---

① 何建民:《我国旅游产业融合发展的形式、动因、路径、障碍及机制》,《旅游学刊》2011年第4期。

② 肖建勇、郑向敏:《旅游产业融合:动因、机理与效应》,《商业研究》2012年第1期。

闲暇二分法("第一闲暇"与"第二闲暇"),休闲视野下的旅游强调经济的消费性和生产性。生产性闲暇下消费与生产功能合二为一的趋势正在兴起,旅游者对其旅游经历能够实现生产性的作用产生更加丰富和多样的期待。在花卉旅游中,消费性休闲活动包括观花等普通层次的娱乐活动,其产出的是感官愉悦、情感满足等消费性效用;生产性休闲活动包括花卉种植体验游、花卉养生游、亲子识花游等具备学习、文化、交往等功能的高层次活动,其产出的是智力、社会关系等资本性收益。旅游产业发展过程中,社会关系随着产业边界的模糊和消失,对生产性的表达在产业传统边界不能圆满完成,需要各分立的产业联动形成融合载体。①

2. 内生增值。花卉旅游产业的内部扩张、保持可持续发展、品牌经营和管理皆需要通过多产业战略联盟实现,优化组合各产业要素的比较优势以保证内生增值。如农业作为旅游业的前向延伸产业,在花卉资源供给等方面可实现创意农业和花卉旅游的合作,改变旅游企业与花农原有的竞争关系,共享客源成就双赢;轻工业作为旅游业的后向延伸产业,以花卉为原料制作的旅游商品通过规模生产或客户定制等方式进行售卖,高质量的知名旅游商品甚至可以成为当地花卉旅游吸引物之一。花卉旅游的产业融合整体呈现动态演化趋势,更多产业的进入将促进花卉旅游产业链各模块的优化和升级。

第三节　中国花卉旅游的空间分布

游憩空间是游憩供给方的游憩物质空间与游憩需求方的游憩行为空间的耦合。此节研究的空间(Space)概念并非人文主义地理学所讨论的具有共同意义和价值群体的区域,更多是指在实证主义地理范畴内,在全国尺度和区域尺度上包含花卉旅游目的地距离、位置等信息的地理分布与区位网络,以及花

---

①　杨颖:《产业融合:旅游业发展趋势的新视角》,《旅游科学》2008年第4期。

卉旅游者赏花行为的足迹投影。

了解花卉旅游空间分布的前提是明确花卉旅游活动的分类维度。按照旅游活动的特征以及其依赖的实体单位的形式和功能,中国现代花卉旅游目的地主要分为四类。

1. 花卉旅游节庆项目。节事旅游属于节事活动的范畴,是依托某种或某类旅游资源,通过开展丰富的、强开放性与参与性的各项活动,吸引大量受众参与并鼓励其进行旅游消费。[①] 花卉旅游节庆项目是指在某一时间段内举办的以花卉资源为依托、花卉文化为主题的一系列节庆活动,主要目的在于加强外界对花卉旅游目的地的认同,增强其吸引力,提高地方经济收入;这一类型旅游活动的整体经济和社会效应在中国花卉旅游产业中占有重要比例。根据2016 年由网友投票的不完全统计结果:河南洛阳国际牡丹文化节、湖南湘潭国际杜鹃文化旅游节、湖北武汉大学樱花节、北京平谷桃花节、江苏南京梅花节、浙江杭州西湖桂花节、河南开封菊花节、山东济宁微山湖荷花节、云南昆明茶花节、陕西汉中油菜花节位列"中国十大花会花节名单"。从具体类型细分来说,按照历史存续时间分为沿袭中国民俗传统的花卉节日和现代新型花卉节庆;按照主题花卉的种类分为梅花节、桃花节、樱花节等;按照举办单位分为国际组织、国家政府举办(如住建部)、地方政府举办、非营利性组织举办(如中国花卉协会)以及多方合办;按照节庆规模分为国际级、国家级、省级、地市级;按照举办地点分为流动型和固定型。国际级、国家级花展节庆一般持续 3至 6 个月;地方性花卉旅游节庆一般根据花期持续 1 至 2 个月,间隔周期为半年至 1 年。从国家级的影响力来说,世界园艺博览会(简称"世园会")由国际园艺生产者协会批准举办,在中国的昆明(1999 年)、沈阳(2006 年)、台北(2010 年)、西安(2011 年)、青岛(2014 年)、唐山(2016 年)、北京(2019 年)、扬州(2021 年)举办过八次;创办于 1987 年的中国花卉博览会(简称"花博

[①] 辜应康、楼嘉军、唐秀丽:《节事旅游市场化运作研究——以上海旅游节为例》,《北京第二外国语学院学报》2005 年第 3 期。

会")是中国花卉界的"奥林匹克",已成功举办十届;中国国际园林花卉博览会(简称"园博会")是由中国园林绿化界行业层次最高、规模最大的国际性盛会,自2007年起已成功在中国十三个城市举办十三届(表2-2);这些大型展会的会址在会后会保留下来,成为供旅游者观赏花卉园艺的场所。

表2-2　历届中国国际园林花卉博览会举办城市及主题一览

序号	举办时间	举办城市	选址	主题
第一届	1997	大连	大连会展中心	——
第二届	1998.9—1998.10	南京	南京玄武湖公园	城市与花卉——人与自然的和谐
第三届	2000.9—2009.10	上海	上海浦东中央公园	绿都花海——人、城市、自然
第四届	2001.9—2001.11	广州	广州市珠江新城	生态人居环境:青山、碧水、蓝天、花城
第五届	2004.9—2005.3	深圳	华侨城以东(新建园区)	自然,家园,美好未来
第六届	2007.9—2008.4	厦门	厦门集美杏林湾	和谐共存·传承发展
第七届	2009.9—2010.5	济南	济南长清湖	文化传承·科学发展
第八届	2011.11—2012.5	重庆	重庆北部新区龙景湖公园	园林,让城市更美好
第九届	2013.5—2013.11	北京	北京永定河畔	绿色交响·盛世园林
第十届	2015.9—2016.5	武汉	张公堤公园	生态园博,绿色生活
第十一届	2017.9—2018.5	郑州	郑州航空港经济综合实验区	引领绿色发展,传承华夏文明
第十二届	2018.12—2019.5	南宁	广西壮族自治区南宁市	生态宜居　园林圆梦
第十三届	2021.9—2021.12	徐州	江苏省徐州市吕梁风景区悬水湖景区	绿色城市　美好生活

2. 花卉生产基地改造的旅游景区。这类目的地是指在适合花卉栽培条件的区域上规划建设的旅游景区,花卉资源包括本地传统品种和外地引进品种,改造方式包括部分加工和全部更新。这类花卉旅游区域一部分是在发展到一定水平后,由国家旅游局评定 AAA 级以上的旅游景区,在景观、交通、安全、服

务、卫生设施和接待量等方面均通过相应等级的质量标准,大多全年对外开放,并主要依赖门票经济;另一部分属于传统名花产区、赏花胜地或著名花田,花卉资源是主要旅游吸引物,季节性强,花期聚集大量旅游者,在赏花以外的衍生项目丰富,如食宿农家乐等。

3. 国家重点花文化基地。由中国花卉协会根据《国家重点花文化基地认定管理办法》评选出的国家重点花文化基地(共20家),所评选基地在花文化建设水平、花文化传播以及推动花卉产业发展方面具有积极的示范效应。

4. 具备旅游功能的花卉市场。主要指面向个体消费者的花卉及园艺用品售卖交易的场所,拥有丰富的花卉种苗和盆栽储备,因商贸交易的规模效应形成人气后开始吸引外地旅游者,逐渐演化成为旅游目的地。这类花卉市场一部分是从传统的老城区花市发展而来,具有临时性和小规模特征,如广州迎春花市,其花卉旅游行为伴随着春节旅游这类时节性旅游活动的发生而发生;另一部分是专为花木生产和交易而新建的现代农业园区,集新品研发、培育、推广、展示、交易为一体,如夏溪花木市场。值得一提的是,由于中国部分花木市场专供大批量集团采购,仅用于景观施工和园林工程,较少有个体参与行为发生,因此这类花木市场不纳入花卉旅游的讨论范畴。

一、中国花卉旅游的全国格局

此节内容重点讨论供给的空间格局(spatial pattern of supply)。花卉旅游目的地的地理分布以花卉资源为核心,在大尺度地理空间上可以抽象化为点状地理事物分布。以下根据中国七大地理分区(华北地区、东北地区、华东地区、华中地区、华南地区、西南地区、西北地区)梳理具有代表性的花卉旅游目的地,研究各地理分区不同类型的花卉旅游活动以点状呈现的空间分布模式和分布特征(表2-3)。

除国家重点花文化基地经中国花卉协会审查认定外,目前对于中国其他类型的花卉旅游目的地并未出台详细的准入标准;经中国花卉协会花文化分会认定,此处所列举的花卉旅游目的地入选标准包括:①花卉旅游节庆举办单位为省级政府以上或为国际规模;②花卉旅游景区为国家 AAAA 级以上景区或规模较大的知名花田;③花卉市场以旅游观光为经营目标之一。

表2-3 中国花卉旅游目的地区域格局

地理分区	内容类别	代表性花卉旅游目的地
华北地区	花卉旅游节庆	北京平谷国际桃花节(北京)、北京月季文化节(北京)、天津运河桃花文化商贸旅游节(天津)
	花卉旅游景区(生产基地)	世界花卉大观园(北京)、秦皇岛集发农业观光园(河北)
	国家重点花文化基地	北京市植物园(北京)、北京市丰台区花乡(北京)
	花卉市场	北京望京花卉市场(北京)、北京国际鲜花港(北京)、曹庄花卉市场(天津)、西三教花卉市场(河北)
东北地区	花卉旅游节庆	龙湾野生杜鹃花卉旅游节(吉林)、中国·龙井"延边之春"苹果梨花节(吉林)、大连(旅顺)国际樱花节(辽宁)
	花卉旅游景区(生产基地)	沈阳世博园(辽宁)、大连英歌石植物园(辽宁)、锦州世博园(辽宁)、沈阳紫烟熏衣草庄园(辽宁)、大兴安岭千里杜鹃花海(黑龙江)
	国家重点花文化基地	长春市泓鑫君子兰种植基地(吉林)
	花卉市场	东北花卉大世界(辽宁)、长春君子兰交易中心(吉林)
华东地区	花卉旅游节庆	中国南京国际梅花节(江苏)、中国井冈山国际杜鹃花节(江西)、中国永春北溪桃花文化旅游节(福建)、菏泽国际牡丹文化旅游节(山东)、上海国际花卉节(上海)
	花卉旅游景区(生产基地)	婺源油菜花田(江西)、盐城大丰荷兰花海(江苏)、宏村油菜花田(安徽)、东南花都花博园(福建)、厦门园林植物园(福建)、曹州牡丹园(山东)、兴化千岛油菜花田(江苏)、鼋头渚樱花谷(江苏)、马可波罗花世界(扬州)、上海顾村公园樱花(上海)、花开海上生态园(上海)、杭州太子湾郁金香(浙江)
	国家重点花文化基地	上海植物园(上海)、上海市梦花源(上海)、无锡市中国杜鹃园(江苏)、扬州市个园(江苏)、扬州市瘦西湖风景区(江苏)、太仓现代农业园(江苏)、南京市梅花山(江苏)、杭州花圃(浙江)、合肥植物园(安徽)、连城兰花博览园(福建)
	花卉市场	常州武进夏溪花木市场(江苏)、海宁国际花卉城(浙江)、上海鲜花港(上海)、漳州闽南花卉批发市场(福建)、裕丰花市(安徽)

续表

地理分区	内容类别	代表性花卉旅游目的地
华中地区	花卉旅游节庆	中国开封菊花文化节(河南)、中国洛阳牡丹文化节(河南)、麻城杜鹃文化旅游节(湖北)、湖南油菜花节(湖南)
	花卉旅游景区(生产基地)	武汉大学樱花(湖北)、东湖樱花园(湖北)、东湖梅园(湖北)、中国国花园(河南)、鄢陵国家花木博览园(河南)、武汉植物园(湖北)、君山野生荷花世界(湖南)
	国家重点花文化基地	南阳月季博览园(河南)、湖南省森林植物园(湖南)、湘潭盘龙生态农业示范园(湖南)
	花卉市场	东湖花木城(湖北)、郑州陈砦花卉交易市场(河南)
华南地区	花卉旅游节庆	中国横县茉莉花文化节(广西)、海南换花节(海南)
	花卉旅游景区(生产基地)	百万葵园(广东)、亚龙湾玫瑰谷(海南)、三水荷花世界(广东)、新丰樱花峪(广东)
	国家重点花文化基地	横县(广西)、三亚兰花世界文化旅游区(海南)
	花卉市场	陈村花卉世界(广东)、岭南花卉市场(广东)
西南地区	花卉旅游节庆	中国成都龙泉国际桃花节(四川)、大理国际茶花博览会(云南)、中国贵州百里杜鹃国际杜鹃花节(贵州)、罗平国际油菜花节(云南)
	花卉旅游景区(生产基地)	三圣花乡(四川)、西双版纳花卉园(云南)、昆明世界园艺博览园(云南)、清溪谷花田酒地(四川)、花舞人间(四川)
	国家重点花文化基地	遂宁世界荷花博览园(四川)、成都市川派盆景文化艺术基地(四川)
	花卉市场	云南斗南花卉市场(云南)、高店子花卉市场(四川)
西北地区	花卉旅游节庆	青海郁金香节(青海)、新疆伊犁薰衣草国际旅游节(新疆)、林芝桃花节(西藏)
	花卉旅游景区(生产基地)	门源百里油菜花海(青海)、霍城解忧公主薰衣草园(新疆)、伊犁杏花沟(新疆)、西安世博园(陕西)
	花卉市场	西安花卉市场(陕西)

由上表可见,中国花卉旅游的代表性目的地以直辖市和省会城市为核心呈现散点分布的状态,遍布各地理大区和省份,其中华东地区、华中地区以及西南地区的散点分布更加密集,节庆活动和花卉旅游景区的多样性选择也更加丰富。

此外,从农业部办公厅发布的"2014年中国美丽田园名录"来看(详见附录2),与花卉相关的美丽田园项目共有66项,其中油菜花景观10项、桃花景观10项、梨花景观10项、荷花景观10项、向日葵景观8项、花卉景观(其他)18项。经梳理,这些景观所属的地理区位见表2-4。合计各类型花田景观数目,华东地区的分布占比最高,达到近四成;其次是华北地区和西南地区,分别有11项和10项。从分类花田景观来看,华东地区在梨花景观、荷花景观和其他花卉景观方面表现最突出。由此看出,除花卉资源本身的质量外,"美丽田园"品牌的塑造和管理与当地经济发展水平和旅游产业运营能力密切相关。

表2-4 "中国美丽田园名录"中相关花卉景观的地理分布

地理分区	"中国美丽田园名录"中相关花卉景观						
	油菜花景观	桃花景观	梨花景观	荷花景观	向日葵景观	花卉景观(其他)	合计
华北地区	—	3	2	2	2	2	11
东北地区	—	—	—	—	1	2	3
华东地区	3	3	5	6	1	6	24
华中地区	—	2	—	1	1	2	6
华南地区	—	—	1	1	1	—	3
西南地区	3	2	1	—	1	3	10
西北地区	4	—	1	—	1	3	9
合计	10	10	10	10	8	18	66

二、中国花卉旅游的区域聚焦

从地区细分来看,学者们重点聚焦北京、河南以及昆明、武汉、成都等地区内部的花卉旅游资源构成分布与景点空间布局(表2-5)。

表 2-5　中国花卉旅游的地区细分聚焦研究

序号	地区	研究概述	研究者
1	北京市	2009 年北京市园林绿化局推出 17 个花卉观光采摘园,其中顺义区 7 个、大兴区 5 个、丰台区 2 个、昌平区 2 个、通州区 1 个;研究者选取了三个具有代表性的花卉休闲观光园,分别是北京国际鲜花港、北京蓝调薰衣草庄园和世界花卉大观园,根据区位分析得出结论:三个园区距离一级客源地城市 100 公里范围内,交通便利	田文桥(2012)
2	河南省	研究者对河南目前花卉旅游集聚的四大区域:洛阳牡丹、开封菊花、鄢陵蜡梅和南阳月季进行比较分析,认为河南省花卉产业集群的发展模式相似,大多为借助花卉产业悠久的发展历史和结合现代发展思路的内生性产业集群,资源禀赋好、特色鲜明,但区域间集聚发展程度不一,洛阳牡丹产业的集聚研究和实践均为四个区域中的领先者	高洪涛(2012)
3	昆明市	(1)具有观赏价值的昆明芳香资源:集中位于昆明市东部、东北部和南部,如昆明市呈贡新区、嵩明县阿拉乡、晋宁县、宜良县、石林县;以鲜切花和盆栽为主; (2)具有香料价值的昆明芳香资源:集中位于昆明西北部团结乡、北部禄劝县、西部富民县; (3)具有食用价值的昆明芳香资源:昆明西南地区安宁市使用玫瑰和北部禄劝县的杭白菊	张菊和杨红波(2015)
4	武汉市	研究者搜集武汉赏花点和花卉旅游景区数据,采用 Excel 和 Arcgis10.2 等工具对武汉市花卉旅游空间布局进行定量分析。从密度分析来看: 五级密度区:武昌区 四级密度区:江汉区、汉阳区、江岸区 三级密度区:硚口区、青山区、东西湖区 二级密度区:洪山区、汉南和黄陂区 一级密度区:江夏区、新洲区、蔡甸区	解瑞红(2016)
5	成都市	研究者绘制成都地区花卉资源分布图,总结出以下分布特征:以成都市为中心,成都西北和西南方向花卉资源分布点多、密集度高;各区县花卉资源丰富,分布区域与各区县行政区划大致重合,沿交通干道呈点状分布	董瑾(2012)

从花卉细分来看,讨论牡丹的地域分布和相关文化的研究数量较多。全国最具有代表性的三个以牡丹为主题的旅游活动分别是河南洛阳牡丹花会、山东菏泽牡丹花会和四川天彭牡丹花会;根据不同生长地域和栽培历史,不同地区的牡丹地域特色凝结了具有丰富特色的牡丹文化,如称为"富贵花"的西安牡丹、"文人花"的洛阳牡丹、"百姓花"的菏泽牡丹、"仙人花"的巢湖牡丹、

"隐逸花"的彭州牡丹、"山野花"的延安牡丹以及"佛教花"的西藏牡丹。还有学者梳理出中国 27 个省市的 100 个薰衣草主题园,集中分布于华北、华东地区,其中北京(14 个)、河北(7 个)、河南(8 个)、陕西(9 个)、江苏(6 个)等区域居多。

三、中国花卉旅游的游客足迹

此节内容重点讨论需求的空间格局(spatial pattern of demand)。需求方的旅游空间结构是旅游活动在空间上的投影,体现旅游活动的空间属性和相互关系。[①] 因此,笔者基于网络数据和信息,试图根据旅游者旅游博客的地点标记功能,挖掘中国花卉旅游空间的旅游者数字足迹(digital footprinting)。在数字化时代和旅游信息化发展潮流下,基于游记攻略类网站的赏花游记地理标签,采用统计方式提取空间坐标数据,以试图总结中国花卉旅游游客的足迹分布特征。

笔者于 2018 年 6 月在"马蜂窝""穷游网"和"驴妈妈旅游"这三大 UGC 型旅游网站的游记搜索界面输入关键词"赏花",数据采集结果如下:马蜂窝网站关于赏花的游记有 750 篇帖子,穷游网 388 篇,驴妈妈旅游 40 篇。马蜂窝网站的记录数据最多,因此采用马蜂窝作为最终数据采集来源,并根据以下标准对数据进行筛选:(1)游记内容包含文字和旅游实地拍摄的照片;(2)游记内容必须涉及具体的花卉旅游目的地;经统计最终获取 481 篇帖子。其中,剔除国外花卉旅游目的地游记 25 篇,中国范围内的游记共 456 篇(表 2-6)。

表 2-6 马蜂窝网站"赏花"主题游记国别统计

国别	中国	日本	韩国	荷兰	加拿大	美国	澳大利亚
游记篇数	456	15	3	3	2	1	1

① 尹贻梅、陆玉麒、邓祖涛:《国内旅游空间结构研究述评》,《旅游科学》2004 年第 4 期。

就中国目的地游记按照省(市)地区统计数据如下(表2-7):

表 2-7　马蜂窝网站"赏花"主题中国游记省份地区统计

地区	省(市)	篇数	地区	省(市)	篇数	地区	省(市)	篇数	地区	省(市)	篇数
华东	上海	14	华中	河南	15	西南	四川*	32	西北	陕西	11
	江苏*	43		湖北	21		贵州	3		甘肃	1
	浙江	26		湖南	6		云南	26		青海	4
	安徽	10	华北	北京*	73		重庆	9		新疆	7
	福建	15		天津	4		西藏	5			
	江西*	39		河北	11	华南	广东*	56			
	山东	7		内蒙古	2		广西	9			
	台湾	1	东北	辽宁	4		香港	2			

注: * 为篇数大于 30 篇的省(市)地区,共 5 个。

按照篇数从多到少排列的地理大区分别是华东地区(155 篇)、华北地区(90 篇)、西南地区(75 篇)、华南地区(67 篇)、华中地区(42 篇)、西北地区(23 篇)以及东北地区(4 篇),其中前三位大区的旅游者行为数据排名与花卉旅游供给的数据基本一致;华东地区总体呈现多头分散的结构特征,有两个省份(江苏 43 篇、江西 39 篇)挤进省份总排名的前五位,浙江、福建、上海、安徽等地区的数据较为均衡;华北地区呈现地区寡头式分布,北京占华北地区80% 的赏花游记数量比例,也成为马蜂窝网站所有赏花游记中排名最高的地区(73 篇);西南地区呈现以四川(32 篇)和云南(26 篇)领衔,重庆、西藏、贵州跟随式的分布特征。值得一提的是,广东以 56 篇游记的数量占据省份总排名的第二位,成为华南地区的佼佼者。

从具体的花卉旅游目的地来说,江西婺源的油菜花田被提及次数最多(36 次),占江西赏花游记的九成,其次是云南罗平的油菜花田(18 次),关于北京玉渊潭公园的赏樱游记共 16 篇(表 2-8)。此外,武汉大学、华南农业大学、香港中文大学等校区也成为赏花的热门选择。

表 2-8　马蜂窝网站"赏花"游记目的地前十位排名

序号	花卉旅游目的地	观赏花卉品种	游记篇数
1	江西省婺源县	油菜花	36
2	云南省罗平县	油菜花	18
3	北京市玉渊潭公园	樱花	16
4	北京市北京植物园	桃花、梅花、郁金香	12
5	广东省乐昌市九峰镇	桃花、李花、油菜花	11
6	湖北省武汉市武汉大学	樱花	10
7	河南省洛阳市中国国花园	牡丹	9
8	江苏省兴化市千岛景区	油菜花	7
9	浙江省杭州市太子湾公园	郁金香、樱花	7
10	四川省金川县	梨花	6

第四节　本章小结

　　本章按照时间与空间的线索对中国花卉旅游的发展过程与现状进行总体梳理。首先根据中国花卉旅游发展历史轨迹的不同特征,总结出实用价值导向、观赏寄情导向、休闲消遣导向以及功能融合导向的花卉旅游发展四大历史阶段;进而提出以生态游憩需求为推力、花卉文化情结为拉力、城乡发展失衡为压力、产业跨界融合为机会的花卉旅游四大发展动因;按照旅游活动的特征以及其依赖的实体单位的形式和功能,将中国现代花卉旅游活动分为四种主要类型:花卉旅游节庆项目、花卉生产基地改造的旅游景区、国家重点花文化基地以及具备旅游功能的花卉市场,并将这四种类型的典型案例按照七大地理分区依次罗列;基于网络数据,根据旅游者旅游博客的地点标记功能,以马蜂窝网站为例呈现中国花卉旅游空间的游客数字足迹。

第三章　花卉旅游目的地形象建构的理论研究

　　在任何社会,都会形成一个超越现实世界的理想化世界。理想化世界有两种类型:一类是人们想象出来的虚幻世界,如陶渊明的"桃花源";另一类是被理想化了的异地世界。很显然,存在于异地的理想化世界是被建构出来的。地理背景并不能单纯地决定一个地方是否能成为旅游目的地,对某一地方而言,不是其自我评价,而是外来因素合力对它进行的描绘使其成为人们所说、所观看到的"地方"。在本书中,"花卉旅游目的地形象"是一个多模态、多体裁和多种形象的综合结果,而对于此形象的建构是来源于旅游地设计运营者、媒介、旅游者等多主体参与的过程。客体形象作为发出符号的"原物"和"原点",其形成主体并不能完全垄断形象符号的生成,花卉旅游目的地的感知形象实际是客体形象及媒介形象的投射与旅游者体验时所形成的心象,文学、音乐、影像、美术中的形象,作为一种表征性的符码在花文化的沉浸下构成与旅游者体验行为的深刻互动,构成了现代花卉旅游目的地的形象内容。

　　本章从形象的概念认知入手,剖析其内涵、类型与特征,解析花卉旅游目的地形象的组构元素,并提炼设计运营者、媒体及旅游者等多主体合力促成的"客体形象—媒介形象—感知形象"这一形象建构机制的理想图式,剖析在实体空间与虚拟空间之中三种形象的意义建构与价值转移过程,关注它们之间的关联、区别与匹配,从社会建构视角审视在现实层面、拟态层面及认知层面的花卉旅游目的地形象。

第一节　花卉旅游目的地形象的
基本概念诠释

要想探寻花卉旅游目的地形象的内部结构及组构元素之间的关系,首先必须厘清花卉旅游目的地形象的概念本身,本节从花卉旅游目的地形象的内涵、类型及特征三个方面分别进行剖析。

一、花卉旅游目的地形象的内涵

在中国古典思想史中,诸位圣贤对"象"之意涵皆有讨论。《周易·系辞上》有云:"圣人立象以尽意,设卦以尽情伪,系辞以尽其言";《周易略例·明象》中指出:"夫象者,出意者也;言者,明象者也;尽意莫若象,尽象莫若言";《老子》中揭示道与象之关系时有:"是谓无状之状,无物之象";《庄子集释》中关于"象罔寓言"的注释有:"象罔者,若有形,若无形,故曰眸而得之。"这些论点所涉及的"象"不局限于事物外观形态的一般性表达,与"物""意""言"等词汇综合比较、论述,更多的是揭示本体论内涵的一种哲学概念。①　而在西方学界中,"象"的概念在英语中有"picture""image""icon"等不同说法。"picture"是具备物质属性的现实存在,是可接触、可具化的;"image"是基于某种意识知觉下的幻影或现象,是非物质的、无形的。"image"是"picture"的概念化和抽象化;而就"image"和"icon"比较而言,前者与视觉关系更为密切,后

---

① 董志强:《析老子"道象"论——源初存在境域的揭示与呈现》,《东方丛刊》2004 年第 1 期。

者则涵盖了视觉与非视觉的象;①形象与直接的视觉印象不同,掺杂了人的观念、情感、态度和信念因素。文学艺术领域中对"形象"一词的专门意涵解释衍生出"形象学"(Imagology)这一学科概念,随着文学研究自身的文化转向,关于形象的研究在各方面超出文学本来意义上的范畴,而必须按照跨学科的方法进行。② 因此,在旅游学范畴下对形象的讨论也是形象概念超越文学视野的一次重大实践,成为旅游学研究的重点和热门论题——旅游目的地形象。对于"形象"一词本身的恰当性和适宜性而言,有旅游学者质疑"'形象'过于关注外在的客观属性,而'印象''映象''心象'等偏向于内在的主观属性",因此"旅游目的地意象"更加能体现与集体无意识(原型)和个体无意识(情结)的联系,从概念上来看更加契合和贴近意蕴化的形象;③然而随着"形象"概念在多学科中的广泛运用,其包罗的意涵不断拓展、融通、泛化,因此"旅游目的地形象"(Tourist Destination Image,TDI)已逐渐成为学术界和旅游行业内普遍认可和使用的专业术语。

在传播学视角下讨论目的地形象,遵循着欧洲批判学派对"传播"这一概念的理解,即"将传播看作一种意义的协商与交换过程,通过这一过程,信息、文化中人(people-in-cultures)以及'真实'之间发生互动,从而使得意义得以形成",因此形象也作为这一过程的产物存续于传播发生与意义生成之中。讨论旅游目的地形象的内涵意义,从微观层面来说涉及多个问题:如旅游目的地的形象本体(物象/拟象)、形象构成(动态/静态)、形象生成逻辑(发明/挪用/移植)、形象投射形态(印刷图像/电视影像/网络视频)以及形象消费形态(集体受众与个体受众/互动型接受与单向型接受)等。④ 从旅游目的地本质属性视角解析目的地与目的地形象的关系可知,旅游目的地的物质属性由

---

① 周宪:《从形象看视觉文化》,《江海学刊》2014 年第 4 期。
② 胡易容:《符号学方法与普适形象学》,《中国人民大学学报》2015 年第 1 期。
③ 庄志民:《论旅游意象属性及其构成》,《旅游科学》2007 年第 3 期。
④ 李健:《中国当代大众文化的视觉建构问题调研报告》,《江海学刊》2014 年第 4 期。

目的地本身的自然资源和客观形态实体作为前提和基础,融入设计运营者的主观能动性,而其非物质属性(某种特定的意义、价值、意象等)是由目的地所在的社会与文化语境所建构出来的;旅游目的地非物质属性的意义生成往往是在传播者和接受者互动中完成的。① 这种将不同群体的社会价值或理想转移到旅游吸引物的过程正是旅游目的地形象的社会建构过程。② 因此,旅游目的地形象是不同利益相关者主体通过各自的意念和行为对目的地客观属性与符号属性的生产与再生产的结果,最终指向的目标是对旅游者产生绝对吸引力和相对吸引力;可以说,形象本身就已成为旅游吸引物的重要内核之一。

花卉旅游目的地是旅游目的地中以花卉为主要吸引物的一个分支类型,花卉旅游目的地形象是旅游目的地形象的子集,其符合旅游目的地形象的普适性内涵,即形象是多种生产力与想象力作用的结果,是特殊对一般的象征显现。③

按照传统的目的地形象供求关系思路分析,花卉旅游目的地形象之于"求方"是旅游者前往某一花卉旅游地心愿动机的驱使,是对花卉旅游地场所生成的认知与情感的主观体现。以法国南部普罗旺斯的薰衣草花田为例,普罗旺斯不仅仅是一个单纯的区域地名,而在旅游者心中演化为朴实、梦幻、充满浪漫色彩的旅游目的地,是逃逸都市、享受慵懒的绝佳场所;薰衣草"等待爱情"的花语使普罗旺斯成为了凝结恋人之间浓情蜜意的地点,令情侣们心生向往;在经历"游前—游中—游后"阶段,旅游者们在参与花卉旅游目的地形象的"编码—解码"动态过程中不断修正、更新、再加工心目中的目的地形象。花卉旅游目的地形象之于"供方"是评估潜在旅游地"引力"的重要依据

---

① 马凌、王瑜娜:《旅游目的地形象的社会文化建构:"文本与语境"的分析范式——以湖南凤凰古城为例》,《学术研究》2013年第3期。

② 马凌:《旅游社会科学中的建构主义范式》,《旅游学刊》2011年第1期。

③ 赵小雷、张渭涛:《形象的功能结构及其阐释学——论形象外延与内涵的正比例关系》,《西北大学学报(哲学社会科学版)》2002年第4期。

之一,即目的地如何主动地树立和营造具有吸引力的形象去巩固现有旅游者群体,开拓未来潜在市场。例如法国城乡美化委员会所负责的全国范围内的"鲜花小镇"(Village Fleuri)评选活动,期望借由充满绿意的花草园艺改善城镇的生活品质及市容,借此推动城市的旅游产业;评选以小红花的数量表示等级上的差异,分别列明一至四朵鲜花,四朵花为最高荣誉;以"高品质生活的标志"(Label de Qualite de Vie)作为评选活动口号,将"鲜花小镇"作为法国城镇形象塑造的战略聚焦点,从而定位形成法国小镇旅游目的地的突出属性(salient attributes),乃至决定属性(determinant attributes)。

按照旅游目的地形象的链式框架分析,对于形象的界定和划分共有三条连续统,分别是"属性—整体、功能—心理、共同性—唯一性"。① 它们各自之间相互重叠产生交集,属性—整体作为旅游目的地形象的观测变量,同时包含了功能与心理特征。② 将其应用于花卉旅游目的地内涵分析如下(表 3-1、图 3-1):

表3-1　花卉旅游目的地形象的三维连续统分析

序号	形象连续统	端头	特征	示例
1	属性—整体	属性	多样的、零散的	花卉地气候、花卉色彩、花卉姿态、花卉种类
		整体	综合的、单一的	壮观、开阔、精致、唯美
2	功能—心理	功能	有形的、物质的	花景、花食、花宿
		心理	无形的、抽象的	浪漫、愉快、幸福、盛放的生命力、稍纵即逝的虚幻
3	共同性—唯一性	共同性	普遍的、一致的	交通、旅游设施、服务
		唯一性	特色的、差异的	基于地格的传统花卉民俗节庆、气候地理条件的作用、声誉

---

① Echtner C M, Ritchie J B, "The Measurement of Destination Image: An Empirical Assessment", *Journal of Travel Research*, Vol.31, No.4(1993), pp.3-13.

② 乌铁红、张捷、杨效忠等:《旅游地形象随时间变化的感知差异——以安徽天堂寨风景区为例》,《地理研究》2008 年第 5 期。

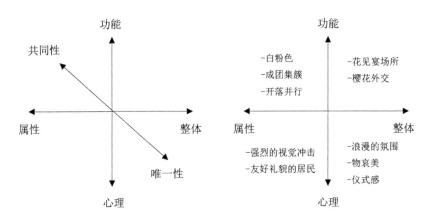

图 3-1　花卉旅游目的地形象的连续统框架图示(以赴日赏樱为例)

逻辑学指出,一个概念中质的规定性与量的规定性存在着"反向关系"和"反变关系"。形象作为一种完型结构,它的内涵是一个最优的格式塔,其外延就是生成它的各个要素;区别于思想,形象的内涵与外延呈现正比例关系,即形象内涵越大其外延也越大;[①]有这样一种说法:一个理性的观念一旦与形象融合,它的含义则不可穷尽。花卉旅游目的地形象的生成依赖于语言与符号,即依托于形象的表征系统。然而"读图时代"下,中国大众文化的形象符号生产存在一个历时性的变迁过程,图像压倒文字的情况愈发突出;[②]文字与图像的传统支配关系被颠倒,话语抽象的想象空间正在被各种具有真实感的图像和影像所消解,[③]这种现象与趋势同时发生于旅游目的地形象的生产与消费领域;尤其伴随着 VR、AR 技术的普及,直观的视觉话语一方面强化了形象传达的效力,在花卉景观的物质认知上不断缩减客体形象与感知形象的差距,但另一方面约束和弱化了形象传递过程中人们复杂、丰富的想象力的作用,技术与思想的碰撞与博弈在花卉旅游目的地形象建构中逐渐显现。

---

① 赵小雷、张渭涛:《形象的功能结构及其阐释学——论形象外延与内涵的正比例关系》,《西北大学学报(哲学社会科学版)》2002 年第 4 期。
② 李健:《论大众文化视觉形象类型的表层结构系统》,《临沂大学学报》2018 年第 1 期。
③ 胡易容:《符号学方法与普适形象学》,《中国人民大学学报》2015 年第 1 期。

二、花卉旅游目的地形象的类型

在剖析花卉旅游目的地形象的类型之前,有必要先从更广义的层面去鸟瞰和认知关于形象的类型。正是由于"形象"本身内涵的混沌性以及其产生"语境"——社会现实的复杂性,学界对形象类型的讨论存在诸多观点:如周宪根据形象在外部形态层面的本体特征划分为图像、影像和景象,分别以二维空间的静态方式、二维空间的动态方式以及三维立体空间的方式所呈现;①李健根据媒介形态划分为语词形象、听觉形象、视觉形象、试听综合形象等;②除此之外,较有代表性的当属美国学者汤姆·米歇尔(W.J.T.Mitchell)的"形象家族谱系"论(图 3-2),他在其著作《图像学:形象、文本、意识形态》(Iconology: Image, Text, Ideology)中,通过罗列多重类型的形象家族谱系以解决"形象"涵盖广泛而缺乏共性的问题,表明形象家族谱系的每一分支所指代的形象都是某一知识学科话语的核心,③从大类上分为图像、视象、感知形象、心象、语象,分别对应了艺术史学、物理学、生理与神经病学、心理学与认知论、文学批评这几类学科。米歇尔在讨论他的形象家族谱系分支时,提出自左向右地按照从一个符号到另一个符号的思路来解读,即"图画"(事物或原初印象)—"象形图"(观念或心理形象)—"语音符号"(词语)的思路去理解"形象是什么"的问题。④

聚焦到旅游领域来说,旅游目的地形象作为一个复杂的综合体,了解其结构的成分属性与维度分解是实现此构念测量操作化的基石。根据不同的分类标准与归纳维度,现存以下几种类型的讨论(表 3-2):

---

① 周宪:《从形象看视觉文化》,《江海学刊》2014 年第 4 期。
② 李健:《论大众文化视觉形象类型的表层结构系统》,《临沂大学学报》2018 年第 1 期。
③ 李健:《论大众文化视觉形象类型的深层结构系统》,《天津社会科学》2016 年第 3 期。
④ 杭迪:《W.J.T.米歇尔的图像理论和视觉文化理论研究》,博士学位论文,山东大学,2012 年,第 21 页。

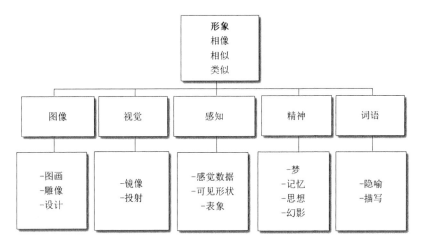

图 3-2　美国学者米歇尔的"形象家族谱系"论①

表 3-2　旅游目的地形象类型维度研究

序号	分类依据	类型	说明	来源
1	形象的属性	①物质形象 ②精神形象	物质形象是具体的;精神形象是抽象的,有文化象征意义的	庄志民(2007)
2	形象的社会性	①个体化形象 ②社会化形象	"个体化形象"存在个体特征与个体经历影响造成的差异;"社会化形象"是指目的地形象被相似人群分享程度高,成为社会共享的符号	Dann G M(1996); Espelt N G & Benito J a D.(2005);刘建峰等(2009)
3	形象的层次性	①前景形象 ②背景形象	根据地域空间尺度的不同,对应地点形象与区域形象	周志红和肖玲(2003)
4	供、需层面	①设计性形象 ②评价性形象	"设计性形象"指可见的、物质的目的地景观的规划设计;"评价性形象"指旅游者对目的地的态度和评价	Pocock & Hudson R(1978);Walmsley D J and Young M(1998)
		①投射形象 ②接受形象	"投射形象"是目的地对自身要素整合后主动传播的形象;"接受形象"又称为"知觉形象",此分类方式同时考虑信息的发布与接收	Barich H & Kotler P(1991);王磊等(1999)

---

①　[美]W.J.T.米歇尔:《图像学:形象、文本、意识形态》,陈永国译,北京大学出版社 2020 年版,第 7 页。

续表

序号	分类依据	类型	说明	来源
5	媒介传达的主动性与被动性	①原生形象 ②引致形象	原生形象是受新闻、电影等社会舆论形成的形象；引致形象是旅游目的地通过大众传媒主动向客源市场传递信息形成的形象	Gunn C A(1972)
6	旅游者视角的感知次序	①朴素形象 ②评估形象	以实际游览行为发生作为分割节点	Selby M & Morgan N J.(1996)
		①本底感知形象 ②决策感知形象 ③实地感知形象	从营销学角度观察旅游者对于目的地形象生成的过程节点	李蕾蕾(1999)
7	旅游者视角的理性与非理性	①认知形象 ②情感形象 ③意动形象	基于态度理论，"认知形象"指旅游者对目的地固有的知识；"情感形象"指旅游者的主观感受；"意动形象"是促成决策行为的关键	Gartner W C(1996)；Balogu 等（1999）；Ko&Park(2000)
8	旅游者知觉种类	①视觉形象 ②听觉形象 ③触觉形象 ……	以人类器官的知觉种类区分，大多以视觉为主导	李健(2018)

由上表可以看出，旅游目的地形象类型划分呈现多视角、多层次、跨领域的特征。基于研究需求与关注点，花卉旅游目的地形象的内部结构也同样呈现出"形象主体多样性、形象关系多重性、形象分类灵活性"的形态，因此想要实现花卉旅游目的地形象类型的全覆盖描述难度极大，此处仅以示例方式剖析三类具有代表性的花卉旅游目的地形象分类维度。若是从建构角度思考花卉旅游目的地形象维度则仍需要依赖一个顶层设计的整体架构，利用多方合力与要素配置实现形象的系统化建构。

（一）物质形象与精神形象

以花卉资源作为依托的花卉旅游目的地可以从形象的本质属性出发形成"物质与精神"的二分法，也可称为"功能形象"与"象征形象"。① 此种分类方

① Echtner C M, Ritchie J B, "The Measurement of Destination Image：An Empirical Assessment", *Journal of Travel Research*, Vol.31, No.4(1993), pp.3–13.

法聚焦于旅游目的地最关键的吸引物——花卉资源。"物质形象"(material image)是对花卉本身的生物特性、形态特征等方面的呈现,可以采用文本或图片方式示意;"精神形象"(spiritual image)是对花卉植物的衍生花文化内涵(如代表性花语、文化联想)关键词的提炼与归纳。以下对六类热门花卉旅游目的地的物质形象与精神形象进行分析(表3-3)。

表3-3 资源依托型花卉旅游目的地形象类型示例

序号	花卉旅游目的地	物质形象		精神形象
		文本	图片	
1	樱花景区	花瓣以白、粉色为主,呈椭圆状,花梗短,团簇状生植,边开边落		生命、幸福、热烈
2	油菜花景区	花片微薄,呈嫩黄色,花轴较长,易生于乡野路边,随风摇曳		加油、奋斗、收获
3	薰衣草景区	花瓣以青紫色、深紫色为主,直立茎、长花枝、有特殊香气的芳香药草		等待爱情、坚贞、浪漫
4	牡丹景区	花朵大,色泽丰富艳丽,有玫瑰色、红紫色、粉红色至白色,株型多样		圆满、富贵、吉祥
5	梅花景区	花瓣白色至粉红色,花朵小,枝丫挺拔舒展,有清香,冬季的观赏植物		坚强、傲骨、高雅

续表

序号	花卉旅游目的地	物质形象		精神形象
		文本	图片	
6	向日葵景区	花序中部为棕色,花序边缘为亮黄色,花盘大、向阳;叶绿而肥大		信念、光辉、忠诚

　　花卉旅游目的地的物质形象作为一种物质客体,通过花色、花香、花姿等一系列清晰、明确的物理符号传达给旅游者最直观的知觉感受;这类物质形象基于植物的生物特性,是对花卉自然状态表象的细致描述和直接体现,由气候、光照、土壤等作为关键性决定因素,因此同资源、跨地域的花卉旅游目的地在物质形象方面差异性并不明显。花卉旅游目的地的精神形象则是能够代表历史传承与现代社会意识形态的文化表征,其目的在于唤起和引发旅游者心理意识中关于花卉的审美联想、情感共鸣与集体经验,成为花文化旅游消费的主要吸引物;这种精神形象经历缓慢的形塑,并隐藏于社会的历史沉淀、风俗习惯、文化礼仪中,因而不可避免地存在着地域与文化的藩篱。

(二)投射形象与接受形象

　　立足于旅游目的地形象的利益相关者角度,聚焦形象信息传播链条的两个端点,即旅游目的地与旅游者,分别形成投射形象(projected image)与接受形象(received image)。投射形象由旅游目的地管理者主导,是旅游目的地意图在旅游者心目中塑造的形象与个性,即目的地品牌营销工作的目标与重心,[①]可通过网络媒介、事件、促销等多种方式实现;接受形象是旅游者对旅游目的地体验的评价,即投射形象传播效果的反映。研究投射形象与接受形象

---

　　① 梁佳、吕兴洋、曲颖:《形象趋同与个性趋异:资源同质目的地品牌差异化定位研究》,《人文地理》2016年第5期。

的意义在于能够帮助旅游目的地比对和找寻两者之间的差异与错位,从而进一步修正形象定位,优化形象传播的途径和策略。这一目的地形象管理思路源于 IBM 项目经理巴利奇(Howard Barich)以及营销学大师菲利普·科特勒(Philip Kotler)在其"形象追踪及管理体系"(image tracking and management system)中提出的四步骤模型(图 3-3):

图 3-3　形象追踪及管理体系四步骤模型①

以荷兰著名花卉旅游目的地——库肯霍夫公园(Keukenhof Park)为例,基于网络文本数据比较其投射形象与接受形象的异同(表 3-4)。投射形象数据源于库肯霍夫公园官方网站②;接受形象数据源于全球第一的旅游点评网站猫途鹰(Trip Advisor)③。

表 3-4　荷兰库肯霍夫公园的投射形象与接受形象比较分析

序号	形象分类	关键词		
		认知形象	情感形象	整体形象
1	投射形象	郁金香数量多(7 million bulbs)、种类全(800 varieties)、分布广(32 hectares)	给予灵感的(inspirational)、独特(unique)、奇妙(wonderful)	孩子的乐园(fun for the children)、家庭游(great day for family)
2	接受形象	品种多、密集的花簇、彩色地毯、展览、旅游者拥挤、交通量大、排队长	心情如洗涤一般、神奇、激动人心、放松的、似童话的、友善的	全家踏青、孩子们喜欢

①　Barich H, Kotler P, " A Framework for Marketing Image Management ", *MIT Sloan Management Review*, Vol.32, No.2(1991), p.94.

②　库肯霍夫公园官方网站:https://keukenhof.nl/en/。

③　点评网站猫途鹰 Trip Advisor:https://www.tripadvisor.cn/。

库肯霍夫公园在认知方面所要传达的"郁金香数量多且全"的投射形象基本被旅游者所接受,大部分点评信息提及了郁金香在种类、颜色、形态及大小方面的丰富性;在情感方面投射形象与接受形象的重叠部分较多,旅游者还提及了游园过程所带来的放松、友善的积极旅游体验;在整体形象方面公园所要营造的家庭乐园的目标仅得到少数旅游者的共鸣,仅一成的旅游者提及库肯霍夫公园是家庭游的好选择。投射形象和接受形象最大的差异来自于认知形象中旅游者关于公园人流量多、交通量大的负面评价,但这一认知并未影响其情感接受形象。

(三)朴素形象与评估形象

以时间序列为线索从形象生成过程的动态节点研究花卉旅游不同游览阶段的形象异同和偏差,可分为游览前的朴素形象(naïve image)以及游览后的再评估形象(re-evaluated image),这一组概念最早是由英国威尔士大学学者塞尔比(Selby M)和摩根(Morgan N J)于1996年从营销视角讨论"重建地方形象"时提出的。朴素形象由原生形象和引致形象构成,再评估形象是对目的地本身的实际感知;两者都是旅游者个体对旅游目的地的了解、看法和印象,区别在于形成的时间点不同,以实际游览行为的发生作为时间分割节点;出现的偏差源自于旅游者期望和实际体验的落差。[①] 以下是采集于点评网站的不同花卉旅游目的地朴素形象与评估形象的个体化示例(表3-5)。

表3-5 花卉旅游目的地朴素形象与评估形象比较分析

序号	花卉旅游目的地	朴素形象	评估形象	比较结果	来源及时间
1	加拿大布查特花园	世界上最美丽的花园	美不胜收	一致	马蜂窝网站(2013.12)
2	新疆伊犁薰衣草花田	馥郁的蓝紫色小花	深紫色的波浪	一致	马蜂窝网站(2009.10)

① Selby M, Morgan N J, "Re-construing Place Image: A Case Study of its Role in Destination Market Research", *Tourism Management*, Vol.17, No.4(1996), pp.287-294.

序号	花卉旅游目的地	朴素形象	评估形象	比较结果	来源及时间
3	日本芝樱公园	整片樱花渲染在富士山下	电视中的场景写实地出现在眼前	一致	猫途鹰（2018.02）
4	上海顾村公园樱花	茂盛的樱花景观	樱花重复单调、帐篷多、人声嘈杂	负偏差	马蜂窝网站（2017.04）
5	兴化千岛菜花风景区	人满为患	农业化氛围、淳朴、金黄色花海	正偏差	途牛网（2015.04）
6	扬州马可波罗花世界	网上看到景点第一感觉认为一般	进门以后越来越惊喜，值得游玩	正偏差	大众点评网（2018.04）

朴素形象和评估形象存在积极和消极两个维度，两者产生的偏差也存在正偏差和负偏差。通过对游前与游后旅游者形成的关于目的地消极形象影响因素的调查，能够帮助旅游目的地管理者更精确地找到形象管理流程中的关键性症结。然而，有学者认为此种分类方式存在测量操作可行性方面的困难，采用访谈和问卷调查的方式更加适宜。

三、花卉旅游目的地形象的特征

Gallarza M G 等从分析维度（analytical dimension）、行为维度（action dimension）、战略工具（strategic tool）和战术变量（tactical variable）这四项旅游目的地形象所扮演的角色提出其具有复杂性（complex）、多重性（multiple）、相对性（relativistic）和动态性（dynamic）的特征。[①] 花卉旅游目的地形象基于目的地花卉景观及配套设施等各种具体要素的具象集合，并引发旅游者主体的思维加工与意识联想形成抽象的符号形象。在理解其内涵及类型后可知，形象存续于意识加工环节之中、主客体关系范畴之内、多群体互动博弈之间。基于此，花卉旅游目的地形象特征可以归纳为以下四点。

---

① Gallarza M G, Saura I G, Garcí A H C, "Destination Image: Towards a Conceptual Framework", *Annals of Tourism Research*, Vol.29, No.1(2002), pp.56-78.

（一）多维性

花卉旅游目的地形象的形成受多种因素影响,其多维性主要体现在形象本体结构的多样性以及形象感知主体的差异性。

首先,形象这一庞大的概念网络呈现类层级结构,是无法穷尽且实时开放的,其包含的次级形象概念和与之发生关联的其他层级的形象都具有各自的维度。由前文可知花卉旅游目的地形象类型的划分方式是不唯一的,其涉及的学科内容及形象所包含的不同要素之间的交互方式极其复杂,在研究时不得不有所侧重地挑选相应的某几项关键点进行划分和讨论,以顺利实现这一论题的概念操作化。就花卉旅游目的地本身固有的供给形象而言,其构建的物质形象包含花卉色彩形象、花卉姿态形象、花卉嗅觉形象、花植配置形象以及除花卉景观以外的旅游辅助设施形象、景区出入交通形象等;从形象媒介介质的多样性来看,所呈现的花卉旅游目的地形象亦十分丰富,有文本形象、音频形象、图画形象、影像形象、虚拟现实形象等(表3-6),有形的、线下的介质载体形象包括书本形象、报纸形象、照片形象、宣传册形象;无形的、线上的介质载体形象有网络新闻形象、博客形象、点评网站形象和微信公众号形象等;聚焦到花卉旅游目的地形象最终的指向——旅游者来说,对形象语码化后形成的感受呈现多样化特征;形象之于旅游者除了调动其与花卉植物生理属性的共鸣外,还有花文化所汇聚的心理属性的依附,其多维属性表现在:花卉能够承载温暖、浪漫、情感、忠诚、爱慕、希冀、美好、哀悼、纪念等多种意涵。

表3-6　花卉旅游目的地普罗旺斯的多维媒介形象载体

序号	形象载体	类别	示　例
1	文学	散文集	《普罗旺斯的一年》[英]、《永远的普罗旺斯》[英]、《重返普罗旺斯》[英]、《关于普罗旺斯的一切》[英]、《餐桌上的普罗旺斯》[法]、《一头猪在普罗旺斯》[美]、《鼠尾草的法国味道》[中]
		诗集	《永恒的普罗旺斯》[中]
		小说	《普罗旺斯怎么走?》[英]、《一年好时光》[英]

续表

序号	形象载体	类别	示　例
2	影视	电影	《美好的一年》[美/英]、《普罗旺斯的夏天》[法]、《屋顶上的骑兵》[法]、《初渡艳阳天》[法]、《再渡艳阳天》[法]、《香水》[德/法/西/美]、《我生命中的男人》[法]、《薰衣草》[中]
		电视剧	《又见一帘幽梦》[中]
		纪录片/短片	《法国风情·普罗旺斯》[法]、《里奇·史蒂夫斯游欧洲·普罗旺斯》[美]
3	画作	—	《普罗旺斯的房子》(法·塞尚)、《夜间咖啡馆》(荷·梵高)
4	音乐	—	《薰衣草的天空》、《普罗旺斯》(瑞士·班得瑞)

其次,花卉旅游目的地形象的多维性特征源于旅游者的群体间差异与个体间差异。在目的地形象的群体比较方面,已存在未游群体与已游群体、初游群体与重游群体、本地群体与外地群体、跨文化群体等的差异性比较;①刘建峰曾指出并非所有旅游目的地形象意义都能够在群体成员心目中的定位达成一致,他根据不同群体对于旅游目的地形象的认同与冲突程度,将形象分为"共识性形象""游离状形象"和"争论性形象";②还有一个典型的群体差异元素是代际差异,旅游者所形成的花卉旅游目的地形象基于自身的观念和意识,不同代际群体对于花卉植物的物质功能及精神内涵或多或少存在相倚性代差或代沟。此外,个体具有不可替代性,每位旅游者都拥有独特的文化背景、审美偏好和价值取向,因此对于花卉旅游目的地形成的主观判断同时存在着个体差异,即使这种个体差异会伴随着游览过程中的"人—地"交互与"人—人"交往而削弱,也在一定程度上形成花卉旅游目的地形象的群体共享。

---

①　张高军、吴晋峰:《不同群体的目的地形象一致吗?——基于目的地形象群体比较研究综述》,《旅游学刊》2016 年第 8 期。

②　刘建峰、王桂玉、郑彪:《旅游目的地形象内涵及其建构过程解析》,《旅游论坛》2009 年第 4 期。

（二）聚合性

格式塔心理学认为，人们在审视对象时存续着对整体与和谐审美观的基本要求，在观察时并非将形象的组成部分割裂来看，而是进行加工组合使之成为一个易于理解的统一体，即一个"格式塔"或"完形"（Gestalten）的结构形式，从而取代离散机械性的观点；从系统耗散结构来看，旅游目的地形象系统内各元素之间存在着非线性的相互作用，相互耦合、叠加，致使元素独立性丧失，元素间相互关系难以分割。[1] 据此，虽然花卉旅游目的地形象的内部结构纷繁复杂，但是在阐述对其看法时，多数旅游者难以对目的地内部的独立场景一一确认，其第一反应仍是采用整体性的意识思维和概括性的语言表达，例如积极、消极或一般性的中立评价，或是对目的地整体意象的归纳式描述。这意味着对于个体来说，无论是接触了媒介所透露的碎片式信息，或是经历了亲身体验之后，最终形成对目的地的"复合形象"是决定其"前往游览"或"故地重游"决策的关键，因此花卉旅游目的地的聚合性特征在旅游目的地营销工作中显得尤为重要。

聚合性也体现在花卉旅游目的地形象与所在区域的地区形象（place image）的相互影响与融合上。有学者认为旅游目的地形象是地区形象的可控变量；[2]旅游目的地实体相对于地区整体越小，则发展独特形象的机会越小，[3]即具有较小实体的分支型旅游目的地形象会服从于较大主导实体所持有的形象，[4]例如地理距离相距较远的潜在旅游者对于青海门源花海的形象可能无法清晰地界定与描述，而倾向于将其镶嵌于青海这一更大地理范畴下的生态旅游目的地形象之中。

---

① 王晞：《旅游目的地形象的提升研究》，博士学位论文，华东师范大学，2006年，第37页。
② 陶玉国、李永乐、孙天胜等：《PI背景下的TDI结构方程模型》，《旅游学刊》2009年第7期。
③ 王红国、刘国华：《旅游目的地形象内涵及形成机理》，《理论月刊》2010年第2期。
④ 粟路军、何学欢：《旅游地形象涵义、构成、特征与形成过程——基于国外文献的梳理》，《旅游科学》2015年第3期。

此外,花卉旅游目的地形象的聚合性还体现在它是各种各样丰富信息的集合,无论是景区运营者的投射形象或是旅游者的接受形象都聚合了诸多术语、符号、图案等要素。

(三)稳定性

旅游目的地形象一旦形成,在短期内的变化是十分缓慢的。由于处于人脑中的形象与视觉体验过程相似,所包含的处于关注焦点的少数因素,其他更多的要素处于边缘或弱化的位置,以一种更为模糊的方式被感知,这一原因导致旅游目的地形象处于不易发生大幅度变动的"核心—边缘"结构或"长尾模型"结构(图3-4)。即使对于旅游目的地形象有决定效果的个别属性得到了更新与提升,原有形象仍会维持一定时间;[1]维科认为,属于特定群体的人们通过共享一种心理情境——"共同体验"而使他们的社会生活规则化,[2]因此这种"规范说明性"使得形象能够作用于旅游者社群的行为、思想与感知,并在旅游者社群的意识中得到进一步强化和巩固,而非个体旅游者成员能轻易改变。[3] 不得不承认的是,能够改变目的地原生形象的举措少之又少,而目的地管理者想要改变其引致形象必须要投入巨大的精力、时间与花费,这也是旅游目的地营销人员孜孜不倦努力的重点目标。这一事实规律同样适用于花卉旅游目的地,即花卉旅游目的地形象具有相对稳定性的特征。一般来说,形象的变化速度与旅游目的地实体大小呈反比关系,即实体越大,形象变化的速度越慢;[4]然而,影响力较小的花卉旅游目的地也同时存在着被周边目的地及所

---

[1] 乌铁红、张捷、杨效忠等:《旅游地形象随时间变化的感知差异——以安徽天堂寨风景区为例》,《地理研究》2008年第5期。

[2] 邢怀滨、陈凡:《社会建构论的思想演变及其本质意含》,《科学技术与辩证法》2002年第5期。

[3] 刘建峰、王桂玉、张晓萍:《基于表征视角的旅游目的地形象内涵及其建构过程解析——以丽江古城为例》,《旅游学刊》2009年第3期。

[4] 粟路军、何学欢:《旅游地形象涵义、构成、特征与形成过程——基于国外文献的梳理》,《旅游科学》2015年第3期。

属区域形象屏蔽的风险,包括层级屏蔽和同类屏蔽,被屏蔽的形象容易停留在模糊或灰度状态,依附于替代性形象而难以通过自身更新改变远程旅游者的看法,面临形象发展缓慢甚至停滞不前的窘境,这主要源于旅游者因初印象难以变更的"首因效应",以及倾向于将后接触的信息归纳入预设范畴下的"类化原则"。① 例如婺源的油菜花田由于把握发展先机取得了旅游认知的优势地位,因此江西其他拥有类似花卉景观的旅游目的地,如九江棉船镇、萍乡东桥、新余新溪乡龙尾洲等,形象难以得到发展,处于江西油菜花旅游目的地形象塑造局势中的弱势地位。

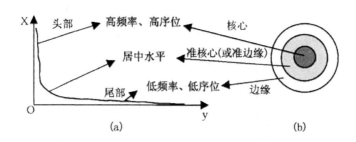

图3-4　旅游目的地形象"长尾分布"结构与"核心—边缘"结构②

(四)动态性

Cherifi B 等人曾指出,目的地形象具有先入为主、缓慢转化的特征。③ 从更大尺度的时间维度来划定形象观察的范畴,相对稳定的花卉旅游目的地形象将会面临异化的现实,呈现长期动态性的特征,其原因可以通过建构主义思路来阐释。首先,花文化并非是静态的、惯性的文化,而是在不断发展变化中被既定时空里的各方力量相互作用再生产的结果。因此,花卉旅游目的地形

---

① 李雪松、田里:《旅游形象屏蔽机理解析》,《旅游科学》2009 年第 4 期。

② 沈雪瑞、李天元:《国外旅游目的地形象研究前沿探析与未来展望》,《外国经济与管理》2013 年第 11 期。

③ Cherifi B,Smith A,Maitland R,et al,"Destination Images of Non-visitors",*Annals of Tourism Research*,Vol.49,No.C(2014),pp.190-202.

象的意义生成也并非是既定和静止的,而是花卉旅游开发商、经营商、文化掮客、政府、旅游者及其他组织或个人通过实践和互动不断被建构出来的,需要在开放性的视域中去解读和讨论,这种建构出的形象会伴随着社会变迁背景下社会文化、主流价值和理想偏好的变化而不断更替与循环,并相应反映社会发展与旅游之间关系的变化,这种历时性变迁也构成当代建构主义的主要纲领之一。西方学者认为,旅游业的发展历史受制于一定时空范围内的社会经济结构和经济制度,以及决定这种经济制度和结构的政治结构和意识形态;根据"文本与语境"的分析范式来看,文化语境或社会语境能够影响旅游目的地形象(文本的意义和内涵)的方向、广度和深度。① "赏花热"风潮正是当今社会发展大趋势的产物之一,因此花卉旅游目的地形象在近些年的社会化知识中会逐渐向显化和清晰的层级迈步。

其次,旅游目的地形象的动态性演变伴随着旅游目的地生命周期的轮转,从旅游营销来说,旅游目的地在"探索、参与、发展、巩固、停滞、衰落或复苏"等生命周期各个阶段的形象特征、战略方向、演化阶段和演化类型皆有所不同;尤其是花卉植物花开花落的自然生长规律,使得花卉旅游受季节波动性影响极大,这种旅游吸引物强依赖于环境的特性使得全年开放的花卉旅游目的地形象呈现季节性差异,而对于荷兰库肯霍夫公园这类仅于盛花期开放的目的地形象影响不大。

另外,旅游者个人在感悟形象时投注不同的自我经验,美国学者斯坦利·普洛格(Plog S C)认为,旅游者个性量表(personality scale)可以用来解释旅游地在不同时期旅游者人群数量的盛衰,旅游者的个人心理特征决定了他们的旅游方式和偏好。他提出的"旅游心理地位理论"(psychographic positions of destinations)是指伴随旅游目的地形象的生命周期的发展,一个旅游地吸引的旅游者将从"非自我中心型"(allocentrics)到"中间型"(mid-centrics)再到"自我

---

① 马凌、王瑜娜:《旅游目的地形象的社会文化建构:"文本与语境"的分析范式——以湖南凤凰古城为例》,《学术研究》2013年第3期。

为中心型"(psychocentrics)这样一个循环进程。① 也就是说,无论是从宏观视角来看旅游目的地发展的每个阶段,还是从微观视角观察旅游者在游前、游中、游后的每个阶段,旅游者都有可能影响和改变花卉旅游目的地形象。薛会娟提出的旅游者在游览时序下依次形成的本底感知场、决策感知场、实地感知场和最终感知场之间存在的包围、偏离、重叠和远离等动态相互作用也印证了这一观点;②而自媒体的发展将扩大旅游者在目的地形象建构上的话语权,出现旅游者体验主导影响和异化旅游目的地形象的情况,造成旅游目的地管理者的形象管理"失控",即"形象劫持"(image hijack)的发生。

最后,花卉旅游目的地形象还会受旅游事件(节事、标志性事件)或流行文化等发展时间轴上的突变性因素影响,例如昆明作为"花城"的形象是在1999 年举办世界园艺博览会后更加深入地印刻在旅游者心中,因此节事活动的举办所带来的潜在影响将有助于形象认同度的提升;再如南京鸡鸣寺樱花大道相关的图文信息在社交网络上疯狂转载后,促使其从一个普通的观花景观场所一跃而成受民众疯狂追捧的"网红"赏花地。

第二节 花卉旅游目的地形象的建构原理分析

一、花卉旅游目的地形象建构的理论溯源

(一)自然的社会建构

知识社会学沿袭马克思的基本观点——人的意识是由他的社会存在决定的。德国学者曼海姆(Mannheim)作为早期该学派代表,将"知识"界定为人类

---

① Plog S C, "Why Destination Areas Rise and Fall in Popularity", *Cornell Hotel and Restaurant Administration Quarterly*, Vol.14, No.4(1974), pp.55-58.

② 薛会娟:《旅游地感知场的形成机理及管理对策探讨》,《人文地理》2008 年第 1 期。

思想和意识的动态形式,是社会的产物。之后彼得·伯格与托马斯·卢克曼(2009)在《现实的社会构建》一书中直接提出社会现实是由人们通过社会实践创造并延续的。按照这样的观点,旅游目的地形象属于一种知识或社会现实,研究形象的问题必须将其作为一种特定的聚集从而观察它在社会情境中发展、传递和维持的过程。

伴随着"人—地"关系研究的发展,自然地理学与人文地理学出于不同的关注重点,存在着截然不同的世界观,前者认为自然独立于社会系统自主运行,后者强调自然的社会意义,忽略自然的独立属性;因此,两个学派的研究愈发割裂、远离。"自然的社会建构"理论(social construction of nature)的提出旨在突破"自然"与"社会"二元对立的研究范式,并行注重社会对自然物质性质的改变与其社会价值的重构,以探究弥合自然与社会关系的途径(图3-5)。自然的社会建构正是开展一种"生态对话"(ecological dialogue),探索人类作为地球中有创造力的团体,是如何在生活的实践艺术中与自然进行物质层面与观念层面的相互作用与沟通。

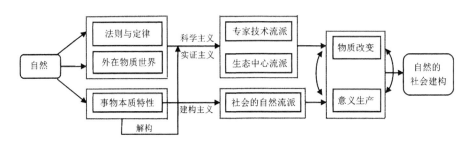

图3-5 "自然的社会建构"理论研究路径①

花卉作为自然之物,能够通过植物科技改变其花色、花序形状等物理特性,通过园艺师的裁剪修枝改变其外观形态,其本质属性可以通过人类力量的作用而形成一种物质化的社会建构(material social construction);同时随着社

---

① 朱竑、尹铎:《自然的社会建构:西方人文地理学对自然的再认识》,《地理科学》2017年第11期。

会发展变迁,花卉还能被社会赋予不同的象征意义与价值,形成独特的花文化。

花卉旅游,正是体现自然与人在社会文化情境下互动的实例,是花卉地特定的文化族群或外来力量在自然中创建的样式,是将花卉资源商品化后为人所消费的过程,其可以称之为存在于具体的政治、经济和意识形态中的一种文化景观;花卉不仅仅成为旅游者眼睛看到的对象,这种"看"的方式本身能够反映社会互动,因此花卉旅游作为一种文化商品不仅仅能够为经济利益服务,还能够产生和维持社会关系。以油菜花为例,新中国成立之后油菜作为主要的油料和经济作物,仅存在生产经济用途,油菜花是农业生产的副产品,而在旅游资本与市场需求的裹挟下,油菜花通过与地域文化(如婺源的徽派文化、罗平的布依文化、门源的游牧文化、潼南的陈抟文化)的结合,逐渐被注入人类情感,成为社会与文化关系的载体与映射,从而演化成为一种文化商品,被社会生产及形构。

建构思想应用在旅游研究中主要体现在三个方面:重视旅游现象中的话语系统(包括语言和图像)的作用;重视符号和意义的建构;注重旅游建构的主体、对象、途径,以及围绕建构而形成的社会互动过程。[①] 花卉旅游最终的落脚点仍在于旅游者体验,采用社会建构的范式能够有助于理解花卉对于旅游者意味着什么,以花卉为主题的旅游目的地对旅游者的吸引力在哪里,以及旅游者在赏花过程中采取各种旅游行为背后的原因。在这一视角下的研究,并非关注花卉作为有观赏价值的植物这一科学概念的定义,而应该更加重视花卉旅游过程、与花卉相关的话语体系以及花卉旅游形象的社会建构等问题。

受 Grant M C 的"意义转移"模型和王宁关于旅游吸引物的"价值建构与价值转移"模型启发,笔者认为花卉旅游目的地的花卉资源、花文化等旅游吸

---

① 马凌:《旅游社会科学中的建构主义范式》,《旅游学刊》2011 年第 1 期。

引物的符号化过程也涉及意义的双重转移。第一重意义转移是社会将生态审美需求、崇尚自然价值、返璞归真、与亲友的交往享乐、摄影的满足感与炫耀消费等一系列价值与理想投射到花卉旅游目的地上;第二重意义转移是花卉旅游者个体通过一系列文化消费行为吸纳花卉地所承载的价值与理想意义,并以游记、点评或晒朋友圈等方式加入自己对目的地的实际感受与理解,从而参与社会对花卉旅游吸引物的意义建构(图 3-6)。

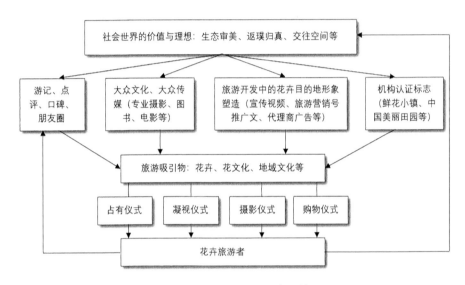

图 3-6　花卉旅游吸引物的"意义转移"图

(二)形象学与形象的建构

上文提及的美国学者汤姆·米歇尔作为视觉文化研究的理论领袖,汇集了对形象问题的独特理解,将相关理论称之为"形象理论",他认为形象是具有意识形态性的,其意义并非只能被刻板地分析与解释,而是具有一定的自主性,形象与形象的建构者可以彼此映射、彼此成就;在他的"图像三部曲"的最后一部——《图像何求?》中,形象研究的范围被拓宽至客体与媒介。在米歇尔的研究中,他将关注的焦点划定在视觉图像范畴内,认为文本是形象的衬托,是一个"重要的他者",然而本书的形象概念则包含了更广义的内容,是多种建构主体和力量迭代和汇总的集合,其媒介表征形式包括文本、图像、影像等多种形式。

中国学者宗坤明于 2008 年出版的《形象学基础》中提出了系统建立"形象学"的必要性,指出形象是自然、社会和精神相互作用形成的历史统一体,各种存在体不断"灌注"相应的历史内涵,处在形象化的过程中,这与本书所坚持的形象建构理念思路是一致的。形象建构的研究不仅仅是从客体出发讨论国家形象、企业形象、个人形象或旅游目的地形象的策划与设计,而是从社会系统的角度去理解形象建构和生成的机制、各环节的影响因素以及组构元素的互动关系,以期找出建构机制内的关键性节点,为日后形象的优化和提升提供策略依据。旅游目的地的形象建构包括建构现实与对现实的再建构,其中旅游目的地建设实践是目的地形象的客观基础,而媒介与旅游者对目的地形象的塑造、认知与评价就是对现实的再建构。

二、旅游目的地形象建构模型的对比借鉴

旅游目的地形象议题占据全球旅游学界的热点时间已久,现存的关于旅游目的地形象研究的概念框架和模型呈现万花筒式的特征。[①] 从纵向时间发展的脉络来看,大致经历了从关注个体属性到整体感知、从关注旅游者感知形象到旅游地供给形象的过程。从模型的侧重要素来看,既有对形象生成所涉及的相关要素的单独讨论,如目的地本身(客体)、旅游者(主体)等;也有通过图示方式表明要素间相互关系;涉及学科来源包括心理学、管理学、人文地理学及社会学。以下为中西方代表性旅游目的地形象建构模型的对比一览表(表 3-7)。

---

① 粟路军、何学欢:《旅游地形象涵义、构成、特征与形成过程——基于国外文献的梳理》,《旅游科学》2015 年第 3 期。

表 3-7　中西方代表性旅游目的地形象建构模型对比一览表

模型名称	提出者	模型内容	模型侧重要素					相关学科				可借鉴点
			客体	媒介	主体	互动关系	内涵意义	心理学	管理学	社会学	人文地理	
二维模型	Gunn(1972)	来自于两类信息的形象模型:原生形象与引致形象		√	√			√				形象形成信息获取的分类
三维连续统模型	Echtner & Ritchie(1993)	三个连续统:属性—整体,功能—心理,共同性—唯一性	√		√			√				形象变化的连续性
认知—情感—意动模型	Gartner(1994)	形象的态度建构,从认知和情感指向意动			√			√				不同类型信息来源的作用
认知—情感—整体模型	Baloglu & McCleary(1999)	强调个人因素与刺激因素对信息的影响			√			√				旅游目的地营销策划者视角
主体—客体—本体模型	李蕾蕾(1999)	主体包括旅游者、居民、设计师;客体是旅游目的地;本体是直接感知形象和间接感知形象	√	√	√	√				√		形象是互动的结果
投射—接受双层模型	王磊等(1999)	投射性形象包括实际形象与传播形象;接受性形象包括个体形象与社会形象	√	√	√					√	√	不同形象的互动
三级缺口模型	Govers等(2004)	关注客体形象与客体身份的缺口、旅游者体验与客体形象的缺口、旅游者体验与感知形象的缺口	√	√	√					√		不同阶段形象的呈异性
多元整合系统模型	王晞(2006)	分为现实形象、媒介形象、感知形象	√	√	√			√	√		√	形象结构的系统性与互动性
蒲公英模型	杨永德和白丽明(2007)	分为主体、客体与信息媒介三类,每类有多个维度,呈现"蒲公英"发散状	√	√	√						√	形象及其特征覆盖范围全面

续表

模型名称	提出者	模型内容	模型侧重要素					相关学科				可借鉴点
			客体	媒介	主体	互动关系	内涵意义	心理学	管理学	社会学	人文地理	
三维耦合模型	周永博(2011)	文脉—地脉—功能	√								√	旅游景观的维度:时间、空间、功能
文本与语境模型	马凌(2013)	以"语境对文本的建构"比喻"社会对目的地形象的建构"					√			√		形象所代表的意涵
拼图模型	吴晋峰(2014)	形象是旅游者对各种信息"拼块"进行"拼图"的结果;分为"自发拼图—自觉拼图—修正拼图"	√		√			√			√	"拼块"分类的有限性
洋葱模型	Kislali H (2017)	从整体性视角将形象的结构要素纳入一个模型框架		√	√				√		√	文化历史经济技术对形象的作用

总体而言,这些建构模型立足于形象多个层面,来源于不同学科。从本书的出发点——社会建构思想来说,有四个模型满足了旅游目的地形象概念化的完整性和包容性要求,能够体现不同主体对旅游目的地形象的建构过程,分别是"主体—客体—本体模型""投射—接受双层模型""三级缺口模型"以及"多元整合系统模型"。在进行综合分析后,现对这四类模型的缺陷不足以及可以修正与改进的要点作以下概括。

其一,随着用户内容生成技术的普及与社交媒体的广泛应用,旅游目的地营销工作已不能仅仅局限于目的地营销策划与管理的内部范畴,旅游者对于旅游目的地营销的话语权及口碑影响效应愈发显著,存在旅游者增权现象。现存模型对此方面关注不足,以王晞的"多元整合系统模型"为例,将旅游目的地形象划分为"现实形象—媒介形象—感知形象",但媒介形象仅从旅游与目的地营销方考虑优化的路径方法,并未考虑旅游者在媒介形象呈现中的作用与影响,忽略了旅游者在目的地整体形象建构多流程参与的现实;此外,伴随体验经济、顾客参与服务创新等理念的到来,旅游目的地的营销逻辑已从提供旅游产品转向服务主导,因此旅游者参与建构目的地客体形象的必要性不容忽视。

其二,鉴于旅游目的地形象概念的复杂性,关于其如何建构、有哪些组构元素的讨论一直处于探索性阶段,建构模型大多停留在框架性、理念性的层面,缺乏实证数据的全面验证以及对形象内部结构及影响因素更加细化的讨论,因此需要依赖于具体案例,采用科学的研究方法打开形象建构问题的暗盒。

其三,Govers 等的"三级缺口模型"较为全面地呈现出旅游目的地形象生成链及不同环节的形象缺口,但却并未对缺口背后的原因进行阐释,这类缺口的存在可能并非仅仅来源于管理营销内部工作的缺陷,而是需要从更宏观的背景层面去解析,如社会、文化等要素的作用,以协助管理者转变思路、扩大视野。

其四,上文所提及的四类模型能从一定程度上反映出形象内部结构的互动关系,如王磊等的"投射—接受双层模型"利用框图和箭头等方式表现投射形象指向接受形象的流程,然而模型仍是以静态呈现为主,无法更细致、生动地表现动态的发生事实。

综上所述,构建一个多主体、全流程参与的旅游目的地形象动态建构模型十分必要。

三、花卉旅游目的地形象的组构元素分析

从社会建构的角度去理解旅游目的地形象,是不同的社会成员通过各自的意念和行为对旅游目的地客观属性与符号属性的生产与再生产的结果,属于一种"知识"的特定聚集。因此,为确立旅游目的地形象的组构元素,本章试图从知识社会学寻求理论支撑,该领域的代表人物彼得·伯格与托马斯·卢克曼提出了人类现实是由客观的社会实在(the objective reality of society)和主观的社会实在(the subjective reality of society)相互融合而成的。Hanna Adoni 等学者在伯格和卢克曼的社会建构思想基础上,提出客观现实(objective reality)、符号现实(symbolic reality)与主观现实(subjective reality)这三类概念。

客观现实是外在于个体的经验并以一种"事实"形式存在,如习俗、传统等;符号现实是客观现实的各种符号化表现,如艺术、文学等;主观现实是客观现实和符号现实相互融合之后在个体意识中的体现,由这三类现实的社会互动建构出社会现实。借鉴此分析思路,花卉旅游目的地形象的组构元素可以包括客体形象、媒介形象与感知形象(图3-7)。按照传统哲学的观点,客体是被感知、被观察的东西;主体是指有主观体验的存在,是感知者或观察者。塑造高质量的花卉旅游目的地形象最终指向的目标是对旅游者产生绝对吸引力和相对吸引力,因此花卉旅游目的地客体形象并非是目的地以物质形式存在的客观实在,而是由东道主所直接呈现的、独立于花卉旅游者个体意识并待其感知和观察的形象,客体形象由东道主的相关社会成员所建构,与目的地物质实在相互作用、相互影响;而花卉旅游目的地感知形象是由旅游活动的主体——花卉旅游者所观察和感知到的目的地形象;花卉旅游目的地媒介形象则是依托于媒介技术与信息渠道所建构出的符号化形象,该形象由不限于旅游活动范畴的、更加广泛的社会成员参与建构。这三个组构元素间的两两互动以及组构元素历时性的变迁与转化促进了花卉旅游目的地形象作为一个整体的社会建构。

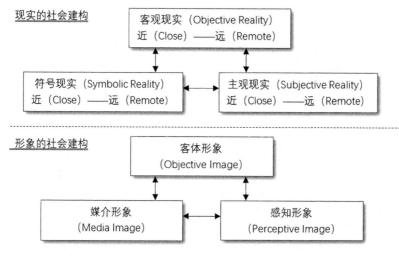

图3-7　从"现实的社会建构"到"形象的社会建构"

（一）客体形象

在以往旅游目的地形象的研究中,一般较少关注目的地的客体形象问题,这是由于国家形象或地区旅游目的地形象的旅游吸引物本身所固有的多元性和复杂性,导致研究者很难聚焦于区域范围内的某一类代表性旅游吸引物去深入了解其建构过程,即使作为典型性案例研究并推算至整个范围,也难免会有以偏概全之嫌疑。然而花卉旅游目的地客体形象的载体非常清晰明确,即花卉资源及相关衍生资源配置,花卉旅游目的地客体形象本身的质量好坏在极大程度上会影响后续其他形象(媒介形象、感知形象)的质量,最终与旅游者的游览满意度及游后行为倾向紧密关联。因此,关注花卉旅游目的地客体形象的建构过程与建构逻辑对其整体形象的塑造具有重要意义。

正如品牌身份(brand identity)之于品牌管理者的意义:"在我们知道如何被感知之前,首先必须知道我们是谁。"花卉旅游目的地客体形象是目的地意图将其呈现在公众视野之前的内生型形象,生成于东道主所涉及的社会成员的主观意识之中,等待旅游者及东道主以外的社会力量的观察、认知和评价,应作为其他类型形象的元图像;花卉旅游目的地客体形象因建构的历时性变迁既可以是旅游地景观实体的模拟预设,也能够成为其直观反映,该形象因东道主社会成员的旅游生产实践而与目的地的客观实在共生共存、协同发展。东道主的社会成员能够在其意图塑造的客体形象指引下改变目的地客观实在的物质性质与社会价值。不过,客体形象并非一成不变,花卉旅游地历史所形成的真实意义会随着旅游地商品化、现代化的过程逐渐丧失,而新的意义又逐渐填充进来,承载着花文化的花卉旅游目的地客体形象是需要根据时代背景特征与旅游者的价值需求的变化而不断调整修正的,因此客体形象的塑造是与"变化性"与"连续性(留存性)"相伴的过程。①

---

① 李玺、毛蕾:《旅游目的地形象演变的策略研究——典型区域分析及对澳门的启示》,《旅游科学》2009 年第 4 期。

如果按照 MacCannell 的"旅游资源形成五阶段"模型来说,前三个阶段涉及花卉旅游目的地客体形象的建构内容(表3-8)。"命名"阶段作为花卉旅游目的地的主题性引领,例如广州的"百万葵园"是将向日葵作为观赏性植物的超大型主题园林;"构建框架和景观提升"阶段更多是以花卉资源物理属性的界定、设计、加工为主;"神圣化"阶段强调了花卉旅游目的地产生意义的人为性,将自然的花卉景观以一系列仪式性或象征性的方式营造出来,借此表达某些价值观或行为规范,从而以花为媒建立旅游者与历史或旧情境的联结。

表3-8　旅游资源形成阶段与旅游目的地形象建构的对应关系

序号	阶段	阶段特点	对应的形象建构环节
1	命名(Naming)	通过命名将旅游资源与其他相似旅游资源区分开	
2	构建框架和景观提升(Framing and Elevation)	界定旅游资源范围	客体形象的建构
3	神圣化(Enshrinement)	通过旅游资源特有的物理、形态学特征促进旅游资源的"神圣化"	

花卉旅游目的地客体形象的建构可以作为一种旅游空间的生产,是花文化景观资源的加工与再创造,是在不断变化与革新的现代社会生活中提供与人们心中的花卉精神相契合的场所;据此,借用霍布斯鲍姆"传统的发明"(invention of tradition)的概念,花卉旅游目的地的客体形象也可称之为一种"发明的花卉景观"。

(二)媒介形象

在如今的时代,窗外的景色已经远不是日常生活的景观,而是各种媒介的再现。虽然这种说法意在提醒人们警觉媒介所塑造的世界的真实性,但是不可否认的是:在媒体化时代下,社会格局正在受到传播技术的支配,媒介甚至替代了被反映的事物本身,作为居间工具大幅度介入人们的认知领域并充当着重要角色,主体对客观事物的形象认识并不仅仅局限于自己的理解,还会为传播媒介所左右。

随着现代技术的发展,媒介信息已全面嵌入在旅游目的地形象建构的过程中。花卉旅游目的地媒介形象处于拟态层面,是旅游者能够接触到的与目的地相关的媒介信息的聚合,花卉景观鲜艳夺目的颜色、风中摇曳的姿态、花开花落的意境皆可以通过媒介技术带给旅游者强烈的感官(尤其是视觉)冲击,是吸引旅游者并直接决定其是否前往游览决策的关键;花卉旅游目的地媒介形象以客体形象所产生的信息源为基础,是花卉旅游目的地发出信息被公众映像后在特定条件下通过特定媒介的输出,是客体形象投射于各类媒介平台的一种反映;在社交媒介兴起的现代社会,媒介形象也同时成为了旅游者感知形象的一种显性反馈,它是以文本、声音、图片、影像等为表征方式,依托印刷媒介、电子媒介、数字媒介而建立起的一种虚拟形象。然而,这种反映并非是完全真实、纯粹客观的机械复制,而可能采用描摹、概括、浓缩、萃取、美化、变形、扭曲、夸张、联想等方式,根据不同建构主体的利益出发点和舆论引导目的形成的具有倾向性、指向性的花卉旅游目的地形象,制造与拼贴着形象背后的意义。

基于多主体社会建构的思想,本书所界定的媒介形象并非以往目的地形象研究中以旅游营销为导向的媒介形象的策划与设计,而是兼顾考虑花卉旅游目的地的运营者、花文化掮客以及花卉旅游者等多主体在花卉旅游目的地媒介形象建构过程中所起的作用与彼此间的效用差异,因此其涵盖的媒介环境、工具载体、建构途径更加广泛而多维;源于不同建构主体的媒介形象在旅游者面前呈现时不断地经历竞合、繁殖、迭代与增殖的过程,旅游者获取媒介形象的过程就是与这些不同的媒介符号互动的过程。而花卉旅游目的地媒介形象呈现的背后,也在不断透露着不同建构主体所蕴含的复杂的意识形态意味。

（三）感知形象

花卉旅游目的地感知形象是花卉旅游目的地在人们的内心思维世界形成的一种主观心理映像（mental picture），分为生理感知层次和心理感知层次，是以花卉旅游目的地本身作为客体的主体化的过程与结果，涵盖了理性认知与情感领悟。从特性来说，感知形象是在相应的花卉景观客观世界影响下渗融着人们对于花卉的理解、喜好、寄情等诸多的文化理念因素，受到刺激因素（如花色、花香、地域特色景观等）与主体因素（如性别、年龄、赏花动机、对花卉的隐性认知结构等身份与文化背景）的双重影响，既是花卉旅游者对花卉景观形象细节的感知，具有形象的客观性和无偏性，又蕴含着他们在长期生活实践中对花卉及其花卉文化的一种理解，与其心理与行为有着某种关联，存在着差异性和能动性。从过程来说，感知形象形成于拟态环境（pseudo-environment）与在场环境（presence-environment），是客体形象与媒介形象相互碰撞与融合后在花卉旅游者个体意识中的体现，并伴随着信息流动过程与旅游体验过程时刻发生着转变与更新，其本身经历着由初级、简单的结构转化为高级、复杂的结构的过程。不过，花卉旅游目的地感知形象并非是信息流动的终点，旅游者将自己的所见所感借助媒介平台得以表达与呈现，自己形成的感知形象继而会转变成为影响他人感知的媒介形象；而旅游者的游后反馈为花卉旅游目的地的运营者营造后续的客体形象工作提供了依据和方向，这印证了英语中"感知即现实（perception is reality）"的说法，因为旅游者的感知与客观世界、拟态环境皆是有互动的。

因此，花卉旅游目的地形象的主客体之间并非是简单的传者与受众的关系，而是主体间性（intersubjectivity）的关系，花卉旅游目的地形象不仅仅是从景区内部进行塑造和维护，还受到外部媒介、旅游者等其他影响，是主体间建构的产物。感知形象即旅游者在花卉旅游目的地形象塑造中主动介入的反映，以增添花卉旅游地形象意义解释的多元性。从符号传播的角度来说，花卉旅游目的地感知形象是旅游者在获取客体形象与媒介形象信息之后的创造式解码的结果。

花卉旅游目的地感知形象包括个体化形象与社会化形象。个体化感知形象是通过"刺激—反映"的过程形成于旅游者的个体经验之中,不断累积、迭代,将会有一小部分留存在赏花者的意识之中,凝固在他们的记忆中,作为可识别、难忘的实体。在花卉旅游过程中,不仅出现人—地感知现象,同时还存在着人—人感知系统。[①] 当几位旅游者共同享有某种体验时,旅游者将心中的感知形象凝结为语言(包括文本语言与图像语言),语言则成为了大量记忆的知识储存,形成一个又一个群体化的集体记忆,从而形成花卉旅游目的地的社会化感知形象。

(四)组构元素间关系分析

花卉旅游目的地形象的建构依赖于客体形象、媒介形象、感知形象这三个组构元素之间秩序化的运行,客体形象是对东道主心中的花卉旅游目的地及旅游吸引物的建构,感知形象是对花卉旅游者旅游体验的建构,而媒介形象既是对花卉旅游目的地虚拟形象的建构,也是花卉旅游者所建构的游览体验在媒介上的呈现。然而鉴于社会建构的复杂性,这三个组构元素之间的概念内涵存在交叠、重合与模糊的部分,三者之间的互动关系与相互影响的作用亦错综复杂。借鉴王龙将形象界定为一种"可以流动的信息",用以记录旅游目的地与外界相互作用过程中所呈现的状态与属性,[②]花卉旅游目的地形象的三个组构元素在依附载体、记录信息、呈现形式、形象基础等方面存在着一定的差异(表3-9)。

---

① 李蕾蕾:《人—人感知系统:旅游地形象设计新领域》,《人文地理》1999 年第 4 期。
② 王龙:《旅游目的地形象测量内容的研究综述》,《旅游科学》2012 年第 4 期。

表 3-9 花卉旅游目的地形象的三个组构元素比较分析

比较类别	客体形象	媒介形象	感知形象
依附载体	花卉自然资源、花事活动、花文化景观、旅游配套设施	传统媒体(电视、广播、纸媒等)、新媒体(微信朋友圈、自媒体、网络社群等)	花卉旅游者的脑海中,依赖于先天的适应能力与后天的经验
记录信息	花卉旅游目的地主动呈现的状态、特征与属性	花卉旅游目的地主动投射于媒介的状态以及花卉旅游者反馈于媒介的状态	花卉旅游者脑海中对花卉旅游目的地感知的状态与属性
呈现形式	花卉旅游目的地的景观、活动、旅游商品、场所氛围	媒介符号(文本、图片、影像、声音等)	花卉旅游者的认知、情感、联想、意动倾向
形象基础	花卉旅游目的地在某一时点的现实情况	营销策划、自我表达、炫耀式消费等	花卉旅游体验、内隐知识等的加工、文化共鸣
形象特征	从短期来看较稳定,存在的主要异动可能是运营者形象策划的策略转向	不同建构主体在媒介形象呈现方面可能存在着冲突和缺口	伴随花卉旅游者的旅游过程不断发生变化

注:根据王龙(2012)"旅游目的地形象三个层面"表格编制,略修改。

从三个组构元素具体的两两关系来说,首先是花卉旅游目的地的客体形象与媒介形象。媒介形象源于客体形象,是以客体形象为基础的一种"再现",通过表征创造抽象性的花卉旅游目的地对等物,以此作为客体形象的象征;离开客体形象作为"源像",媒介形象就失去了建构的依据。两者共同拥有的建构主体是花卉旅游目的地的运营者,区别在于运营者依附的载体性质不同,营造与加工存在着管理技能需求的不同以及时间上的偏差;不过,媒介形象并非客体形象的"镜式反映",其源于花卉旅游目的地运营者建构意图的统一性受到其他建构主体的挑战,因为媒介形象还会受到花文化掮客与花卉旅游者施加的共同作用。

就媒介形象与感知形象的关系而言,两者都可以作为 MacCannell "旅游资源形成五阶段"模型中后三个阶段的结果,即神圣化(enshrinement)、机械化再生产(mechanical reproduction)与社会化再生产(social reproduction)。从元素涵盖的范围来说这两个形象之间存在着重合部分(图3-8),即花卉旅游者将在游览行程结束后形成的最终感知形象评价发表于媒介平台上,如微信朋友圈、游记、点评等,成为一种小范围公开或全部公开的信息源,此时感知形象即会转换为媒介形象,这一转换过程正是感知形象从花卉旅游者个体的意识之中走向公众认知界面的过程;相对于目的地运营者在媒介上的投射形象(DMO Projected Image,简称DPI),这一重合部分也可称为旅游者的投射形象(Tourist Projected Image,简称TPI)。值得一提的是,感知形象投射于媒介平台存在着"变质"的可能:一是旅游者的在场体验会因离场后的符号书写而固化,失去了当初体验的丰富性;二是符号书写不单是对回忆的摹写,书写者的联想、想象等会有意无意地参与到表达中,从而改变了在场体验的原真状态。① 鉴于"媒介全景"的笼罩以及感知与行为的并行发生,媒介形象与感知形象存续于花卉旅游行为的整个流程之中,包括游前、游中和游后阶段,而媒介形象作用于感知形象最显著的阶段则是出游之前的决策阶段,此时花卉旅游者处于拟态环境之中,对于花卉旅游目的地最直接的信息接触点来源于媒介。

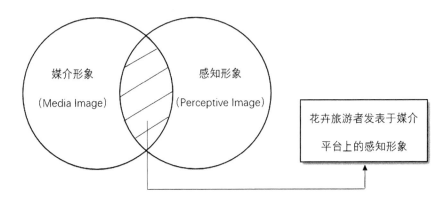

图3-8 花卉旅游目的地媒介形象与感知形象的重合部分

① 樊友猛、谢彦君:《"体验"的内涵与旅游体验属性新探》,《旅游学刊》2017年第11期。

就客体形象与感知形象的关系而言,如果说客体形象是叙述者对现实的建构,感知形象则可以称为聆听者对叙述者的叙述的再建构。① 两者的触碰点主要发生在"在场环境","在场"(presence)既是事物在空间上的显现,又是在时间上的现在时刻,因此在场环境表明的是花卉旅游者进入花卉旅游目的地实体场所的领域内的当下,花卉旅游目的地运营者所提供的客体形象与旅游者心中所持有的感知形象发生触碰;是将旅游者主体对花卉旅游目的地这一外部世界的创意解读与目的地的某些诉诸感官的形象细节融合为一体的过程,即"人的本质力量对象化"的过程。② 此时感知形象的刺激源头不仅仅是来自于媒体世界的间接虚拟信息,更具冲击的是花卉旅游者置身于实体环境中调动其多维感知对花卉景观进行的一次广泛的直接接触,旅游者从一系列包裹自己的源素材中挑选出刺激强度突破自身感受阈限的信息,凝结为焦点注意进而拼凑出自己的花卉旅游体验。客体形象并非具有本质主义的属性,花卉旅游者感知形象的反馈可以被花卉旅游目的地运营者所考虑与吸纳,进而从使用者审美的角度改造和提升目的地客体形象,因此花卉旅游者也能够通过反馈式设计的方式间接地建构着客体形象。

第三节　花卉旅游目的地形象的建构模型研究

为探索大千世界中经验的意义,依托于共有的理解、实践、语言等背景,人们发明了概念、模型和图示以协助理解,同时不断地根据新的经验来检验和修正这些建构物。花卉旅游目的地形象建构模型的提出,旨在从整体观察与顶层设计的视角,兼顾采用逻辑演绎与逻辑推理的方法,探讨花卉旅游目的地客体形象、媒介形象与感知形象本身建构过程的关键节点及彼此间相互作用影响的内在过程;本书从静态与动态两个角度分别提出"链式结

---

① 马凌:《旅游社会科学中的建构主义范式》,《旅游学刊》2011 年第 1 期。

② 庄志民:《论旅游意象属性及其构成》,《旅游科学》2007 年第 3 期。

构"模型与"弹珠碰撞"模型,通过模型图示的方式表明花卉旅游目的地形象的建构机制。

一、"链式结构"模型

根据上文对花卉旅游目的地形象三个组构元素的分析及其相关关系的阐述,本书认为花卉旅游目的地的客体形象、媒介形象与感知形象是其整体形象建构流程中的关键性模块,鉴于这三者之间并非相互独立,存在两两相关、相互接榫的复杂联系,因此其组构方式并非为简单的"并行链式"或"串联链式"形态,而是呈现出"混合链式"的结构模式(图3-9)。

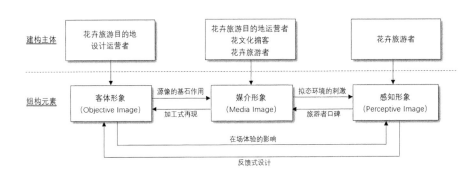

图3-9 花卉旅游目的地形象"链式结构"模型

从模型的组构元素可以看到,客体形象作为形象建构系统的源像承担着基石的作用,是媒介形象建构的依据,也是旅游者在实际旅游行为发生时对其感知形象产生最直接影响的组构元素;媒介形象作为旅游者在缺场条件下连接其与旅游目的地的建构物,一方面是对客体形象加工式的反映与再现,另一方面对旅游者的感知形象施加着源于拟态环境的信息刺激;感知形象既是客体形象与媒介形象作用的结果,也同时对这两者产生反作用,感知形象凝结为评价语言、游后感想以及拍摄的照片、视频博客被花卉旅游者上传至网络社区,成为媒介形象的组成部分,而形成于旅游者心中的感知形象被旅游者表达反馈至花卉旅游目的地处,运营者根据旅游者的建议修正与提升更符合旅游者需求的客体形象则是感知形象影响客体形象的体现。

从模型的建构主体来说,形象知识的生产是行动者联结的过程与结果,呈现多元主体的互构特征,不同建构主体对形象的组构元素产生交织网状的建塑与影响,形成行动者网络(actor network)。客体形象的建构主体主要为花卉旅游目的地设计运营者,若将花卉旅游目的地看作一个产品,花卉旅游目的地设计运营者则是这个产品的制造者与推广者,客体形象即产品面市后呈现给消费者的售前状态;事实上,在设计运营者之外,花卉旅游者虽不能称之为建构主体,但对于客体形象亦有贡献,花卉旅游者一方面作为体验主体从外部观赏花卉旅游目的地,便捷与低成本化的信息交互使得旅游者快速地将游览体验的不足与建议传送给运营者,从而间接参与客体形象的营造,影响花卉旅游目的地形象价值的实现;另一方面,启发于诗人卞之琳的《断章》名句——"你站在桥上看风景,看风景的人在楼上看你",花卉旅游者在花卉地游览时自身会融入景区之中,从他者视角来看旅游者存在的本身就已经成为客体形象的一部分;以旅游者摄影为例,作为一种观察和记录社会化的建造方式,旅游者在这一过程中既是观察者,又是被观察者(both see-er and seen);①因此这种建构方式是被动的、不可避免的,同时也可能会为花卉旅游目的地形象带来一定的负面效应,如旅游拥挤(tourism overcrowding)的发生。媒介形象的建构主体包括花卉旅游目的地运营者、花文化捐客与花卉旅游者,主体所具备的主观能动性影响着媒介形象对现实的反映过程,鉴于媒介平台内容生成的可参与性,不同主体出于自己的利益出发点在媒介平台上发表观点,花卉旅游目的地运营者以营销推广为目的,花文化捐客以文化的生产与传播为目的,而花卉旅游者更多是自我经验与身份的一种表达需求。感知形象是生发于旅游者心中的心象图样,其建构主体相应就是花卉旅游者。

---

① 刘丹萍:《旅游者、摄影节(比赛)与目的地营销——某旅游地案例定性分析》,《旅游学刊》2004年第4期。

二、"弹珠碰撞"模型

从上文可知,"链式结构"模型主要揭示的是三个组构元素之间的相互关系与影响,但无法直观地从"过程"(process)视角查看花卉旅游目的地形象内部结构的历时性演变惯例与流程,即花卉旅游目的地客体形象、媒介形象、感知形象按照时间次序互动的动态过程。本书受启发于一种传统的电子游戏——"弹珠游戏",即弹珠通过碰撞不同界面以获取分值,将贯穿于整个游览历程的感知形象比作"弹珠",将感知形象与其他组构元素的互动过程比作"碰撞",提出花卉旅游目的地形象的"弹珠碰撞"模型,以通过图示方式揭示形象建构的过程(图3-10)。

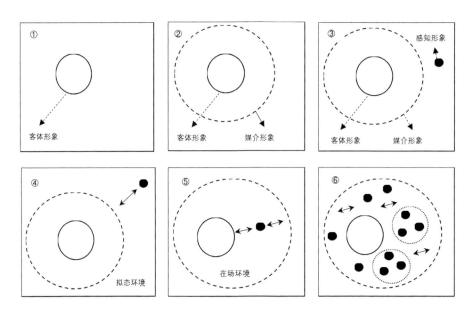

图3-10 花卉旅游目的地形象"弹珠碰撞"模型

在诠释模型之前,首先对模型的几个关键性概念进行定义梳理(表3-10):

表 3-10　花卉旅游目的地形象"弹珠碰撞"模型的关键性概念

序号	模型关键性概念	定　义
1	界面	将旅游目的地的客体形象与媒介形象定义为"界面",这种界面并非是垂直投射形成的平面,而是由界面垂直投射形成圈层,客体形象为第一界面,媒介形象为第二界面
2	弹珠	将花卉旅游目的地感知形象定义为"弹珠",弹珠在模型中承担着主动碰撞的功能,对应于旅游世界中花卉旅游者在游览阶段中携带的感知形象
3	碰撞	"碰撞"指的是信息的交汇(confluence)状态,在模型中主要有感知形象与媒介形象的碰撞,感知形象与客体形象的碰撞
4	进入	"进入"指感知形象弹珠从拟态环境进入在场环境,即旅游者从"游前阶段"的未实际接触花卉旅游目的地到"游中阶段"的实际接触花卉旅游目的地的过程
5	分值	弹珠与界面的每一次碰撞都能够增加系统的分值,分值的高低既代表形象受刺激因素形成的复杂性的叠加状态,分值达到一定程度也成为弹珠"进入"的标准
6	聚集	"聚集"是发生在多位旅游者中,相似的若干弹珠(即感知形象)同化成为弹珠组,弹珠组强化和固化形成统一的感知形象,是个体化形象向社会化形象演变的过程

　　花卉旅游目的地形象"弹珠碰撞"模型共分为六个步骤:步骤一是指客体形象的建构,主要是指东道主意图对外呈现的形象,形成第一界面,能够对旅游资源和旅游环境产生影响;步骤二是指在客体形象的基础上对媒介形象的建构,将其放置于特定的文化语境与社会语境中赋予特定的意义,是依附于第一界面而形成的第二界面,这两个界面垂直投射形成"弹珠碰撞"模型图中的内外圈层,仅用于表示旅游目的地形象建构过程中客体形象与媒介形象之间的"源像—再加工"关系,并不表示平面关系中的包含与被包含关系;步骤三是指感知形象(弹珠)出现在旅游形象的场域之中,此时的感知形象尚未与客体形象或媒介形象产生互动,并未受到任何外界刺激因素的作用,但因个人生命经验或体验的存在依然会形成潜在旅游者对于陌生之地的旅游意象,[1]因

---

① 赵刘:《图像抑或意识:旅游意象的本质直观》,《旅游科学》2020 年第 2 期。

此此时的感知形象(弹珠)获取有初始分值;步骤四是指感知形象进入充满摹写或符号复制的拟态环境,与媒介形象界面不断进行碰撞,间接通过媒介信息获取花卉旅游目的地的映象,因此代表感知形象的弹珠分值不断增加,即前往花卉旅游目的地的意愿倾向不断高涨,逼近"进入"的临界分值,一旦达到临界分值就表明旅游者做出前往游览的决策;步骤五是指感知形象冲破媒介形象的第二界面,进入在场环境,在客体形象与媒介形象这两个界面中互相碰撞,尤其是与客体形象的直接接触依赖的是花卉旅游者的一种亲身经历,其感知形象会根据旅游者自身的判断而修正之前因媒介形象的影响形成的扰动与偏离;步骤三、四、五讨论的感知形象(弹珠)都是以花卉旅游者单体为例,步骤六讨论的是花卉旅游者群体在在场环境中的表现,个体从属于群体,在群体内形象信息得到再解释与加工,具有类似性别特征、文化背景与社会经历的花卉旅游者的感知形象在不断与客体形象界面、媒介形象界面碰撞的过程中形成共同的深层共鸣,采用相似的方式对花卉旅游目的地进行意义的解读,个别的形象不断重叠形成群体内统一的感知形象,即弹珠的聚集——弹珠组。

第四节　本章小结

本章奠定了全书研究的理论基础和框架。首先厘清花卉旅游目的地形象的基本概念,定义花卉旅游目的地形象是不同利益相关者主体通过各自的意念和行为对以花卉为主题的旅游目的地客观属性与符号属性的生产与再生产的结果,并总结归纳出学界关于旅游目的地形象的不同分类类型,提出花卉旅游目的地形象具有多维性、聚合性、稳定性和动态性四大特征;进而通过"自然的社会建构"及"形象学"两条思路对花卉旅游目的地形象建构理论进行溯源,总结和罗列现有研究关于旅游目的地形象建构模型的侧重要素与相关学科对比一览表,基于此提出本书模型的三大组构元素:客体形象、媒介形象以及感知形象,对三大组构要素及两两之间的相互关系进行阐述;最后根据上述研究基础提出花卉旅游目的地形象的"链式结构"模型以及能够反映三大组构元素"过程型"动态关系的"弹珠碰撞"模型。

第四章　花卉旅游目的地的客体
形象营造

　　社会建构者们否认存在一种外在而独立于观察者的观察立场、角度和方法的、具有"实体"性质的"社会实在",①"生成性思维"要求对"本质先定"进行超越,因此本书所讨论的花卉旅游目的地客体形象的建构并非依托于固有的实体。溯源"建构"一词的历史,即有"由……建造、制作、构成"的含义;②在设计符号的传播过程中,信息不是被传送而是被建构的。所以说,对于客体形象的营造与设计囊括了花卉旅游目的地在现实层面的物质形象与精神形象的建构,其所拥有的"互动的本真性"(interactive authenticity)是花卉旅游目的地源于建构主体建构的结果。

　　本章聚焦花卉旅游目的地形象的第一个组构元素——客体形象,是"链式结构"模型的第一个模块,其营造过程也是"弹珠碰撞"模型中的第一个步骤,建构本质在于直接地从源头向社会传播关于"地"的信息,即创造一个"会说话的环境"(talking environment);可以说,设计的本质即传播,脱离了传播效用,一切设计创作仅仅成为表达设计师自身的纯艺术创作。笔者分别从建

---

①　张骁鸣:《旅游地空间话语的社会建构——以世界遗产地西递村为例》,《思想战线》2011 年第 3 期。

②　邢怀滨、陈凡:《社会建构论的思想演变及其本质意含》,《科学技术与辩证法》2002 年第 5 期。

构战略、设计逻辑以及创意演化三个视角对客体形象的营造进行讨论:建构战略视角从整体战略思路细化分析花卉旅游目的地客体形象的建构路径与建构载体;设计逻辑与创意演化视角分别从客体形象的两个建构载体(花卉景观与花卉商品)出发,研究客体形象的建构重点与关键性影响因素。

第一节 花卉旅游目的地客体形象的
建构战略研究

从建构战略视角研究花卉旅游目的地客体形象旨在指导其兼顾技术与理念的创作表达,成就融合"形"与"情"的花卉旅游空间,便于花卉旅游者体验到可感知、具体化的场所精神。客体形象的营造依赖于空间各要素在物质实体与社会实践层面的合理有序的安排,从而形成一种记忆内容与表达方式。本节内容重点从建构路径与建构载体这两方面分别进行讨论。

一、多元选择的建构路径

建构路径是支撑空间结构、创造空间氛围的通道,能够赋予空间内容与活力。花卉旅游目的地客体形象的建构路径呈现多元化的特征,从类型上主要分为从目的地本土特征和设计者态度表达中挖掘潜力的"内源式建构"以及借助外部力量以整体形象的借鉴与模仿为主要策略的"外生式建构"。其中,内源式建构包括了"开发式创新(exploitation innovation)"与"探索式创新(exploration innovation)"两类分支,这两个概念源于管理学研究领域中将代表组织能力的"双元化(ambidexterty)"引入创新活动的结果:开发式创新注重对现有技术、产品和资源的改进,以此提高产品和服务质量;探索式创新注重对新产品、新技术与新知识的学习和探索。① 从客体形象的建构来看,改造与活化

———————————

① 邢新朋、方洁、刘天森等:《绩效反馈对开发式创新和探索式创新的影响机制研究》,《工业技术经济》2018 年第 7 期。

花卉旅游目的地现有的花卉资源属于"从有到有"的开发式创新,在目的地本土资源缺失情况下创造自然景观的方式则属于"从无到有"的探索式创新,通过跨地区的异质形象的移植属于从目的地外部获取资源的外生式建构方式(图4-1)。

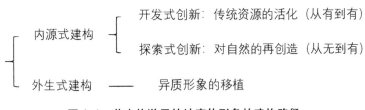

图4-1 花卉旅游目的地客体形象的建构路径

(一)传统资源的活化

从组织资源视角来看,已被获取的常规性资源对开发式创新能够产生正面影响。[1] 花卉旅游目的地客体形象采纳开发式创新的代表路径就是对目的地传统资源的活化,这里的"资源"主要指向花卉主题的资源。开拓花卉资源新视野、盘活目的地存量旅游资源的前提是梳理花卉资源谱系,从资源的质量与类型出发考虑活化策略的针对性与可行性,充分发挥被忽视的传统资源的功能与价值。

此处将花卉景观资源的丰富性与花卉文化资源的独特性作为资源活化矩阵的两个维度(图4-2)。花卉景观资源的丰富性是指目的地由于历史连贯性或社会生产缘故所留存或附带的花卉资源的质量以及体量的评价结果;花卉文化资源的独特性是指基于地域社会发展与居民生活习惯,区别于其他地区所形成与花卉相关联的文化属性的可鉴别程度。

---

① Voss G B, Sirdeshmukh D, Voss Z G, "The Effects of Slack Resources and Environmental Threat on Product Exploration and Exploitation", *Academy of Management Journal*, Vol. 51, No. 1 (2008), pp.147-164.

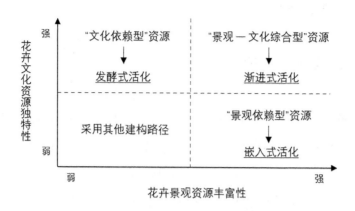

图 4-2　花卉旅游目的地传统资源的活化矩阵

在这一矩阵下,第三象限是两个维度的极端消极状态,目的地的花卉景观与花卉文化双重资源处于匮乏状态,"巧妇难为无米之炊",因此并不适用通过"活化"途径建构客体形象。除此之外,基于传统资源的特征针对其他三个象限提出三条活化路径。

1.渐进式活化。与归属于第一象限的"景观—文化综合型"资源相匹配的建构方式是渐进式活化,该类目的地兼具高质高量的花卉景观物质资源与差异化的地域花卉文化资源,在"先天"条件方面占据一定优势,因此此路径的重点在于传承、完善和扩展,是对现有资源打磨与提升的柔性化建构策略。以在鲁迅笔下"像绯红的轻云"的日本东京上野恩赐公园(Tokyo Metropolitan Ueno Park)樱花祭为例,作为日本的第一座公园,上野公园自江户时代宽和年间(1624—1644)以赏樱闻名,这归功于当时宽永寺开祖天海僧正(Tenkai)在当地区域广植樱花;现如今公园内部有以染井吉野(日本最具代表性的樱花品种)为主的樱花达 800 株,形成著名的"樱花隧道";日本独特的赏花民俗——"花见"从旧时代的"贵贱群集"流传至今,形成花下的"群食""群集"特征;[①]日本上野公园开放灯笼火光下的"夜樱"景观,既呈现了魅蓝夜空中朦

---

① 李乐:《日本赏花文化本质初探》,《景德镇高专学报》2008 年第 1 期。

胧浪漫的夜樱美景,也为旅游者提供把酒畅谈的异质性社交空间,这正是在日常赏樱基础上丰富旅游者观感、营造另类体验的一种渐进式活化方式,这一举措促使游览时间延长至夜间,在一定程度上也缓解了公园白天赏樱人群的拥堵压力。

2. 发酵式活化。具备独特的花卉文化,但在花卉景观方面较为薄弱的目的地在活化矩阵中被鉴定为拥有"文化依赖型"资源,这可能源于历史更迭、区域发展周期、社会发展重心等多种缘故使得当地盛极一时的花卉文化蒙上历史遗忘的面纱,使得人们的花卉情结遮掩于内心不常开启的角落,但往昔的记忆必定在这片土地上保有印记。这种类型目的地所匹配的建构路径是发酵式活化,目的在于不盲目弥补花卉种植的体量缺陷,而另辟蹊径通过创意、创新的主题与手段复兴与强化花卉文化,将其作为旅游开发的原型酵母,通过发酵、裂变、催生出独具一格的花卉旅游文化形态,同时带动当地花文化衍生产业。法国"鲜花小镇"的评选正是通过竞赛方式刺激和引导居民回归家庭园艺的习惯,将"精致的花卉劳作的日常化"作为对外旅游的吸引点,并借此机会实现自下而上花卉景观的美化效果。

3. 嵌入式活化。处于矩阵第四象限的"景观依赖型"资源的目的地,主要分为两类:一是源于农林生产的生产型花田,作为农业生产的副产品,包括果木型、粮油及经济作物型、花卉种子生产基地以及开花型中药材等类型;二是受植物分类学驱动,以植物收集栽培、引种驯化与研发利用为使命的植物园;两者的旅游职能都是在顺应时代潮流后开发的结果,同时面临着应对旅游需求的转型阵痛,应对于此的方法即嵌入式活化,遵循花卉栽植历史的连贯性,在利用生态元素吸引的同时嵌入多样化的功能模块,将赏花行为丰富至游花行为,例如上海植物园推出的"牡丹·汉服文化游园会",就是将中国传统文化艺术嵌入赏花目的地,以此寻求到花卉与艺术之间的融通点,复刻汉唐盛世下的赏花游乐图景。

（二）对自然的再创造

花卉旅游目的地客体形象内源式建构的第二类方式是在无花卉基础资源条件下的一种探索式的创新，是在人力作用下对自然的再创造，强调将人的主观能动性作为核心要素，创造者面对着荒芜的"空地"或历史遗留的"废弃场"，需要具备的是建立一个"从无到有"的花卉空间的信念、勇气与执行力。对这类建构理念的讨论需要将其置于特定的时代横截面中，因为对自然的再创造必然源于发展到某一阶段的社会需求，特别是沉浸于该社会情境下的创造者强烈的内心意愿。以下以该建构路径的三类代表性驱动力为例作详细分析。

1.精英身份的自我表达。个体的名誉与身份的地位内嵌于其消费方式和生活风格之中，能够通过使用的产品与享用的服务表现出来。根据马斯洛需求理论，在满足最基本的生理、安全等需求之后，自我实现占据了行为意向的支配地位；当社会供给不能满足于个体需要，个体倾向由被动的消费者位置转向生产方与消费方的共同体，即通过自身的力量作用于社会，通过产品与文化的生产达成一种自我实现，同时传输着占据社会话语权阶层的身份信息。古代中外帝王修建宫苑园林，广植花木，一方面是爱好的寄托，另一方面则成为彰显王者权贵财富与身份的工具和象征；在近代社会，基于个体权利自上而下对自然的创造与加工现象逐渐消逝，有闲阶级的诞生使得凝聚着闲情文化的私人花园一一出现，士人大夫在私家园林的赏花赋诗活动难免透露着对超越媚俗生活的企盼；而在当代社会，拥挤忙碌、充满焦虑的生活节奏促使社会精英们反刍审视自己的生活态度与人生意义，丰富的文化资本的崛起给予他们实现"回归田园，花意生活"广阔的运作空间。无异于时代的先后，这些花木园林除实体价值外，更多是灌注着创造者的理想、价值、偏好与情怀，皆反映了精英文化对自然的探索式再创造。或主动展示，或被动分享，呈现在世人面前供其观光、游玩。

2. 区域治理的生态转型。一方面,现代技术的更迭发明淘汰着旧时代生产生活所依赖的部分工业资源,失去活力的工业废弃地带亟须重新激活、再次利用;另一方面,飞速发展的现代工业主义在为人类带来便利生活的同时,不断挑战着地球的自然承载能力,城市扩张的土地压力时刻存在。在这两大现实背景下,区域管理者与居住者不得不从工具理性的思维方式跳脱出来,向生态转型寻求解决方案、拯救家园。采石工业作为历史悠久的工业活动,其结果是严重破坏了山体面貌与地表植被,导致生态退化,当采石工业的生产意义丧失后,采石矿坑沦为自然环境与人类社会之间的废弃棕地。① 为解决这一问题,在废弃地上进行自然的再创造从而建立新型的后工业景观成为一种流行的做法,实践中通过建造花园进行生态修复不乏成功案例,例如加拿大布查特花园(Butchart Garden)、美国斯特恩矿坑花园(Sterns Quarry Park)、上海辰山植物园的矿坑公园等都是由废弃矿山改造形成的下沉式花园旅游目的地。

3. 市场导向的逐利行为。如今人潮蜂拥的赏花风潮成就了"现象级"的热门旅游目的地,企业商人所具备的一元化"经济人"属性促使他们从"供不应求"中嗅出商机,希冀通过营造全新的花卉旅游目的地作为盈利与揽财的工具,因此各类花海项目纷纷登场。创造者基于逐利的目标进行资源配置,建构花卉旅游目的地客体形象时更多考虑如何迅速抓住旅游者眼球、避免同类竞争对手的压制和利益侵蚀、缩短资本回收资金周期以及谋求利益最大化。逐利一方面能够激励创造者通过求新、求异的差异化战略吸引旅游者群体,促进客体形象的创新;但另一方面也非常容易出现急功近利的文化;花卉作为季节性的生态资源,需要长期的培育和维护,因而花卉旅游目的地的客体形象建构并非一蹴而就,需要持续的耐心投入,急功近利易造成粗放式、跟风式的设计与管理结果,损害客体形象质量,甚至出现"花海变菜地"的烂尾怪象。

以上三例分别从不同的驱动力视角解释花卉旅游目的地客体形象探索式

---

① 吴越、赵延凤、王云:《采石类矿坑花园景观评价和模型建构》,《上海交通大学学报(农业科学版)》2016年第3期。

创新的出发点,其目标指向不同,建构的侧重点及对旅游功能的指向性亦不同,应根据不同情况分类应对(表4-1)。

表4-1 不同驱动力下花卉旅游目的地客体形象建构比较

序号	建构理念	驱动力	建构侧重点	旅游功能
1	精英身份的自我表达	心理	个人主义、审美标准的唯一性	被动指向
2	区域治理的生态转型	环境	地形改造、生态修复	附带指向
3	市场导向的逐利行为	利益	迎合市场、重视消费者偏好	主动指向

(三)异质形象的移植

好奇是人类探索新知识与新信息的重要动力,能够引发对陌生客观环境的探索性行为;美国文化人类学家鲁斯·本尼迪克特(Ruth Benedict)所代表的文化心理学派曾提出:每个民族呈现多样化的价值体系与特征,形成独特的文化模式;因此,不同文化模式之间的差异性激发了人类追求异质的跨文化旅游动机,可谓"距离产生美"。然而,在时间与财力的约束下,一部分旅游者群体无法实现跨境旅游,所以凝聚着异域景观特色与异质性文化的仿造性旅游目的地成为了一项折中的解决方案,试图满足这类旅游者群体在心智上对异域的想象,这也被称为"用想象的方式解决生活困难的心理捷径":人们一边向往着日本樱花、荷兰郁金香、法国薰衣草等,一边从临近自己地理位置的目的地寻找自己想象意识中的相似景观的替代品,这种需求催生了一类花卉旅游目的地客体形象的建构路径——移植异质性形象。

从形象移植的两种基本形态来说,一是跨时间;二是跨地域。跨时间的形象移植从目的地纵向的发展脉络中截取有价值的历史形象横截面,是一种源自本体资源的建构方式,可以归属于上文界定的"发酵式活化"范畴;本节重点讨论的异质形象的移植主要指向第二类形态——跨地域的移植,是基于文化距离的吸引力、借助目的地之外的异域资源营造形象的外生式建构理念。

从客体形象的建构环节来说,形象移植包括:(1)命名移植,在客体形象来源地的名字基础上进行加工,如大丰荷兰花海、东方普罗旺斯薰衣草庄园等;在信息不对称的情况下,名称成为旅游者"第一印象"的信息来源,目的地的移植式命名激发旅游者唤起对客体形象来源地的联想,产生"人如其名"的期望,这将对旅游目的地价值产生溢出效应;(2)景观移植,沿用形象来源地的花卉品种、花木配置、花镜设计、建筑设计等,再现异地景观;(3)氛围移植,属于形象移植的高阶行为,将客体形象来源地与花卉相关的文化氛围、传统习俗、居民活动迁移至本土目的地。还有一类形象移植的特例是国外品牌海外扩张的结果,即以合作的形式建设全球计划落地于中国的分支项目,如源于英国康沃尔郡的"伊甸园计划"(Eden Project)是全球最大的单体温室,目标是构建巨型人造生物群落系统,已收纳地球 80% 的已知植物,"伊甸园计划"已选择中国青岛作为首个海外项目地,意图创造亚洲"伊甸园"。

然而,在实践中异质形象的移植难免会遭逢"抄袭""山寨"的非议,其原因归于两点:本真性问题与情境化问题。首先形象的移植结果本身不具有本真性,类比于对山寨文化迥异的认知,不同社会阶层的成员身份对本真性态度的差异造成对这类移植形象存在话语分野、评论褒贬不一:有群体认为文化的复制既没有价值也没有可行性,移植形象是对景观本真性的一种否定,从心理对这类"拿来主义"产生抵触,也有群体认为旅游本身就是为满足猎奇求新的需求,目的地呈现的景观和文化是否真实并不作为其形象好坏的评价标准,能够不出国门体验到异域风光不失为一种"高性价比"的决策;而移植的情境化困局在于异质性形象在本土落地时与当地地形、资源及区域整体形象等方面的不匹配与难适应,即移植来的客体形象难以嵌入花卉旅游目的地中,嵌入程度取决于目的地可行性分析、设计、实施、运营、养护的每一项环节。从辩证角度来看异质形象的移植,它是中国社会文化发展转型过程中链接供给与需求的一种途径,能够弥合部分群体难以亲历观赏异域花卉景观与文化的缺憾,也通过借鉴学习的方式提升本土花卉景观的设计质量;但同时要注意的是,盲目地跟风、粗制滥造地模仿、一味地迎合市场及追求短期利益都将导致形象"变味",进而引发市场反感。

二、三轨并行的建构载体

形象是不可言状、难以描述的对象,是一种抽象的存在,因此花卉旅游目的地客体形象的建构必须依托于能够表达不同空间主题概念的实体元素,即经历将形象物化的过程,讨论对客体形象的营造需要落脚于研究对载体的选择、处理、分配和使用上,厘清形象建构载体的结构与内容成为营造任务的首要问题。基于载体性质,笔者认为花卉旅游目的地客体形象的建构载体呈现三轨并行的特征,分为花卉景观、花卉节事与花卉商品这三类。

(一)花卉景观的形态特征

花卉旅游目的地客体形象的载体之一即花卉景观,其形态特征主要包括花卉的色彩、质感以及空间结构。除对生物基因的改造,单株花卉植物具有较为固定的外在自然形式特性,因此花卉景观主要通过花卉植物的品种选择、配置、修剪优化和提升其形式美。

1. 色彩。色彩是表现花卉形式美的物质方式之一,是旅游者观赏花卉时最具有冲击性的外观特征,也是在提及花卉旅游目的地形象时旅游者最容易联想到的要素;与形状、质感等相比,色彩对人类视觉神经的刺激更加强烈。花卉之所以如此受人类青睐,正是由于它是生物界中拥有绚烂多样色彩的佼佼者。关于花卉色彩自然属性的讨论主要围绕其本身的色相、明度、纯度、透光率等色彩学指标以及不同的环境因素对花卉色彩的影响,如光线强弱、季相变更、视觉尺度等;关于花卉色彩社会属性的讨论则主要关注色彩之于人在生理、心理及审美层面的作用。从花卉旅游目的地客体形象的营造来说,花卉色彩可以改变目的地景观的三维视觉大小,起到引导视线、调整景观深度的效果;花卉景观的色彩配置分为单色系与组合色系,单色系适用于种植单一种类花卉,如纯色花海;组合色系应对的是更加复杂的花卉植物群落,因此涉及多种色彩之间视觉配比关系的组合色系优化研究成为色彩学持续性的热门领域,同时催生了色彩调和理论(color harmony theory)(表4-2),研究两个或两个以上的色彩如何尊崇秩序、协调、和谐的原则搭配在一起以使人心情愉悦。① 从"谢弗勒尔色环"到蒙赛尔的"中性灰"论断,色彩调和理论从定性化的感性原则指导逐渐走向定量化的理性视觉描述,进而运用大数据和云计算分析和预测用户群体的色彩喜好取向,从多种角度为花卉旅游目的地的色彩配置提供理论支持。另外,需要注意的是,由于花卉的季相性特征,花卉景观的色彩随着季节不断变化,因此花卉的配置应兼顾考虑四季的色彩呈现效果。

表4-2　花卉旅游目的地色彩配置的主要色彩调和理论梳理

序号	代表人物与机构	理论核心要素	调和原理	分析方法
1	谢弗勒尔(Chevreul)	以三原色为基础,双色混合形成的谢弗勒尔色环	对比调和、邻补调和、类似调和	定性分析
2	蒙赛尔(Munsell)	明度、纯度	色彩面积比、混合产生中性灰	定量分析,借助Photoshop
3	奥斯特瓦尔(Ostwald)	黑色、白色、纯色	旋转混色法,取得色立体中有规律的位置	定量分析,借助计算机辅助设计软件
4	孟-斯宾瑟(Meng-spencer)	色相间隔、明度/纯度差	各色块标量距相等	定量分析
5	日本色彩研究所	色相、色调	普通人的日常色感	定量分析,借助SPSS统计软件

　　2.质感。对于质感的讨论源于认同"植物是一种有生命的材料"。与色彩相同,"质"是构成花卉形态的必要要素,是花卉表现出来的质地;质感(texture)是指花卉及叶片的轮廓及表面肌理给予人的视觉与触觉效果,通过实际

---

① 郑晓红:《色彩调和论研究》,博士学位论文,苏州大学,2013年,第11页。

接触或"视觉触摸"形成感觉经验,是与花卉材料生物学特征紧密联系的感性特征。对花卉质感影响的内外部因素催生出花卉的绝对质感与相对质感:绝对质感受时间性影响,设计重心在于多种花卉在不同季节的互补与共融,同时通过不同质感的花卉对比凸显形象的主题,活跃空间氛围;相对质感受空间性影响,设计重心在于根据花卉与旅游者观赏视线的适宜距离进行配置调整。①关于花卉质感的量化分类存在不同的看法,有根据花卉形态上的不同分为粗壮型、中粗型和细小型,②有根据花卉表面的凹凸程度分为粗糙感、纹理感和光滑感,也有从花卉体量上的差异区分为密集感和稀疏感;不同的花卉质感分类能够引发丰富的人类心理层面感知,这种感知从物象转向意象,从视觉判断转向情感经验,进而影响对环境空间的整体感知,如花卉的精致感程度与空间在认知直觉中的扩大拉伸尺度效果呈正比关系。所以说,质感的多样化选择应取决于空间环境的复杂程度,两者在设计时应尊崇对比和协调的原理,以构建和谐、统一、活跃的空间形象氛围,如复杂的空间环境匹配单纯的质感,单调的空间环境匹配多变的质感。③此外,人工的修剪与整形能够改变花卉本身的质感。总体来说,这些经由设计与配置的花卉形象聚合了花卉质感的多种信息最终呈现在旅游者脑海中,为花卉旅游目的地的形象感知贡献一部分力量。

3. 空间结构。花卉旅游活动的客体对象是花卉,因此不同于一般景观设计中将花卉作为"装饰性栽植"(ornamental planting)的材料,花卉旅游目的地的花卉设计更多是属于一种"结构性栽植"(structural planting)。空间结构是指生态学系统下的花卉种群、群落或景观中大小和形状不同的组成单元(斑

---

①　王晓琳:《关于景观设计中的植物质感的研究》,《吉林广播电视大学学报》2012 年第6 期。

②　田如男、朱敏:《植物质感与植物景观设计》,《南京林业大学学报(人文社会科学版)》2009 年第3 期。

③　郭菲菲:《园林景观空间的营造——以植物材料的视觉特性研究为例》,《河北林业科技》2011 年第5 期。

块)在空间上的排列,①所营造的空间感面向观赏者,是基地平面、垂直平面以及天花平面单独或共同围合成的具有实在的或暗示性的范围围合。② 空间营造的要素指标包括视角与空间感受(D/H 比值)、高度与立面层次、盖度与围合感、形状系数(空间边界实际长度与同面积圆周的比值)等。③ 与一般建筑空间不同的是,花卉景观的空间具有变化性和不确定性,因为花卉在不同的生长阶段呈现差异化的生物形态,且随着季节的变更而不同。一方面多样化的花卉空间排列方式(如孤植、列植、丛植、群植等)和空间尺度特征(比例、模距、韵律等)可以协助将目的地区分成不同的花卉旅游类型,如花海旅游、花园旅游、花街旅游;另一方面,可以根据空间边界的清晰度以及旅游者的视觉观赏效果区分为开敞空间、半开敞空间、纵深空间、郁闭空间等。花卉景观的空间结构在设计时受多种因素影响,如地形、气候等,针对空间单元的杂陈艺术造景方式包括远景、中景、近景以及对景、障景、夹景、漏景、借景等。除花卉要素本身形成的独立空间外,与其他景观设计要素搭配会形成组合式空间,如花卉与水体、铺装、建筑物、山石的结合等。花卉景观的空间结构在满足观赏者审美需求的同时也会带来空旷、压抑、舒畅、安定等与心理情感联结的空间氛围;从空间的不同效应来看,可以分为积极的—消极的、向心的—离心的以及静态的—动态的不同类型。④ 因此,空间结构是花卉景观物化形态的重要组成部分。

(二)花卉节事的仪式编排

承载着花卉旅游目的地客体形象的载体最终需要被花卉旅游者接触和使

---

① 刘振国、李镇清:《植物群落中物种小尺度空间结构研究》,《植物生态学报》2005 年第6 期。

② 李端杰:《植物空间构成与景观设计》,《规划师》2002 年第 5 期。

③ 李伟强、包志毅:《园林植物空间营造研究:以杭州西湖绿地为例》,《风景园林》2011 年第 5 期。

④ 徐恒醇:《设计符号学》,清华大学出版社 2008 年版,第 125 页。

用才能够实现其价值,如果说花卉景观与旅游者之间属于静态的观赏凝视的关系,旅游者获得的是一种"观看的权力",那么花卉节事与旅游者的关系则属于沉浸式的交流互动,旅游者获得的是一种"参与的权力";旅游者从景观体验过渡至文化体验,从而获得精神上的共鸣与满足感。节事(event)是应对休闲旅游市场中"季节性问题"的战略性选择,①巴赫金(Mikhail Bakhtin)在其"狂欢理论"(carnival theory)中指出:节事活动所拥有的"节日性"(festivity)包含了"节日精神""真实性""象征性""传统性"等重要因素,②形成了一种"文化表演"的仪式。节事是专业化策划的产物,是充满符码的再现空间,因其重复性的特征成为固定间隔期的一种传统和习惯,其作为一种仪式为旅游者们提供了一个可以延续的行为模式,以此不断地强化旅游目的地形象,又借助现代信息技术对外放大与传播。可以说,在节事发生的同时,花卉旅游目的地的形象也呈现出社会性的建构状态。

花卉节事的空间实践是在花卉景观空间的基础上经过人工改造和策划形成的临时性的节事空间,但并非是策划方单向创造的结果,而隶属于社会生产的一部分。毫无疑问,花卉节事以花文化属性为主导,主题内容落脚于花卉与人类的互动关系上,一方面是花卉作为自然界中的生态之物之于人类实用层面的意义与效用,如赏花、食花、饮花、用花;另一方面是以花卉为主题的衍生文化活动增进精神层面上的共鸣,如花卉画、花卉诗、花卉歌曲、花卉服饰等。与花卉景观以景为主不同的是,花卉节事以人为中心,通过舞台、设备、展演、道具等特殊的物质形式制造和运用与花卉相关的符号,从而生产与改造花卉旅游空间,为旅游者创造的是解除日常规则的束缚、展现自身自由形式的"狂欢式"空间氛围。因此,花卉节事在目的地形象建构中丰富了旅游者感知的信息获取渠道,不仅仅是对花景的视觉接触,而是集合调动听觉、味觉、触觉等

---

①　Ritchie J R B,Beliveau D,"Hallmark Events:An Evaluation of a Strategic Response to Sea-sonality in the Travel Market",*Journal of Travel Research*,Vol.13,No.2(1974),pp.14-20.

②　周春林:《盛大的景观:节事概念及其景观属性考察》,《河南社会科学》2016年第10期。

方式营造感官之间互相映射形成的"通感"(synaesthesia),再由其感觉刺激和记忆再生的相互交织指向脑海中的花卉旅游目的地形象。

花卉节事的仪式编排需要遵循一定的空间秩序感,这种秩序感嵌于旅游目的地客体形象中,能够被旅游者适应与感知。从花卉节事举办的实践活动归纳而言,基于节事场所空间的表现形态可以分为围合型、流动型和散点型;围合型花卉节事一般以核心的花卉景观作为基点,集中于一个稳定的、固定的小尺度范围之内;流动型花卉节事主要以节事活动的动线为线索,旅游者人群的空间位置沿着这一动线变化;而散点型花卉节事是以散点团块的形式错落地分布在花卉旅游目的地大尺度领域内不同的地理位置上,这类节事一般是以市镇范围作为旅游目的地(表4-3)。

表4-3 花卉节事的空间仪式编排

序号	编排类型	类型图示	空间感知	优势	劣势	代表性案例
1	围合型		封闭	—空间聚焦便于客体形象的整体呈现 —空间独立,便于主题性节事的举办	节事活动的新鲜度与变化性受限	—英国切尔西花展 —法国肖蒙花园节
2	流动型		线性	—明显的空间轴线提升参与黏性 —动态行进烘托的热烈氛围	—参与时间短暂 —复杂的交通管控	—美国帕萨迪纳市玫瑰花车大游行 —荷兰津德尔特花车游行
3	散点型		开敞	—活动形式多样化,移步异景 —覆盖的旅游者群体更广泛	个体旅游者无法同时参与多项活动,造成可感知的客体形象割裂、不全面	—比利时根特花展 —洛阳牡丹花会

(三)花卉商品的造物规律

商品的社会生命是被纳入人的社会关系之中的,在不同场合会发生意义的转换。从概念上来说,旅游商品(tourism commodity)不同于旅游产品(tourism product),专指旅游者在旅游目的地购买和消费的以物质形态存在的商品,又称为旅游纪念品(souvenirs)。"非惯常环境"与"商业目的"是赋予旅游商品设计具备文化价值与实用价值的理据前提,即探索旅游者为何愿意花钱去购买旅游商品背后的深层原因:旅游途中的购物仪式是通过特定的情境与产品达成旅游者与旅游目的地之间的心理互动,帮助目的地在游后阶段延续文化符号的影响力,地方符号镶嵌于旅游商品的物象之中,旅游目的地地方形象被赋予在实质可消费的旅游商品上,以此触发和联通旅游者对于地方、游历行程以及旅游情感活动的回忆,此时的"人—地"关系由"人—物"关系所延续,旅游目的地客体形象在这一消费过程中不断闪现以此强化其在旅游者记忆经验图式中的存在感、连续性与熟悉性。此外,旅游商品的作用之一在于馈赠与分享给亲友,此举有助于旅游目的地客体形象在潜在旅游者群体中的接触反应与扩散传播。

　　花卉旅游目的地与一般城市或乡村旅游目的地不同的是,其主题性十分显著与突出,花卉主题对应着花卉的物质性存在,是可观赏、可触摸、可嗅香、可品味的对象。因此从造物内容来分析,花卉旅游商品按照对花卉实体本身的利用涉入程度来说从强到弱分为三类:(1)花卉植物本身,如花卉盆栽、花卉种苗、花种花籽等;(2)以花卉作为原料制成的衍生产品,如可食用的云南玫瑰饼、河南盛唐牡丹饼,可饮用的各类花茶,可洁肤用的薰衣草手工皂,可护肤安神用的各类香薰精油等;(3)以旅游目的地的花卉相关意象作为题材的产品,如印刻花卉纹样的丝巾、服饰、茶具等。

　　而从造物方式考虑,花卉旅游商品可分为手工式、机器式和参与式。前两者由商品厂商独立生产制作完成,而后者融入旅游者的参与和劳力,是发生于旅游目的地的交互性旅游活动的一种副产品。手工式花卉旅游商品为作者原创设计与手工制作,不具有复制性的批量化特征,生产者与消费者的关系是一对一的,如山东菏泽巨野的农民画师创造的"工笔牡丹"绘画产品,占据全国市场80%的比重,成为牡丹之乡著名的民族特色旅游商品;机器式花卉旅游商品具有标准化的生产流程,融合机械技术,需符合行业质检要求,在商品的设计与制作方面采用统一化管理模式,能够应对大批量旅游者的采购需求;参与式花卉旅游商品因旅游者在肢体和精神上的共同参与制作,充分调动了其感官、情感和思维,这种追求体验和交换知识的旅游方式将旅游者带入环境之中,旅游者并非知识的被动接受者,而成为了积极的消费者,客体形象的呈现向"浸入"程度更深的展示模式过渡,商品凝结了旅游者自身特质而将"人—地"更加紧密地结合起来,如在旅游地花艺师指导下的插花作品(茉莉绣球等)。

第二节　花卉旅游目的地客体形象的设计逻辑研究

根据约翰·厄里(John Urry)关于"消费地方"(consuming place)的观点,旅游者消费的其实是符号意义所建构起来的特殊性。而权力的运作和地方特殊性的建构(即旅游地形象)有着密不可分的关系。正如企业是产品生产的源头,花卉旅游目的地的运营者是目的地客体形象的核心创造者,因此研究客体形象的建构不可避免地需要从供给方的角度去讨论设计运营者关于客体形象的"设计逻辑",即他们在设计过程中所遵循的若干既有差异又有共性的系统法则与方法逻辑。诚然,设计是为解决问题的一项创新性活动,关于"设计思维是否能够通过科学的方式归纳与呈现"一直存在着争议,这是因为设计问题的界定是模糊的,设计问题的本质是复杂的,似乎设计过程总容易存在着"不可言说"的部分。然而,正如建筑学家路易斯·康(Louis.I.Kahn)所认为的"各种'序'决定了设计的各种元",①设计是一种赋予秩序的行为。在设计

---

① 杜小辉、宋昆:《空间单元的杂陈艺术——一种建筑空间解构重组的设计逻辑》,《新建筑》2015年第3期。

师看似不规则的操作模式下,从现存的设计思想与最终的设计成果中去挖掘信息,通过"设计师式认知"理解设计师的思维方式及其设计知识的本质特征,仍可以发现一定的秩序性与规律性,从而滤出隐藏于现实背后的关于花卉旅游目的地客体形象更具审慎性的设计逻辑与共通特征。设计是设计师意识与直觉的结果,赋予其有意义的秩序。因此采用归纳法从设计者的访谈记录中提炼关键词,并逐渐构建和完善相应的设计思路,以期给予相应设计观念和方法的经验与启示。

一、设计逻辑的质性分析过程

(一)数据来源

本节研究以定性数据资料为主,案例的材料来自于期刊《风景园林》(出版物号:ISSN 1673—1530)2018 年第二期的专题《2019 北京世园会》,此专题共汇集了参与 2019 年北京世园会(全称"2019 中国北京世界园艺博览会")"创意展园"设计项目的 6 位国外知名景观设计师的访谈资料以及参展项目的文稿与图件,涵盖了各位设计师在花园设计方面的设计哲学、生态美学思想、对于行业的评价与期许以及他们此次世园会参展作品的理念思路(表4-4)。之所以做出这样的选择是因为:(1)6 位受访的景观设计师都是作为此次北京世园会展园的设计负责人;(2)受访者来自于美、欧、日等不同文化背景的地区与国家,都参与过跨地域、跨文化的花园设计项目,因此所提出的观点具有一定的国际适应性,而不会局限于单一的地区性视野;(3)受访者均是活跃在花园、公园及庭园设计领域内的顶尖设计师,主持参与的景观作品均获得过世界级的奖项,其丰富的职业历程与设计经验能够保障案例观点的代表性,符合研究案例的"典型(exemplary)"标准。

虽然说聚焦于单个展园的设计与如何打造一个花卉旅游目的地之间存在着尺度上的差异,然而设计者的思想理念与建构逻辑是共通的,可以依据以小见大的思路对访谈的内容抽丝剥茧。再者,世园会本身就是一个依托于花卉旅游节庆形式的旅游目的地,接待游客近千万人次。期刊主编王向荣在这期刊首语中指出:与世园会传统的"城市展园"形式不同,此次的"创意展园"具有很强的实验性,有利于让设计师更自由地表达对花园概念的思考,能够对花园的设计思想起到开拓和探索的积极引导作用。因此,这期专题契合本节的研究问题,即花卉旅游目的地运营者(设计者)在建构客体形象时考虑哪些关键性要素,从而探寻客体形象建构者的设计逻辑是怎样的。

表4-4　受访景观设计师的职业背景及 2019 北京世园会参展作品

序号	景观设计师	国籍	职业经历	2019 北京世园会参展作品
1	石原和幸(Ishihara Kazuyuki)	日本	由日本花道"池坊派"转向庭园设计,擅长植物应用,曾获英国切尔西花园展金奖 9 枚,石原和幸设计研究所所长	桃源乡(A Paradise on Earth)
2	乔治·哈格里夫斯(George Hargreaves)	美国	擅长棕地更新与生态公园设计,哈格里夫斯事务所创始人,事务所曾获得库伯休伊特国家设计奖及罗莎芭芭拉国际景观奖,曾在哈佛大学设计研究院任教 20 年	东西园(East and West)
3	斯蒂格·L.安德森(Stig L.Anderson)	丹麦	擅长对自然的利用,强调景观的三维立体动态美感,SLA 事务所创始合伙人,哥本哈根大学客座教授,曾获欧洲景观奖以及丹麦建筑师最高荣誉——C.F.汉森奖章	园(yuán)
4	克里斯蒂安·多布里克(Christian Dobrick)	荷兰	West 城市规划与景观设计事务所项目总监,曾获维罗妮卡·鲁吉绿色设计奖、FAD 奖	时光花园(Garden of Time)
5	詹姆斯·希契莫夫(James Hitchmough)	英国	擅长生态景观设计,可持续植物群落设计,英国谢菲尔德大学景观学院院长,曾获英国景观协会大奖	新丝绸之路(New Silk Roads)
6	汤姆·斯图尔特-史密斯(Tom Stuart-Smith)	英国	擅长不同尺度的花园设计,坚持融合自然主义和现代性的理念,Tom Stuart-Smith 景观设计事务所创始人	

（二）案例数据分析过程

在案例研究中,"分析性归纳(statistical generalization)"的方式可以通过定性的数据资料的概念化和范畴化来提炼问题结论,研究借助 MAXQDA 软件,将案例的访谈稿全文录入,采用自下而上的扎根理论范式的质性方法进行数据处理和分析。首先,整理和识别被访者在访谈稿中谈及关于花卉主题景观设计逻辑的陈述(accounts),通过开放式编码提炼出一系列主题性概念,每个概念必须满足在两个或两个以上案例中出现的标准;然后从这些概念中识别具有相似类属的条目进行提取和归纳,形成上一层级的类别或范畴;就总体流程而言是通过"开放式编码"(open coding)、"主轴式编码"(axial coding)和"选择式编码"(selective coding)这三个步骤完成的,编码的过程也是将陈述数据贴上标签的过程(图 4-3)。

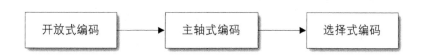

图 4-3　花卉旅游目的地客体形象设计逻辑的质性分析流程

1. 开放式编码

开放式编码是要求研究者持有开放的心态,摒弃研究者个人偏见与研究领域定见,按照原始资料本身呈现的状态打散、分解、比较并重新组合、赋予概念的操作式过程。为得到关于花卉主题景观设计逻辑的陈述数量,本书将案例素材的 6 篇景观设计师访谈稿中涉及个人设计逻辑的陈述与设计逻辑的定义进行比对,最终得到 80 条独立的陈述。将景观设计师姓与名的首字母缩写作为代码名称的前半部分,以陈述在访谈稿出现的先后进行数字排序,从而形成陈述的完整代码名称,例如将石原和幸先生(Ishihara Kazuyuki)访谈稿中的第二条陈述命名为"IK-02";之后将这些陈述汇总和比较,提取相同或类似的类型,最终形成 17 个概念范畴,为主轴式编码奠定基础(表 4-5)。

表4-5 原始案例数据的开放式编码示例

陈述代码	原始独立陈述示例	概念
JH-01	我的设计灵感来源于自然,以植物个体或组团在群落中重复出现为表现形式。	植被排布
TS-03	我们试图建造一个非常现代的公园,而与此同时我们试图通过运用复杂的植被,来分享如何人为使两者共存的方法。	
IK-01	为客户设计365天的景色这一想法,插花和造园是一致的。	季节感
JH-02	创造物种丰富、具有图案感与韵律,随着季节变换,能在很长的观赏季中呈现戏剧化变幻特征的植物景观。	
JH-10	我们用来获得最佳结果的杠杆常常是精心的植物选择和合理的植物群落的设计,尽量在设计中降低优势物种的使用密度来减少对相邻物种的抑制影响。	物种选择
IK-11	我很重视"地产地消",通过使用本土的植物连接庭园和森林。	
IK-14	我认为欧洲的设计是加法的设计,插花是做减法,探讨如何用最少的植物表现空间,利用远近产生明显的进深感。	空间感
CD-06	我们在园子的设计过程中,面临的挑战是怎么把它落实,把它设计成逐渐下沉的形式,可以给人形成向上仰望的空间体验。	
TS-01	展园是一个比较自我独立的世界,我们设计之初很重要的一点就是试图将它封闭起来。	
CD-11	有时候,绘画、诗歌、文学以及简单的民间故事会成为我们灵感的重要来源。	设计灵感
SA-05	我们希望重新把古典园林里面的美感或者说美学观点提炼出来到人类与自然新的互动关系里面。	
TS-04	首先聆听了解这个国家是如何看待大自然及管理土地的,我需要搞清楚当地在土地使用、植物种植上有什么传统,以及如果有的话,造园的传统。	
GH-07	我试着让地形和自然过程产生关联,让地形去强调本就存在的自然过程	材料利用
SA-06	我们希望用混凝土再利用的方式去展现在人类社会机械化意义的传达。	
SA-07	我们创造了风和雾以及味道这样一些关键词去象征中国古典绘画里的留白、意境和感知。	
IK-17	看到我的庭园,能让到现在为止对绿色没有兴趣的人也产生兴趣。	激发人对植物兴趣
JH-14	我研究的重心是建立极具视觉吸引力的多年生生态草本植物群落。	

陈述代码	原始独立陈述示例	概念
CD-03	我们觉得园艺的产生就是为了让人们接触自然、体会自然。	增进人与自然关系
SA-02	这个项目就是希望让人,尤其是城市里生活的人,更多能关注自然环境、自然生长和自然条件。	
TS-05	每个花园只表达一个想法,而不是在狭小的空间里去表达太多复杂的东西。	观念表达
SA-01	花园其实是作为设计师或者作为园主本身自己的内在感受的外化和空间的物质化。	
JH-06	我们有很多私家花园,这些花园作为城市二级绿地,为野生动物提供栖息环境。	保护生态环境
SA-03	松树具有保护生态、净化空气的作用。	
CD-02	园艺博览会包含双重任务,除了短期对园艺进行集中展示之外,还包括长期通过园艺来解决周边城市发展问题。	激活区域发展
TS-07	我希望北京的世园会能具可持续性,也希望创意展园能经得住时间的考验。	
JH-09	人们期望身边总会有一些有趣和刺激感官的事情发生。	新奇感
CD-07	在过去的 200 年中,整个园林艺术发展是东西方互相输出的过程,大家都想获取异国情调的园林体验。	
IK-10	创造笑容是我的作品中的一个重要主题。	愉悦感
GH-04	通过把场地变得容易被喜爱,人们会自发地去投入、去维护你的项目。	
CD-02	我们创造一个地方,它会是第二自然,人们可以回到这里,找寻自己的记忆,找到那一份参与感和归属感。	归属感
IK-12	我认为世界各地都有属于当地人民的独特的里山,我想创作出能够唤起人们思乡之情的作品。	
CD-08	我们认为中国不仅要国际化的园林经验,更应该回归本源,让参观者看到中国传统园林,得到参观者的认同感是非常积极的一面。	认同感
IK-05	工匠中需要建造建筑物和基础的木匠,石头之类材料的加工、贴面、善于使用水泥的灰瓦匠,进行树木修剪、种植的植木匠,还有进行电气、水景施工的电工。	专业分工
SA-09	未来的风景师应该学着跟更多不同的专业合作,比如我们公司有人类学家、生态学家、土壤学和城市方面的专家,我们所面临的未来,需要我们去学会合作。	

续表

陈述代码	原始独立陈述示例	概念
TS-08	我认为在英国,园艺和景观在外人看来是相当相似的,但对于业内人士来说是完全不同的,园艺师跟景观设计师双方之间不怎么交流,这是非常令人伤感的。	团队交流
TS-10	但很多从事小规模项目的景观设计师,他们用相当复杂的方式使用了大量的植物材料,但对这些材料知之甚少,我感到这是景观设计的悲哀。	知识习得

2. 主轴式编码

由开放式编码得出的概念相互之间较为独立,仅是对原始资料的粗略提炼,并未对概念之间的关系进入深入分析,因此质性分析过程的第二个步骤——主轴式编码通过指出趋向于集中的语境、环境、策略和结果,寻找开放式编码所得到的 17 个概念范畴的共性特征,总结概念之间互相联结的关键性线索,从而对具有内在联系的关键词进行进一步归类。例如开放式编码中的"激发人对植物兴趣""增进人与自然关系"以及"观念表达"等陈述都是以结果导向,表明了花园的存在之于使用者或设计者的积极利益,因而归纳为"使用者利益";据此分析思路,主轴式编码共形成 10 个独立的类属,分别为造型溯源、形构实施、视觉效果、使用者利益、生态保护、地区发展、情感的刺激、情感的共鸣、团队素养以及个体素养(表 4-6)。

3. 选择式编码

选择式编码是对研究对象最核心范畴的系统识别与抽取,提高了概念的抽象层次,是从对现象的描述转变为关系的构建的最后一步。如果说前两步的编码过程形成了设计逻辑框架的零件,选择式编码则是将相应零件组合为一套模组的过程。在对开放式编码以及主轴式编码进行系统分析之后,最终汇聚成花卉旅游目的地客体形象设计逻辑框架,包括四个关键性模块:形构模块、功能模块、情感模块以及人员模块。

表4-6　设计逻辑的编码过程

序号	开放式编码	主轴式编码	选择式编码
1	设计灵感	造型溯源	形构模块
	物种选择、植被排布、材料利用	形构实施	
	季节感、空间感	视觉效果	
2	激发人对植物兴趣、增进人与自然关系、观念表达	使用者利益	功能模块
	保护生态环境	生态保护	
	激活区域发展	地区发展	
3	新奇感、愉悦感	情感的刺激	情感模块
	归属感、认同感	情感的共鸣	
4	专业分工、团队交流	团队素养	人员模块
	知识习得	个体素养	

二、设计逻辑的质性分析结果

（一）设计逻辑的模块分析

根据设计者视角提取关键性的设计思路，找出存在内在关联的共性要素；从6位国际知名景观设计师的访谈对话中提取了80条独立陈述、17个概念、10个类属以及4个核心模块，完成了对资料的"深描"。经统计，在这6项访谈案例中，有67条独立陈述是对4个核心模块的个体化描述，不涉及模块间的关系表达；在此之中，关于形构模块的陈述27条，功能模块的陈述21条，情感模块的陈述9条，人员模块的陈述10条。以下通过对不同模块的编码依据进行分析，结合案例中的具体陈述，探讨花卉旅游目的地客体形象设计逻辑框架的核心结构。

1.形构模块

形构模块关注于花卉景观的物态设计范畴，强调设计对于花卉旅游目的地的物态生成全过程的渗透，旨在通过多样化的形式美学与构建原则塑造花园作品的形态与构成,涵盖花卉旅游空间中的选材、造型、布局、肌理等诸多外观性质的问题。从访谈资料的内容来看,景观设计师们在考虑花卉景观设计中涉及形构模块时主要提及花园造型设计的灵感溯源、造型处理时对植物及其他相关材料的选择、安排与利用以及意图营造的视觉效果,这三方面正对应了花卉景观在形构设计过程中"基础—实施—效果"的时序逻辑;从访谈提及的次数来看,景观设计师关于形构模块的陈述数量占所有陈述的比重最大(26.3%),且虽然不同设计师对花卉景观的形构设计问题具有不同的关注侧重点,但这6位设计师均表达了对于花园形构方面的个人观点,这说明了形构模块在设计逻辑框架中处于最为重要的位置,也相应拥有最高的权重。

2.功能模块

功能模块是除形构模块之外的另一个由6位景观设计师都提及的概念,其指向的是花卉景观存在的意义,体现在花园对他物所发挥的有利作用;受功能主义影响,花卉景观的功能成为一种独立的设计要素是源于景观设计师在完成此项工作的价值立足点。尽管不同设计师对花卉景观所拥有的功能维度有不同的观点表述,但他们都将其作为自己设计的目标和愿景;这一模块按照功能作用的对象分类体现在"人类—生态—地区"三个方面,分别是之于花卉景观使用者的作用、之于生态环境的作用以及之于地区发展的作用。在21条关于功能模块的陈述中,使用者利益有14条(占比66.67%),生态保护有3条(占比14.29%),地区发展有4条(占比19.05%)。由此可见,受访者们在构思花园客体形象时最为看重的功能实现是如何加深人类与花卉植物的联系,包括增进人类对植物的熟悉度与亲密度,如"我设计这个园子的目的是希望风景园林教育是可以被体验和感受的"(CD-10),"这个项目就是希望在这样的时代重新去看待人和自然的关系"(SA-04);以及人类借助花卉植物去表达身份与传递价值观,如"一部分展园是为特定赞助商设计的,这些展园成功地实现了他们借此传递公司价值观的想法"(TS-06)。

3.情感模块

可以说,空间对人而言并非是情感中立的,花卉旅游目的地不但是一种具体空间、数量空间和经济空间,也是一种抽象空间、质量空间与情感空间。有50%的受访者提到了情感要素在其花园作品中的体现。情感模块指的是旅游者在游览过程中与外界景观互动所形成的生理唤醒、主观感觉以及表达姿态的一系列动作,情感进而会影响旅游者对于景观或目的地旅游体验质量的响应表征与意动表征,是在花卉旅游目的地客体形象设计中能够体现与感知形象联系最紧密的一个模块,即从设计师的供给方角度观察在他们心中试图为旅游者带来怎样的高峰体验。这一模块与功能模块中"使用者利益"的最大区别在于:情感模块侧重于旅游者在旅游体验时产生的对景观现象的态度或情绪,呈现的是一种旅游者的心理与精神状态,不带任何利害;而"使用者利益"更多关注的是花卉景观给使用者所带来的认知与表达的功能满足,仅停留于物质层次。罗列访谈中关于情感模块的陈述,可以分为两个方面:一是情感的刺激(44.44%);二是情感的共鸣(55.56%)。前者侧重于外在力量对旅游者内心的刺激与冲击,尤其是旅游途中面临新鲜事物的求异心理,如渴求"异国情调的园林体验";后者旨在描述外在力量与旅游者内心力量形成的共振,表明设计师意图寻找和抓住旅游者心中已存在的意念,并将其植入自己的花园设计之中,以使得其作品传达的理念和价值与旅游者的心理趋于一致,并最终形成认同、融通的情感效果,即共鸣的产生,这类情感多存在于对"历史""旧景""故乡"等过往的事物的怀念,是通过设计对历史或记忆的"重写"(palimpsestos)。正如设计师克里斯蒂安·多布里克所说:"类似于饮食文化方面,我的祖母会用某种特定的方法制作食品,体现了当地匠人快要消失的手艺,我们发现这些也可以体现在景观设计方面"(CD-09)。

4.人员模块

花卉景观的设计从最初一个模糊的概念到最终成形并呈现在观众面前离不开设计师及背后团队所拥有的专业知识与执行力。6位受访者中有5位都谈到了设计实践中的人员管理问题。据统计,在人员模块的 10 条陈述中,80%的陈述是关于设计团队人员的专业化配置与合作:在"术业有专攻"的原则下重视团队素养的跨学科与多样化特征,向"扁平化"的多人协作模式发展,如采用灵活的"项目管理制"——"根据每次的项目内容把适合的工匠组成团队,项目不同因而人员配置不同,并指定一个项目负责人"(IK-08);另外,还有陈述是关于设计师本身对于复合性知识储备的要求,即个人素养问题,花园的景观设计并非是在单一的艺术专业门类范畴下的工作,设计师们在"用相当复杂的方式使用大量植物材料的同时却对这些材料知之甚少",这样的情况是令人难以接受的。

本书发现,不同景观设计师对形构模块、功能模块、情感模块以及人员模块的强调程度存在差异。

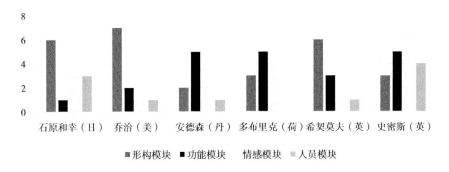

图 4-4　6 位受访者在设计逻辑框架下对不同模块的陈述数量统计

由图 4-4 可知,美国设计师乔治·哈格里夫斯最为强调形构模块,在本书中搜集的 11 条个体化陈述解释中有 7 条陈述是关于形构模块的(形构模块在 6 个案例中平均被提及率为 40.48%),这主要是因为乔治在他的景观设计理念中所提出的"三角形理论"(triangle theory)的核心要素之一就是地形(site),他是第一批将地形作为首要设计手段的设计师之一,并将地形作为他主要的设计语言,因此地形作为花园形构模块的重要零件之一,在他的访谈内容中被多次提及。来自丹麦的斯蒂格·L.安德森的花园设计哲学更多是考虑如何通过自己的作品去定义人类与自然的关系,他将现在这个时代称之为"人类世",关注城市中的人类对于自然环境的渴求,因此他对于"使用者利益"尤为强调,在 7 条陈述中有 5 条是关于功能模块的内容(功能模块在 6 个案例中平均被提及率为 34.95%);乔治则表达了对于功能模块在较大时间尺度上作用的质疑:"在项目中,我尽可能摆脱具体功能,但这对于公共项目很难,因为人们通常会关心游乐场在哪儿,而很难理解总体上的骨架;不过如果考虑的是 100 年的时间尺度的话,具体的功能就没那么重要了"(GH-14)。安德森和来自英国的汤姆·斯图尔特-史密斯的访谈陈述都没有提及情感模块,而来自荷兰的斯蒂安·多布里克提到了在全球化背景下未来的景观设计趋势是一种本土化、地域化的回归,他认为设计一个花园即创造一个"地方",让人们在这里找寻到与他们记忆相契合的元素,以获取归属感和参与感,他的 12 条陈述中有 4 条是关于情感模块的(情感模块在 6 个案例中平均被提及率为 12.43%)。对于人员模块来说,史密斯对现存的景观设计市场中的人员管理环节提出了诸多忧虑,从设计师个人对于花园设计复合知识的掌握程度的不足到跨学科群体间知识交流的匮乏现象都做了点评,在他的个体化陈述中有三分之一的主题是关于人员模块的(人员模块在 6 个案例中平均被提及率为 14.96%)。综上所述,对于设计逻辑框架不同模块的强调程度与景观设计师个人的设计哲学密切相关,是在个人观念和思考的基础上,融合了现实性之后产生的"式",设计思维影响设计问题的解决方案。

(二)设计逻辑的模块间关系分析

除了对设计逻辑框架下的模块进行个体化分析(67 条陈述)外,5 位景观设计师的访谈记录中有 13 条陈述描绘了形构模块、功能模块以及情感模块之间两两相关的关系,构成了设计逻辑框架的关键性模块(图 4-5);在谈及人员模块相关问题时主要以讨论保障设计方案的顺利执行与实施为主,成为设计逻辑框架下的支持性模块。

13 条陈述中有 8 条是关于形构模块与功能模块的关系,通过对花卉景观的形构设计以满足花园特定的功能,可以作为景观设计中形式主义(formalist)与功能主义(functionalist)的沟通联结。一部分设计师尊崇"形构追从功能"的原则:为满足生态环境的保护,詹姆斯·希契莫夫认为"为改变城市生物性不足的现状,最行之有效的方法之一就是构建更为复杂且丰富的种植结构"(JH-07);针对花园游览者的观赏质量和交往活动,石原和幸"希望创造从儿童到大人包括爷爷奶奶,不同年龄层能够乐在其中的庭园,因此在儿童和成人的视线高度范围内都进行了植物布景的创作"(IK-16),以此为适应不同群体的使用习惯而对花园布局进行调整。另有学者调整了形构模块与功能模块的优先次序,乔治将与形构模块相关的元素比喻为"骨架",他认为"水体、地形、排水、植物材料、场地的质感……对我来说它们真的很重要。我总是从自然景观出发,再考虑具体的功能如何排布"(GH-15)。

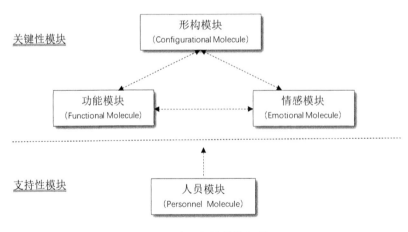

图 4-5　设计逻辑的模块间关系图

共有 4 条陈述描述了形构模块与情感模块之间的关系,情感模块涉及大众主义(populist)观点,考虑用户的喜好及其诠释,将时代背景下的社会文化思潮作为花园表达的源泉。如果说严格的"形式服从于功能"的方法在一定程度上压抑了设计师的创造性,那么将花园作为一个艺术作品,其形态结构则自然成为情感实现的媒介与手段,正如俄罗斯艺术理论家康定斯基所说的那样:情感总是在寻求表现手段,既寻求一种物质形式,一种能唤起感受的形式。具体说来,花卉景观中的物种和材料本身具有差异化的感官表现和象征意义,对其选择与利用会直接影响人们的情感,如"人们看到苔藓总会不由自主地感到温和放松,所以我想在能使用苔藓的时候尽量用,而且希望漂亮的苔藓能为大家带来笑容"(IK-06),"我们希望用混凝土再利用的方式去展现在人类社会机械化意义的传达"(SA-06);而从设计布局来说,多布里克在此次园博会的场地上设计了3座花园,并用一条路径将其联系起来,他"希望通过不同的设计手法,使这些树木、灌木和泥土能唤起人们感情上的共鸣"(CD-04)。另外,乔治提到了"记忆性"的作用,"当一个公园被铭记、被喜爱的时候,它将与人们产生关联,使用者可以从公园获益"(GH-03),由此可以窥见情感模块与功能模块之间所存在的联系。

第三节　花卉旅游目的地客体形象的创意演化研究

花卉旅游目的地呈现在旅游者面前时,其客体形象的核心载体之一——花卉景观效果的表现取决于目的地景观设计师的设计逻辑;而从客体形象的延展性和创新性来说,文化创意产业与花卉旅游产业的跨界融合旨在利用创意工具创造价值,为旅游目的地注入新的个性魅力,以消除旅游者的消费倦怠,在形成与同类型目的地差异化的客体形象表征的同时提升其竞争力与吸引力。在这一思路下,花卉旅游商品无疑成为花卉旅游目的地客体形象创意演化的典型抓手,正如著名的文化遗产旅游目的地——故宫博物院凭借"故宫淘宝"系列旅游商品引发追捧热潮,成为中国传统文化一次成功的"创意转向"(creativity turn)。本节内容以2014首届全国花卉旅游商品创意设计大赛为例,从参赛作品着手分析花卉旅游商品设计师们在协助生成花卉旅游目的地客体形象过程中采用的创意演化路径与倾向。

一、案例选择与背景概述

为贯彻落实《国务院关于推进文化创意和设计服务与相关产业融合发展的若干意见》的指示精神,促进中国花卉文化旅游产业持续健康快速地发展,由中国花卉协会花文化分会主办的"2014 首届全国花卉旅游商品创意设计大赛"于 2014 年 5 月正式启动,大赛以"好一朵美丽的茉莉花"为主题,在全国范围内征集以中国传统名花为主题的旅游商品创意设计。经评审委员会依照评选标准,初评筛选出符合标准的 66 件设计作品(详见附录 3),经复评选取特等奖 1 名,一等奖 5 名,二等奖 10 名,三等奖 20 名。大赛颁奖仪式于 2014 年 8 月在中国(横县)茉莉花文化节开幕式上举行。广西横县作为中国的"茉莉之乡",茉莉花产量占全国市场的 80%,占全球总量的 60%;自 2011 年其连续举办中国茉莉花文化节,打造以茉莉花产业为主题的"茉莉之旅",2017 年接待旅游者 30 多万人次,全县观光农业收入达 4.5 亿元。

作品是让社会了解设计师设计思维最直观的载体。从花卉旅游商品创意设计大赛收集并筛选出的 66 件作品中,作品主题的分布见表 4-7。鉴于大赛主题"好一朵美丽的茉莉花"以及"特等奖仅奖励以茉莉花为创作主题的作品"的规定,因此以茉莉花为主题的作品占比最大,共有 44 件。考虑到横县作为"茉莉之乡"的旅游目的地形象,本书将案例对象的范畴缩减聚焦于这 44 件茉莉花主题设计作品,从作品的设计图稿和文稿说明中挖掘关于花卉旅游商品色彩、造型、内涵等方面的信息进行分析。

表 4-7 花卉旅游商品创意设计大赛复评作品主题分布

主题	茉莉花	牡丹	海芋	樱花	荷花	郁金香	琼花	梅花	其他花卉
数量	44	1	2	1	6	2	1	1	8
比例	66.7%	1.5%	3%	1.5%	9.1%	3%	1.5%	1.5%	12.1%

二、客体形象的符号提取与转译

作为目的地客体形象载体的花卉旅游商品,其设计实质是对花卉旅游目的地花卉元素及其衍生的花文化元素进行提取和分析,通过知识整合进行适应于现代功能需求的产品重构和再造。因此,汇聚着能指与所指功能的符号(sign)成为客体形象建构中旅游商品设计的关键性要素;设计(design)是一种符号赋予的活动(de-sign),①从原型到产品的过程即符号的演化过程,并将产品的物理空间转化为语义空间,在这一区间符号与指涉对象的关联受复杂的社会背景、文化范式以及设计师个人素养等要素的影响。设计符号学(design semeiology)的语义向度指向的是"形态性",研究人造物的形态在使用情境下的语言意义,囊括了花卉旅游商品设计的外显性因子与内隐性因子,可以成为花卉旅游目的地客体形象创意演化的分析工具。茉莉花作为横县最具有代表性、识别度最高的文化要素,从茉莉花中提取相应的符号要素应用于旅游商品的创意设计至关重要。

从语义学出发,产品可以通过其形状、颜色、质感、空间结构和位置来传达一定的信息。语义学维度是针对造型词汇与其指涉的对象之间的关系提出的,在技术对象形式的主体可变的自由度基础上展开,包含了使用者获得的直接的内容外在表征以及潜在的隐性语义。外在表征是反映了茉莉花元素的能指,包含形态、造型、色彩、材质等知觉性要素;隐性语义反映的则是茉莉花元素的所指,包含花卉所隐含的审美特质、象征意义与文化信息等。此处以色彩、造型这两大外延要素以及内涵要素为例,探究语义符号在花卉旅游目的地客体形象建构中所起的作用(表4-8)。设计师在信源符号上利用"行为经验"和"理解"的逻辑关系,通过作品的物理属性表达确定的、显的、常识性的含义;在意源符号上利用个人层次的"物品联想"、社会层次的"身份认同"

---

① 胡飞、尹定邦、柳冠中:《工业设计符号基础》,高等教育出版社2007年版,第21页。

以及人类层次的"文化精神"凸显更加抽象和丰富的内涵意义。① 从旅游者对客体形象的获取方式来看,前者采纳形象类似性原则,通过视觉观察可以获取;后者采纳逻辑类似性原则,通过记忆联想可以获取。从案例作品梳理结果来看,花卉旅游商品大赛的参赛作品涵盖了第一层次的外延意义与第二层次的内涵意义,但尚未形成稳定的意识形态(ideology)层级的风格与意义。

表4-8 花卉旅游目的地客体形象语义符号的创意演化

序号	语义符号维度	原型内容	演化形式	转译途径
1	信源符号 (外延要素)	花卉色彩、纹样、造型等	物—物	同构化、异形化、几何化、晶格化
2	意源符号 (内涵要素)	花卉的花语意义及花卉旅游目的地的地格、文化、社群观念	观念、思想—物	隐喻、指代

(一)信源符号的提取与转译

1. 色彩的提取与调和

人的视觉器官在观察物体时,最初的20秒内色彩感觉占80%,而形体感觉占20%;两分钟后色彩占60%,形体占40%。对于以单一类型、单一花色花卉为主题的花卉旅游目的地,色彩在其目的地客体形象建构中的作用尤为明显,因为传达的色彩符号更加纯粹和集中,其作为一种性质符号(qualisign),集中于产品的色彩媒介特征,旅游者通过物理、生理、心理三个阶段的色彩感知,在观察和凝视花卉旅游商品的色彩时能够与花卉旅游目的地的色彩形象形成记忆上的印刻与加深,而色彩作为一种积淀了社会内容的视觉符号,②本身因人类与现实世界的长期相互作用逐渐形成的标志符号与象征符号的联想会反向作用于花卉旅游目的地客体形象的建构(表4-9)。

---

① 胡飞、尹定邦、柳冠中:《工业设计符号基础》,高等教育出版社2007年版,第104—109页。
② 海军:《视觉的诗学》,重庆大学出版社2007年版,第61页。

表 4-9　花卉旅游目的地客体形象的色彩提取示例

序号	主题花卉	旅游目的地图示	主色彩提取	代表性色彩意义
1	樱花		粉色	含蓄、幸福、甜美、轻柔
2	薰衣草		紫色	奢华、高贵、神秘、浪漫
3	油菜花		黄色	朝气、希望、成熟、收获
4	杜鹃花		红色	热烈、喜庆、革命、紧张

　　就本案例的色彩提取来说,茉莉花花瓣为白色,花叶为绿色,花蕊为黄色。在 44 件作品中,有 36 件作品出现白色配色,占比达到八成之多,侧面反映出大部分参赛设计师在考虑花卉旅游商品设计的色彩选取时参考了茉莉花原型的花瓣配色。根据弗兰克·H.曼克的"色彩体验金字塔"模型,除"对色彩刺激的生理反应"与"集体无意识"外,"有意的象征关系"成为色彩体验普遍性排名第三的层级,即色彩被用于指代非色彩的观念;①白色在色彩意义中有纯洁、朴素、简洁的象征内涵,通过视觉观察到的白色可以在人们的心中唤起它所代表的某种图景。在 36 项白色配色参赛作品的文稿说明中,有

---

①　[美]Linda Holtzschue:《解读色彩——写给设计师的色彩书》,高杨译,电子工业出版社 2013 年版,第 123—128 页。

三分之一(12项)特别提及了茉莉花的白色特征给作品增添的意向性情感，通过色彩的直接应用体现茉莉花与茉莉花旅游商品所呈现出的形象共性，例如：

24号作品："原型茉莉花的白,这种颜色的微妙情感,传递独立存在于自然的东西,是一种对静与空的原始传达。"

27号作品："整体为白色色调,营造一种清新、儒雅的形象。"

46号作品："白色瓷质反光的特征表现整体作品的内部简洁结构,茉莉花淳朴的精神。"

51号作品："产品以白色为主,银色为辅,突出了茉莉花洁白纯净的特征,给人一种安静、祥和的感受。"

细化从作品的多色搭配数量统计来说,单纯的白色作品有4件(占44项茉莉花作品的9.09%,下同),白色与黄色搭配的作品有5件(11.36%),白色与绿色搭配的作品有18件(40.09%),白色、绿色与黄色搭配的作品有4件(9.09%),另有采纳其他颜色搭配的作品13件(29.55%),其中因材质(如透明玻璃材质、银饰、紫檀木等)采纳原色的作品有8项,占据这13件茉莉花非相关色作品的61.54%。

表4-10　花卉旅游商品创意设计大赛作品的茉莉花色彩元素提取

序号	1	2	3	4
茉莉花局部	花瓣	花瓣+花蕊	花瓣+花叶	花瓣+花蕊+花叶
颜色提取	白	白+黄	白+绿	白+黄+绿
作品数量(件)	4	5	18	4
作品数量占比(总数44件)	9.09%	11.36%	40.09%	9.09%

从表4-10可知,花卉旅游商品的设计师们更加偏重"白+绿"的配色选择,即花瓣与花叶的色彩提取。从色彩搭配来说,白色适合与各种色相搭配,白色和绿色在中国传统色彩象征主义中属二元性中的一对,合并到一起使用

的时候"自然"的观念被进一步强化,这一设计选择可能是受目的地视觉整体形象影响的缘故。从横县著名的茉莉景区"国际茉莉园"入口视角观察茉莉花景观,植株高度约 0.9 米,大概到达成年人胸口位置,黄色花蕊大多被白色花瓣包裹其中,大片绿色叶子映衬在花朵周边,因此从这一旅游目的地的大场景中能够观察到的主要色调即为白色与绿色。设计师通过对目的地现场的感知形象或依赖不同渠道获取的媒介形象为灵感,用茉莉花植物本色的视觉性规束了花卉旅游商品的形象设计,通过这样的色彩配置刺激旅游者在游后对所存储的目的地记忆色的心理回应。

从白绿配比调和的情况来说,18 件"白+绿"作品中,白色占比大于绿色的作品有 6 件,两者均衡占比的作品有 5 件,绿色占比大于白色的作品有 7 件,虽然从茉莉花景观颜色配比的现实情况来说是绿色叶片体积远大于白色花瓣,但花卉旅游商品设计师尊崇"花为主,叶为辅"的思想,有 11 件作品(61.1%)采用了白色大于或等于绿色分布占比的方式,意图在作品中强调和传递茉莉花花瓣洁净、淳朴的颜色信息。

2. 造型的提取与转译

"从熟悉的抽象造型符号获取意义"被德国的雷曼教授(Klaus Lehmann)归纳为五种产品意义来源之一。造型能够确立花卉旅游商品形象的空间存在与状态,是一种视觉性的显性特征,能够在一定程度上协助塑造花卉旅游目的地客体形象。根据德国哲学家马克斯·本泽(Max Bense)在符号发生学理论中提出的对符号的两种分类类型:其一是能满足自身功能目的性为主的"本体符号",其二是借用其他事物形式进行模仿的"对应符号"。[①] 在 44 件研究对象中,除有一项作品(编号 47 号)以茉莉香薰作为主题在产品外观上未涉及茉莉花外,其他所有作品的造型元素中均含有茉莉花造型,其中有 20 件(45.45%)是模仿茉莉花花形为造型主体,相应的茉莉花元素成为"对应符

① 徐恒醇:《设计符号学》,清华大学出版社 2008 年版,第 99—100 页。

号",有23件(52.27%)作品仅借用茉莉花元素作为装饰,将茉莉花纹理及图形元素依附、内嵌或局部应用于商品表面,商品本身造型以符合其实用功能为主,采纳多样化的造型主体,因此这类产品语言属于"本体符号"。

图4-6　茉莉花的造型解析过程

根据茉莉花形态提取造型设计元素,通过计算机图形处理软件Photoshop和AI将茉莉花进行矢量化处理,提取图像的线条与轮廓,并通过形式化分析方法将茉莉花造型解析为花瓣、花蕊、花叶等多个子元素的组合(图4-6);借助图像式再现与类比(Iconic Representation and Analogies)的应用,建立不同子元素的排序原则,形成模仿与衍生造型的一套设计方法论,这一方式可以从文稿说明中略窥一二,例如:

12号作品:"水果餐盘以茉莉花作为设计要素,由三部分构成,多瓣茉莉花作为水果盘,花蕾作为水果叉的容器,花蕊设计成水果叉。"

23号作品:"利用绽放时的茉莉花瓣作为设计出发点,取一瓣茉莉花瓣为设计原型——好一朵美丽的茉莉花,好一瓣美丽的优盘,使用时,打开'花瓣',优盘便像花苞一样绽放。"

51号作品:"产品以茉莉花的外形作为主要设计元素,将花朵的造型进行了简洁化处理,以更加整合的形式表现花朵的造型,头部歪斜,更加生动地还原了茉莉本身的姿态。"

66号作品:"用含苞待放的茉莉花作为基本形状,茶托盘用茉莉花叶子为基本造型进行塑造。"

从涉及茉莉花元素的43件案例作品中关于造型元素提取统计来说(表

4-11),在20件以茉莉花作为外形的作品中有7件采用了完整的茉莉花花朵造型,有6件采用了在功能上可拆分使用的花瓣组合造型,因此花朵与花瓣组合是花卉旅游商品造型沿用的主体,占比达到了65%;在23件以茉莉花作为纹案的作品中,有超过五成(13件)的作品采用了"花瓣+花叶"的图案,与上文色彩配比的结论一致,其次是有9件(39.13%)作品采用了完整的茉莉花花朵纹案。由此可以看出,在造型的提取方面,整合性是设计师考虑的首要因素,设计师意图通过完整的茉莉花造型传递其作品与茉莉花主题的联结,从而使得购买者能够借由茉莉花意象来自我定义和延伸花卉旅游商品本身除实用功能之外的价值象征,此处的茉莉花造型成为一种语义符号,将人们在社会历史文化发展过程中对茉莉花所形成的团体共识与经验形式化后以符号的方式镶嵌于具体商品之上,利用心理的约定,通过物的外形传递和强化茉莉花旅游目的地所代表的精神意义。例如19号作品"叶瓣加湿器"的外延意指(denotation)是可以增加空气湿度,而对于购买它的花卉旅游者来说其内涵意指(connotation)在于"水蒸气从叶片花托中散发,仿佛置身于幽静的田园之中",这里的田园氛围即作品所要传达出的目的地文化。

表4-11　花卉旅游商品创意设计大赛作品的茉莉花造型元素提取

序号	茉莉花局部	对应符号(20件)		本体符号(23件)	
		作品数量	作品数量占比	作品数量	作品数量占比
1	花瓣组合(不可分离)	7	35.00%	9	39.13%
2	花瓣组合(可分离)	6	30.00%	—	—
3	单片花瓣	2	10.00%	1	4.35%
4	花瓣+花叶	3	15.00%	13	56.52%
5	花瓣+花蕊	2	10.00%	—	—

在对外形与纹案符号进行"原型"提取之后,设计师们采用了同构化、异形化、几何化、晶格化等转译处理方式对花卉旅游目的地的形象语义进行编码与表达(表4-12)。晶格化实际属于几何化的一个分支,由于其特殊的图案加

工方式单独列明;根据不同处理方式的定义,与茉莉花"原型"的造型相关度从强到弱分别是同构化>几何化>晶格化>异形化;同构化借用符号描摹对象图似(likeness)存在的事实,是对茉莉花元素记忆形象的再现;几何化是将写实的茉莉花意象按照比例、平行等几何构成关系进行形式上的演化,从而达到当代文化背景所接受的审美标准;异形化多受限于商品本身形态的自由度。统计结果显示:在43件涉及茉莉花元素的作品中,将茉莉花形象进行抽象提炼的"几何化"方式占比最高,达到近四成(17件作品),随后是直接引用的"同构化"方式,占比超过三成(14件作品),还有10件作品在茉莉花元素方面的发散尺度较大,以茉莉花的局部细节或整体轮廓作为设计灵感,运用夸张的表现手法,最终形成与茉莉花"原型"造型差异较大的花卉旅游商品。由此可以看出,介于"同构"与"异形"之间的抽象化处理方式更受商品设计师的青睐,与花卉旅游目的地相关联的形象和花卉旅游商品本身巧妙融合,既能够让旅游者直观地从旅游商品中观察到茉莉花意象,又能够采纳艺术化设计方法完善和提升商品的形式美感,是在适宜的程度上反映设计师自我投入和个性化表达的一种审美编码。

表4-12　花卉旅游商品创意设计大赛作品的茉莉花造型元素转译

序号	转译方式	转译说明	作品数量	作品数量占比
1	同构化	指在花卉旅游商品外形与纹案上直接沿用茉莉花植物的类似外形结构,以结构形式上的复制与再现达成语义的相似与相通	14	32.56%
2	异形化	转变形式的一种抽象表达方式,在原型基础上改变加工,从而演化成为与原型相异的形象	10	23.26%
3	几何化	是对外形与纹案的一种简化处理,将复杂的外形化简提炼为洗练的几何形状,留给受众更多的联想空间	17	39.53%
4	晶格化	指纹案的多边形化、像素色块化,产生类似结晶的视觉效果	2	4.65%

(二)意源符号的提取与转译

广西横县作为花卉旅游目的地,其代表花卉茉莉花以及本身具备的区域特征涵盖了丰富的地域文化内涵,从旅游目的地的"场所精神"中找寻线索并作为设计灵感注入花卉旅游商品之中,能够使得客体形象在目的地与旅游商品之间达成高度的契合与统一。笔者在梳理44件案例作品后,发现有18件作品(占比40.91%)涉及从旅游目的地内涵形象中提取创意演化的元素进行设计,这些抽象的理念通过旅游商品形态作为物质承载主体来进行表达,从而达成一种"非语言沟通",主要包括"女性形象""自然形象"以及"民族形象"(表4-13)。

表4-13　花卉旅游商品创意设计大赛作品的意源符号提取统计

序号	意源符号	作品数量	作品数量占比(总数18件)
1	女性形象	8	44.44%
2	自然形象	6	33.33%
3	民族形象	4	22.22%

1. 女性形象

在中国的传统审美心态中,花卉与人类存在一种奇妙的对应。在以花喻人的文化联想中,花卉往往与女性形象联结起来,花卉与女性本没有形式上的相似性,但作为本体和喻体来说在"美"这一所指方面产生了相似性的关联,如形容女子美貌时用到"闭月羞花""花容月貌""如花似玉",形容女子性格高雅时用到"蕙心兰质"等,出现了所指相似性的隐喻。这其实源于意源符号的约定性特征,即"一个社会所接受的任何表达手段,原则是以集体习惯或以约定俗成为基础的",①这依赖于长期的社会文化编码规则和历时性维度的解读方式。因此将花卉旅游目的地形象以一种拟人的方式赋予符号性的人格,调动旅游者知识库中关于花卉与女性共通性的认知,是旅游目的地花文化内涵进行形象创意演化的一种方式。

---

① [瑞士]费尔迪南·德·索绪尔:《普通语言学教程》,高名凯译,商务印书馆1980年版,第103页。

清代王士禄有《咏茉莉》:"冰雪为容玉作脂,柔情合傍琐窗隈。香从清梦回时觉,花向美人头上开",就是将茉莉喻为睡梦中的妙龄少女。在本案例中的8件体现"女性形象"的作品中,有一半(4件作品)是在花卉旅游商品的外形构造上直接提出了"茉莉仙子"(8号作品)、"茉莉少女"(45号作品)、"茉莉娃娃"(47号作品)以及"茉莉姑娘"(54号作品)的女性人偶形象,茉莉花花语有"清纯、贞洁、质朴"等含义,正对应着女性类似的形象特征与性别认同秩序,例如45号作品的文稿说明这样描述道:"茉莉花不仅与轻盈、素雅的少女形象相似,小小的白色小花给人一种神秘的感觉,茉莉花叶子是嫩绿的、水灵灵的感觉,本作品以神秘少女坐于茉莉花丛中,与茉莉花依偎在一起,茉莉花伸出枝蔓,环绕着少女,体现了人花合一的设计理念"。

人类学家弗里德曼(Freidman)曾说:在世界系统范围内的消费总是对认同的消费。① 物的存在不仅仅传达着功能信息,同时也表达物的拥有者所在的社会地位以及群体归属。旅游者的社会认同不仅局限于旅游者个人与他人之间的认同,也包括了旅游者对于旅游空间环境及其空间所属物的认同。从44件参赛作品的用途来看,专门供给女性旅游者消费的作品就有9件,包括首饰盒、项链、手镯、胸针、丝巾等。由此可以看出,目的地客体形象的供给者通过植入面向女性的功能产品与服务,以此迎合女性旅游者的凝视偏好,唤起其活动意向,从而在建构横县"茉莉之乡"形象时强化"女性的东方美"这一空间意涵,例如:

48号作品:"茉莉花是东方美的代表,在中国传统文化中,女性的美注重含蓄、内在的贤惠;茉莉花的美与东方女性的特性有着很高的一致性。"

57号作品:"每朵花都有不同的姿态,每件首饰都有不同的个性,每个女人都有不同的故事,用茉莉花的形态作为首饰盒的外形暗

---

① 王宁:《消费社会学:一个分析的视角》,社会科学文献出版社2001年版,第53页。

示了女人与茉莉花相似的'际遇'。"

综上所述,凝结了女性形象的花卉旅游商品作为客体形象的载体产生了两个层次的符号系统(图4-7)。第一层次作为"物的符号",茉莉花纹案与花卉旅游商品的现实功能所对应的形式与意义构成了设计符号,整体打包成为第二层次的形式,而这一形式与第二层次的意义联结从而形成"文化的符号"。正如心理学家皮亚杰(Jean Piaget)指出:一个内容永远是下一级内容的形式,而一个形式永远是比它更高一级形式的内容。

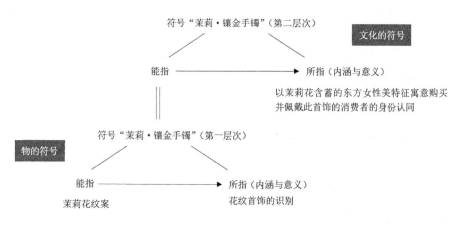

图4-7　花卉旅游商品《茉莉·镶金手镯》的双层次符号系统

2. 自然形象

除了营造含蓄、质朴的女性美形象之外,有6件案例作品通过色彩、材质、纹案等方式凸显了花卉旅游目的地——横县"返璞归真、自然田园"的意象特征(表4-14)。横县以种植生产茉莉花和加工茉莉花茶为主,茉莉花连片种植区域面积达10万多亩,从事茉莉花种植的花农有33万人。大面积的群植茉莉花海景观不仅为旅游者带来视觉上的震撼效果,花农们播种、灌溉、采摘、收获的劳作景象同时也彰显出人与自然和谐共生的区域人文内涵,因此,花卉旅游商品设计者们将自然元素提取并赋予在作品之上,作品成为"自然""原始""起源"等文化理想的符号象征。旅游者购买的不仅是一件旅游商品,而是能够唤起其茉莉花田"自然之美"的旅游经历回忆的符号价值。

表4-14 花卉旅游目的地意源符号"自然形象"的转译信道

序号	参赛作品	色彩	外形	纹案	材质
1	2号作品	√			
2	16号作品	√		√	
3	19号作品	√	√		
4	24号作品	√			√
5	27号作品	√	√		
6	59号作品	√	√		√

举例来说,2号作品《空》的配色原则是"白与绿取自于自然,回归于自然,使得使用者感受到自然的气息"。16号作品《好一朵茉莉花——服饰》"以茉莉花的生长状态为灵感,从树根到树叶到花朵的层层递进关系以印花的方式演变到服饰上,从上衣到鞋子,都透露出自然生态之美,绿色环保之意"。24号作品《白·纸艺》借助色彩与材质的修辞特征,将纸的初色"白"与茉莉花的"白"进行类比,从而"表达生命与信息的原始形式,唤醒观者的触觉与感知,传递自然理念"。27号作品《花·时间》取形于"晨间被露水沾湿的花瓣",利用"仿生设计"的思想从自然界中的细节现实景观中获取灵感,属于一种能指相似性的隐喻。

3.民族形象

横县位于广西壮族自治区,壮族居民占全县近四成人口,因此在传递形象信息时,横县地区少数民族团结与好客的意源符号被设计师们所认知和撷取,通过技术、外形、纹案等方式,借助花卉旅游商品的物理属性和能够反映民族文化特征的符号来表现民族形象的文化意义向产品转移的过程(表4-15)。这些作品利用旅游者对少数民族神秘的传统文化的向往心理,丰富了横县作为"茉莉之乡"形象的立体性,强调了横县与其他花卉旅游目的地客体形象差异化的特点。

表4-15　花卉旅游目的地意源符号"民族形象"的转译信道

序号	参赛作品	技术	外形	纹案
1	2号作品	√		
2	3号作品		√	
3	39号作品		√	√
4	41号作品			√

2号作品:"采用整体成型的方法,融合成一体,象征广西十二个民族团结一致。"

3号作品:"五瓣交错的茉莉花造型寓意着横县人民全心全意向世界人民展示最美丽的茉莉花城。"

39号作品:"绣球是广西壮家人的定情物和吉祥物,茉莉绣球魔方采用壮族传统纹饰,意图将具有广西特色的绣球,抛向世界每个角落,传递民族文化。"

41号作品:"丝巾纹案提取茉莉花外形,每片小花瓣运用了极具广西代表性的民族图案,中心由五片小的花瓣组成一朵茉莉花,以中间的茉莉花为中心向外扩大,背景是一个圆形,中心的茉莉代表着广西横县,其他花瓣代表世界各地,圆形的背景代表着世界,寓意茉莉丝巾承载着横县的茉莉文化飘向世界各地。"

第四节　本章小结

本章研究对象是花卉旅游目的地形象"链式结构"模型的第一个组构元素——客体形象,描述的是"弹珠碰撞"模型的第一个步骤:客体形象的营造,是花卉旅游目的地形象建构的起点。研究立足于花卉旅游目的地设计运营者视角,首先从整体性的建构战略出发,归纳出"传统资源的活化""对自然的再创造""异质形象的移植"这三条建构路径,剖析花卉景观、花卉节事、花卉商品作为三轨并行的建构载体;进而通过对 6 位知名景观设计师关于北京园艺博览会展园设计的访谈资料陈述语句进行内容分析,提炼出由形构模块、功能模块、情感模块、人员模块组成的设计逻辑;再以花卉旅游商品设计大赛的作品为案例,按照信源符号和意源符号两条线索从参赛作品的设计图稿和文稿说明中挖掘设计师建构创意化目的地形象的意图和思想。

第五章　花卉旅游目的地的
媒介形象呈现

　　《人类简史》的作者尤瓦尔·赫拉利(Yuval Noah Harari)曾提出人类区别于其他物种达成"智人化"的原因在于依赖集体想象所构建的秩序;而著名的美国传播学学者沃尔特·李普曼(Walter Lippman)在其关于"舆论学"的论述中就提出了人类生活环境的三个层面:①不以人的主观意志为转移、难以近观的外部世界;②大众传媒通过审查、保密、选择、抽象化等加工方式所营造的一个如舞台幕布般的拟态环境;③依赖于对外部世界的认知与拟态环境的判断在人们内心所形成的一个主观世界;其中,拟态环境就是李普曼从生物学概念"拟态(mimicry)"借鉴而来形容媒介所建构的世界;如果说在场环境是个人亲身体验过的直接环境,那么拟态环境就是个体通过媒介认识到的间接环境。在旅游活动中,除了在场环境下旅游者通过与花卉旅游目的地的直接互动接触和感知其客体形象外,随着媒介技术的演进,人类和自然的直接交往的关系由经验化的直接接触逐渐向中介化关系转化;在拟态环境中遍布的是由人类自己创造的符号,旅游者在出行之前囿于不能亲身体验花卉旅游目的地而难以决策时,就会借助媒介渠道的供给去认知与理解目的地;因此,在赛博空间(cyberspace)诞生之后,花卉旅游目的地空间的可视化不仅仅是直接的、在场的可视化,而且也可成为间接的、不在场的可视化,即表征或再现(representation)。

在第三章关于旅游目的地形象的建构模型中,媒介形象(media image)就是存续于"拟态环境"里、基于花卉旅游目的地客体形象之上的第二个组构元素,也有学者称之为"虚拟形象"(virtual image),其呈现的受众和对象更多是指线上用户(web users)。由于媒介形象的建构者持有包括知识传播、政治宣传、吸引公众、身份炫耀等多种目的,因此会鼓励旅游者或受众按照某种特定途径或遵循某种特点的意识形态框架去理解建构者本身创造出的一种叙事;所以说,他们所呈现出的形象不可避免存在着一定程度的虚妄,并与现实之间出现偏差和鸿沟;虽然说伴随着摄影及摄像技术的成熟及普遍应用,图片和影像有助于对现实世界进行"祛魅",但在科学技术的人工环境影响下诞生的媒介形象仍会存在着某些倾向性向导。然而,公共领域受媒体精英支配与管控的时代早已受到了"用户生产内容"(User-generated Content,简称 UGC)的挑战,旅游者不再是媒体表演的旁观者,其积极的网络介入将在旅游生产经营者对花卉旅游目的地理想化、浪漫化和神秘化形象营造的同时发出独特而有力的声音。

本章按照花卉旅游目的地媒介形象的"建构主体"与"表征形态"这两条线索进行研究,首先解析花卉旅游目的地媒介形象建构的利益相关体之间所涉及的权力关系及表征倾向;然后通过案例比较的研究方法,根据表征方式的不同(文本、图像、影像)分类别讨论不同建构主体在媒介形象建构时所产生的异同效果及其背后的原因。

第一节　基于建构主体的花卉旅游目的地媒介形象研究

媒介在目的地要素的信息传播、形象展示、历史记录以及唤起集体记忆方面发挥着重要作用。① 媒介形象是不同传播媒介在广泛的政治制度、经济发

---

① 廖卫民:《媒介地理论:多伦多城市媒介的地理印记与文化认同》,《杭州师范学院学报(社会科学版)》2008 年第 5 期。

展和文化结构框架下与社会互动产生的结果;相对于客体形象基于现实的存在性,媒介形象并非局限于单维度的表现形式,而是多元的、复合的、延续的且会随着时间变迁产生突发式或渐进式的异化,在更多时候,旅游目的地的媒介形象由于建构主体的多样性会被赋予丰富化的内涵意义。

根据拉里夫妇的传播模式理论,社会体系中的传播者因不同社会因素的影响而分属不同社会集团,实际上,来自于不同社会集团的建构者在花卉旅游目的地形象传播中的权力话语决定着呈现在旅游者面前的媒介形象,媒介形象的不断制造与验证表明旅游系统中各方制度权力的一种过滤、博弈与迭代的过程。在上文提到的花卉旅游目的地形象的"链式结构"模型中,媒介形象的建构者包括花卉旅游目的地运营者、花卉旅游者以及花文化掮客,因此本节从这三类建构主体出发,讨论各自在建构花卉旅游目的地媒介形象时的目的导向与特征倾向。

一、源于目的地的媒介营销话语

旅游目的地形象的媒介塑造是旅游业增值的重要措施,可以从根本上促进旅游业的发展。[①] 因此,塑造具有吸引力的媒介形象是花卉旅游目的地营销工作的重中之重。不同于一般的商品物件,由于"旅游"这类服务型消费行为的特殊性,消费者(即旅游者)在进行服务购买之前并不能亲身接触或试用,因此依赖于媒介所获取的信息是促成消费决策的关键点,即拟态环境下的花卉旅游目的地媒介形象是否能够吸引旅游者决定前往。从花卉旅游目的地这一建构主体来说,建构媒介形象依赖的是其营销话语(marketing discourse)的质量与强度,可以说,传统目的地形象研究中源于目的地营销机构(Destination Marketing Organization,简称DMO)的"投射形象"(Destination Projected Image,简称DPI)就是目的地运营者营销话语作用的结果。

---

① 张文瑞:《论大众传媒对旅游目的地形象的建构》,《新闻战线》2014年第8期。

　　根据花卉旅游价值链的"微笑曲线"(图5-1),媒介形象的建构工作主要集中于曲线的第三环节——"品牌管理"阶段,可以看到这也是花卉旅游价值链上的增值核心环节,形象成为目的地在媒介空间中品牌塑造的体现。花卉旅游目的地营销话语的载体有多种形式,包括投放于多媒体的营销广告、目的地官方网站以及社交媒介中流行的微信公众号等。

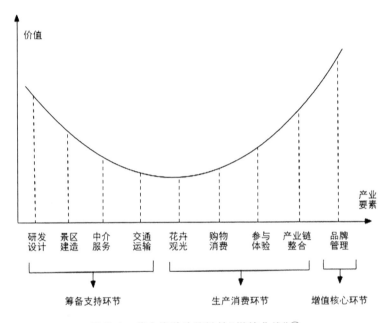

图5-1　花卉旅游价值链的"微笑曲线"①

(一)营销话语的主控性

　　以操作形象表征的主体性质为依据可以分为"自塑"和"他塑"两种类型,营销就是花卉旅游目的地主动进行形象自塑的途径;一个有效的旅游目的地营销项目的目标在于对其形象进行控制,②为大众提供一个符合目的地传达

　　① Zhou W Z,Xu Y Y,Zhou Z C,"Management Systems of Flower-themed Tourism in China:a Value Chain Analysis",*Acta Horticulturae*,No.1132(2016),pp.113-120.
　　② Fesenmaier D,Mackay K,"Deconstructing Destination Image Construction",*The Tourist Review*,Vol.51.No.2(1996),pp.37-43.

意愿的"官方"虚拟形象,以方便其进行共同阅读、讨论和评价;因此,营销话语在目的地媒介形象建构中承担着主控性的核心作用,具体来说主要体现在以下两方面。

首先从内容供给来说,作为一种主观性的知识,营销话语是花卉旅游目的地媒介形象创意的源泉和基石。为整合旅游资源以便更好地为目的地管理服务,在旅游目的地媒介渠道的"神圣化"阶段,DMO 是最具有原始动力赋予目的地精神意义的实体,通过凝练一个明晰的媒介形象搭建旅游者与目的地的接触点,强化旅游者对花卉旅游目的地的记忆与情感反应;这种通过营销话语自塑的媒介形象以"先入为主"的特征在大众媒介的作用下广泛传播,并将经由他者的重新编码成为他塑的原始资料与依据,因此通过营销话语建构的媒介形象正如一个媒介空间中的"原型",在自塑与他塑的力量中不断加强和丰富。

以加拿大布查特花园为例,其官方的营销口号为:"百年盛开的花园(over 100 years in bloom)",强调花园是布查特家族四代人精心呵护和营造的家族花园,这一口号所传达的信息十分明确,即花园存续时间之久及其背后厚重的家族历史故事;在布查特花园的官方网站上,①"花园故事"(our story)作为主目录中独立的一个版块,以时间线(timeline)的方式细致呈现花园与布查特家族之间的历史互动脉络,以此形成"有悠久历史的家族花园"这一自塑的媒介形象;在新浪博客中输入关键词"布查特花园"后共出现 197 篇博文,剔除转载博文、无文本博文以及与布查特花园内容相关性不大的文章后统计有 152 篇博文,其中有 74 篇博文提及"百年花园"或关于"创始于 1904 年"的描述,占比达 48.68%,有 95 篇(占比 62.5%)博文提及了布查特家族经营花园的历史,如"花园原来为废弃水泥厂的石灰石矿场""布查特夫妇周游世界采集花卉植物""受二战影响日渐荒芜的花园在布查特子女的辛勤劳动下

---

① 布查特花园官网:www.butchartgardens.com。

重新赢得声誉"等,此处仅以新浪博文作为形象他塑的媒介载体之一为例,可以推测出布查特花园官方营造的媒介形象成为五成左右其他建构主体建构形象引用的素材,以此验证了来自DMO的营销话语的重要影响力。

其次从传播强度来说,在营销工作上的资源投入(如营销经费、促销手段)能够促使目的地在媒介传播渠道上形成施加影响和控制的能力,即营销话语权力;其实,任何权力的行使都离不开对信息的占有、分配和保持;[①]现如今由于信息的供给范围、主题和频次不可避免地受到资本的影响,这种权力体现于在受众可接触目的地信息中设置和圈定话语议题,通过具有倾向性地引导人们的交流和传递形成某种"共识"以建构媒介形象,例如以到达率(reach)、暴露频次(frequency)和持续性(continuity)为媒介指标的营销广告就是在受众能够广泛接触到的大众媒介平台上以重复投放的方式形成花卉旅游目的地的形象惯例,这种通过话语的生产、积累与流通所建立起的权力关系从侧面能够反映出经济财富作用下出现的资本话语霸权。

以"洛阳牡丹文化节"为主题的洛阳旅游形象宣传片在央视的 CCTV-1和 CCTV-新闻频道插播在《新闻30分》栏目中,采取隔天单号的方式高频次播出,并配用"牡丹真国色,洛阳花正开"的旁白字幕,不断强化"洛阳——国花之都"的媒介形象,控制其受众反复观看的心理节奏,迅速建立受众的广告印记,诱导其产生"好奇感";宣传片投放的初始时间选择在牡丹文化节举办前夕(宣传片于3月29日开始播出,牡丹文化节举办时间为4月5日至5月5日),潜在旅游者易于受"时近效应"(recency effect)影响作出出游决策。

再如当花卉旅游目的地的商业营销与潜在旅游者有利益分享时,DMO 采用诸如"给予门票折扣"的促销手段利用公众力量进行"转发""点赞"等扩散式宣传行为,提升旅游者传播"官方"媒介形象的动力,在一定程度上支配和

---

① 王华生:《媒介形态嬗变与话语霸权的转移》,《河南大学学报(社会科学版)》2018年第3期。

控制其意识与行动,从而实现价值共创:扬州马可波罗花世界在其公众号上推出"转发关于'春季赏郁金香'文章至朋友圈集赞送门票"的促销活动,塑造"春日里的郁金香花海"这一媒介形象,此篇推送文章的阅读量超过7000次,在2018年公众号所发布的44篇文章中阅读量位居第一,达到推送文章平均阅读量(1081次/篇)的7倍。

(二)营销话语的诱导性

厄里(John Urry)曾指出,旅游的大众性和现代性,往往能够形成某种群体压力,逼迫公众接受种种关于旅游的观念;[①]并且潜移默化地影响着人们对于"偏离"以及"审美化的感性体验"的心理需求,逐渐形成旅游对公众的外在诱惑,所以便有了"世界那么大,我想去看看"的广泛认同与传播;实际上在旅游开始之前,媒体已经完成了对旅游者的规训,而媒介营销话语所塑造的媒介形象已经成为印刻在潜在旅游者心中的目的地图景,成为其旅游体验实践的参照。

按照Gartner根据不同信息源影响所形成的细分形象来说,目的地营销话语所形成的媒介形象应属于"明显引致Ⅰ型(overt induced Ⅰ)",是指不受其他实体(包括旅游中间商)影响而由目的地自身直接决定建构的形象。[②]根据拉扎斯菲尔德(Paul Lazarsfeld)有关媒介的"三功能说",花卉旅游目的地运营者建构与传播媒介形象的目的指向的是第一种功能——"授予花卉旅游目的地的地位功能",将目的地塑造成为受众(即花卉旅游者)乃至整个社会瞩目的焦点,促使花卉旅游目的地获得较高的知名度,因此"市场决定论派"主张营销广告必须迎合市场受众,以达成利益最大化目标。当目的地浓缩的景观表现与文化展示经由电子媒介的传输无法激发旅游者的出行兴趣时,营

---

① 周宪:《现代性与视觉文化中的旅游凝视》,《天津社会科学》2008年第1期。

② Gartner W C, "Image Formation Process", *Journal of Travel &Tourism Marketing*, Vol. 21. No.2-3(1994),pp.191-216.

销话语将对信息进行选择性的呈现,如截取有利于目的地宣传的一个侧面或局部(而非全面)投射出一个诱人的表象,意图以此召唤和吸引旅游者注意力,说服其作出出行决策;这些经过裁剪或美化后的媒介形象更易于被接收者获取和习得,体现了 Gunn(1972)关于旅游广告对目的地形象所产生的"诱导性"作用的观点。

然而,媒介形象塑造的真实仅是一个幻象,即使在自由的世界中,人们依然无法依靠媒介形成理性的民意;当旅游者消灭地理距离、亲身游历花卉旅游目的地之后,客观现实与符号现实之间的差距最终会被其察觉;在诱导性营销话语的作用下,客体形象与媒介形象之间的偏差、媒介形象与感知形象之间的偏差、自塑与他塑的媒介形象之间的偏差都将不可避免地存续着。

二、旅游者增权与形象劫持

将花卉旅游者纳入花卉旅游目的地媒介形象的建构主体,是本书区别于其他关于目的地形象建构研究的特征之一。在拟态环境中,传统意义上信息的封闭与控制已经随着媒介技术的发展而削弱;用户生成内容等媒介工具的流行为"社会参与论"和"集体协作"的实践提供了绝佳的环境,这些以用户为主角的"社会化媒体"(social media)的产生能够促进花卉旅游者在线上社区范围内加大自我主张的声音,形成凝聚有游历经验的旅游者群体看法和意见的媒介形象,并参与到形象建构与传播的"把关"机制中。

一方面,旅游业属于服务主导逻辑的产业,充分依赖于与旅游者的交互沟通;另一方面,受众的媒介接触平台正从传统媒体逐步走向社交媒体,在年轻族群中这种现象更加普遍。英国咨询公司英敏特(Mintel)2013 年的一项数据显示:在 25—34 岁用户人群中有 70%很少关注社交网络上的"硬广",而近三分之一的人会选择他们在社交网络上的朋友推荐的产品和服务。因此,在花卉旅游目的地的媒介形象建构中,线上口碑传播(online word-of-mouth or word-of-mouse)愈发被潜在旅游者视为可靠的信息来源,链式的转发和传播使得媒介内容如"滚雪球"般不断实现内容增值和情感增值,①形成一种动态迭代的形象生产机制,因而旅游者在这一过程中被赋予了越来越重要的权力。

(一)形象建构中的权力转移

在古老的人类传播史中,媒介曾作为统一的指示工具,承担着严格的宣传责任,彼时人们在头脑中所勾画的虚拟现实的材料来源是单一的。在社会化媒介出现之前,营销广告和主流媒体控制着潜在旅游者能够接收到的信息,潜移默化地形成与限制他们对于目的地的认知、判断与印象,在这种情况下,建构媒介形象的权力是集中的、单向的、具有支配性的,因此其他利益相关群体(尤其是旅游者)在话语权的争夺中始终处于一种"失能"(disability)的弱势状态,成为形象建构流程中的"末端"角色。

根据哈佛大学教授约瑟夫·奈(Joseph Nye)的观点,权力如今正在从"资本雄厚型"(硬权力)向"信息丰富型"(软权力)转化。② 麦奎尔(MaQuail)也认为:社会大众对权势会有各类形式的抵抗,特别是当网络媒体等新媒介为公众带来更多发表自由和意见交流的时代到来的时候;社会化媒体为个体消费者创造出一个包含海量链接的社会化网络,此时的媒介更加开放和自由,已经演化成为旅游目的地公共话语的论坛,在不断革新、流动、变化的多样态媒介空间当中,媒介形象经历的是一种形象竞合和意识形态争斗的过程,不同视域、不同相面的媒介形象及其背后的文化政治意蕴相互关联、相互应和、相互否定、相互消解,又相互补充,③在此之间,网络议程的广泛性、开放性与民主

---

① 王斌、戴梦瑜:《迭代生产与关系建构:社交媒体中的国家形象塑造机制》,《兰州大学学报(社会科学版)》2017年第5期。

② 王华生:《媒介形态嬗变与话语霸权的转移》,《河南大学学报(社会科学版)》2018年第3期。

③ 刘丹凌:《客体、主体与情境:"像化"国家形象的认知图谱》,《南京社会科学》2017年第2期。

性在一定程度上激活了"单向度的人"表达意见的权力,使得消费者或旅游者扭转被动的接收者角色,成为信息操控和传播的参与者,因而"旅游者增权"这一概念应运而生。

增权(empowerment),也被称为"赋权",最早由美国学者芭芭拉·所罗门(Barbara Solomon)提出,是指人们能意识到对处境(situation)的一种控制,[①]作为一种技术赋权,互联网和社会化媒体的出现能够发挥旅游者的效能、增进社会交往,为增权提供技术的实践工具,而旅游者的增权意味着这一群体挑战着主流媒介工具对于花卉旅游目的地的形象建构与传播格局,营销链条的权力逐渐下沉,权力分布更加扁平化与分散化,极大削弱了数字鸿沟的存在。权力产生知识,进而引发话语体系的更新,多项研究成果表明:相比于目的地营销机构,潜在旅游者更倾向于相信已访旅游者提供的信息并与之产生共鸣,对其建立的旅游目的地媒介形象能够产生更高的信赖度,由此可见媒介形象的建构主体中心发生了位移。就花卉旅游目的地媒介形象的建构而言,旅游者的声音因被更多受众聆听并得到信任而变得愈发强大,他们在形象建构的权力池中所占据的能量日益增强,而传统媒介的涵化影响伴随着受众信息接触习惯的变更而逐渐削弱,由此可见媒介权力依附的主体正在经历着身份与角色转换的剧变。

(二)媒介形象劫持

不同于相对固定的客体形象,花卉旅游目的地的媒介形象由于复杂的信息环境、媒介形态和多样化的建构主体而呈现动态迭代式的生产特征;随着旅游者增权影响力的扩大,则会产生"媒介形象劫持"现象。"形象劫持"这一概念最早源于营销管理中的"品牌劫持"(brand hijack),指消费者强行引导品牌的沿革,在产品营销中的影响力超过营销机构,因而取代营销机构

---

① 谢进川:《试论传播学中的增权研究》,《国际新闻界》2008 年第 4 期。

成为品牌形象的定义者,造成品牌形象或"积极"或"消极"意义上的"失控";学者吕兴洋等就曾在旅游者信息权日益强大的现实背景下探索旅游目的地形象发生异化与劫持的演进过程,提出"旅游者投射形象"(Tourist Projected Image,简称 TPI)这一概念,用来诠释网络口碑在目的地媒介形象建构中的重要作用,他指出:当 TPI 与 DPI 存在不一致的情况且 TPI 被潜在旅游者更广泛地接受时,则会发生旅游目的地媒介形象的劫持现象,这一概念的提出使得目的地形象建构模型囊括了旅游者个体之间相互关联的开放式循环过程,更加贴合现实情况,从而使模型具有更优的完整性。①

　　发生媒介形象劫持现象的原因源于两点:一是技术发展的进步,社会化媒体与用户生成内容的多元链接使得旅游目的地的潜在旅游者和已访旅游者能够取得交流与联系,打破了由 DMO 创造的媒介形象垄断的处境,信息的指数级增长和传播使得旅游者声音的触达性更加广泛;二是消费文化的变迁,网络表达的低成本特征使得人们乐于分享和传输消费目的地后的看法、意见与感受,网络社群的出现使得旅游行业里商业关系中的消费者从松散的个体转变为有效的联合体,②线上抱团的旅游者逐渐呈现出主动和强势的姿态,"集体认同"下民意的聚集和舆论效应促使社会主导话语权悄悄发生变更,民主话语霸权随着媒介形态的嬗变逐渐形成。一般来说,负面口碑对旅游品牌资产会有稀释的作用,然而这种"形象劫持"现象并非都带来的是负面效应,也就是说"劫持"的说法并不带有传统论述中情感上的被动与消极,DPI 与 TPI 之间存在着的偏差只能表明不同的建构主体呈现出的两类不同形象,而后者对于感知形象的影响力更强;根据普洛格(Plog)的目的地生命周期理论,按照纵向时间线观察目的地形象,在跨越了形象劫持期之后,分裂的目的地形象将在

---

　　① 吕兴洋、徐虹、林爽:《品牌劫持:旅游目的地形象异化演进过程研究》,《旅游学刊》2014年第6期。

　　② 奚路阳、程明:《主体性地位回归:消费者增权及其实现路径》,《商业经济研究》2018年第2期。

新的 DPI 下重新弥合,达成 DPI 与 TPI 之间的一种平衡。[①]

以南京鸡鸣寺为例,鸡鸣寺的官方网站以宣传佛教教义、禅修养生为关键词,呈现出的是"尼众学修道场"的媒介形象,并未涉及任何植物景观的信息;而在马蜂窝网站上"鸡鸣寺樱花道"成为了"南京景点"栏目下的一个独立的目的地,旅游者点评中不乏"清雅""闲适"等形容词汇,古朴的寺庙与烂漫的樱花相映成趣;由于这条樱花道属于公共交通道路,免费且并未纳入景区管理,因此"鸡鸣寺樱花道"是旅游者自发形成的赏花热门目的地,而这一媒介形象源自于已访旅游者本身的点评,并通过网络的发酵式传播,将"樱花"的意象印刻在鸡鸣寺形象之中,自然建立出"鸡鸣寺"与"赏樱"的联想,同时樱花这种恬淡、静寂的花文化特征与寺庙禅修能够产生共性的精神氛围,随着时间推移有望达成和谐、互促的形象共融效果;因此从形象建构来说,将樱花形象纳入到鸡鸣寺中不失为旅游者"形象劫持"的一种表现。

三、花文化掮客的中介作用

源于经济学的概念——"掮客(broker)"最初指代的是买卖双方之间的独立媒介,后被引入人类学研究,用来表达介于两类文化或两种社会群体之间的特殊群体,具有社会群体参与的不完全性以及社会归属模糊性的特征;[②]之后有学者将"掮客"概念纳入到旅游学范畴中,打破了旅游系统传统的"主客二元论",将掮客定义为能够调节东道主和旅游者关系的一类中介群体,如团客代理商、导游、政府等。

针对本章所关注的花卉旅游目的地的媒介形象,笔者进一步拓展和聚焦"掮客"概念的媒介新形态,重点关注花文化掮客在目的地形象建构中的角色

---

① 吕兴洋、徐虹、林爽:《品牌劫持:旅游目的地形象异化演进过程研究》,《旅游学刊》2014年第6期。

② 于祥远:《掮客在旅游世界中的功能及其角色演化》,硕士学位论文,东北财经大学,2012年,第4页。

和作用。这一类建构主体从旅游活动行为的发生实践来说并不能够成为主角,而实际处于一个边缘化的位置,主要与市场上的潜在旅游者形成互动;但由于其与目的地本身并无直接相关的利益关系,并未完全意识到自己的行为和作品将能够改变或影响花卉旅游目的地媒介形象,因此他们区别于传统的趋利导向的旅游掮客,而保留了自己的审美偏好、消费文化以及独立观点;不可否认的是,正因为这类花文化掮客的独立性,从形象建构的角度来说他们在花卉旅游目的地主客文化交流上的中介功能不容忽视,并呈现出缓慢渗透、扩散广泛、强劲有力的作用趋势。

在诸多花卉旅游目的地的花文化掮客的角色中,笔者选择以"职业摄影师"与"文学工作者"为例,重点分析这两类花文化掮客在拟态环境中的具体表现以及对目的地媒介形象的影响。选择前者是因为从物理形态来说,花卉作为色泽艳丽的生物种类与视觉刺激密切相关,极易搭建眼与脑的联系,从而在照片上有形、直观地呈现出来;选择后者是因为花文化的传输存在多模态的通道,而文学作品所建立的形象联想能够更易于以一种艺术化的方式被大众群体广泛接受,在受众的覆盖广度上有一定代表性。

(一)专业的凝视:职业摄影

在盛花期间无论是何处的花卉旅游目的地,"长枪短炮"错落有致、依次铺开的景象并不少见,花卉成为摄影群体最偏爱的对象之一,甚至开辟出"花卉摄影"的专门门类。往往在一个花卉旅游目的地生命周期的初始阶段,大众知晓程度较低,致力于寻找和发现素材的职业摄影师凭借自身的职业敏感性、专业摄影技术以及审美能力捕捉并设计出花卉旅游目的地呈现在照片上的形态,并通过在摄影专业杂志或摄影奖项上的曝光获取媒介受众的关注,平台的专业性与权威性有助于增强他们在花卉旅游目的地媒介形象传播中的受信程度,高技术质量、高艺术水准的摄影作品从诸多图像具象化的花卉旅游目的地形象中脱颖而出。

正如苏珊·桑塔格(Susan Sontag)所说,照片在教导我们新的视觉准则的同时,也改变并扩大着我们对"什么才值得看"和"我们有权利去看什么"的观念;①摄影是旅游凝视的有形化和具体化,凝视携带着凝视者的权力运作与身份意识;根据霍尔关于文化身份的论述,摄影师通过"摄影"这项文化实践去完成其身份的一种"生产",他/她的摄影作品逐渐成为其身份建构的印证。对将镜头指向花卉旅游目的地的职业摄影师来说,一方面,摄影这一工种的要求规范及背后的市场需求从一定程度上限制了他们对花田、花园景观形象进行自由图像表征的意愿,其所创作出的作品需要遵循一类适宜于表现和凸显目的地差异化形象的内容与技术规则,以此印证和突显摄影师的专业性与职业素养;另一方面,职业摄影师的个人审美与文化消费倾向不可避免地存在着差异性,摄影师在拍照时根据自我需要调节镜头的焦距、视角、光线与构图,摄影的艺术化升级促使其范围从"写实摄影"拓展至"写意摄影",②因此不同摄影师对于花卉旅游目的地形象的编码是不同的,照片作品将反映出摄影师个人态度及情感的投射。除了职业摄影师的凝视作用,在众多作品中能够脱颖而出成为目的地形象表征的"意见领袖"还具备以下特征:一是专业化组织的认可,如登刊、获奖等能够获取媒介曝光度的机会;二是能够引发受众共鸣,形成自发联动的社会化传播效果。

由职业摄影师这一花文化掮客类型所建构的花卉旅游目的地形象之所以能够在拟态环境中占据一席之地是因为:他们建立的媒介形象不仅能够联结目的地的客体形象与感知形象,还能够有效作用于媒介形象的另两个建构主体——东道主与旅游者。对东道主来说,能得到专业性认可的摄影师作品本身已经获取了部分的媒介关注度,形成了一定的受众基础,因此在东道主媒介平台上采纳沿用和进一步宣传这样的图片形象成为一种快捷的形象建构路径;对旅游者来说,职业摄影师建立的审美至上的话语霸权能够对社会整体的

---

① [美]苏珊·桑塔格:《论摄影》,黄灿然译,上海译文出版社2012年版,第1页。

② 郝强:《现代旅游者观看方式的三种"理想类型"》,《都市文化研究》2018年第1期。

审美秩序与规则产生影响,其公开发表的作品使得一些原先不知名的花地景观被大众所认知,从而通过引发"模仿经典"的行为发生(如采用相同的摄点),带领大众旅游者(包括摄影爱好者)进一步复制和深化摄影师自己所营造的花卉旅游目的地图像表征,这一过程并非是一种简单的线性因果关系,而成为一种自我永续的表征圈循环。①

以福建龙岩永福樱花园为例,是在茶园的休闲步道两侧栽植樱花而形成的休闲观光农业景观,但与武汉大学校区、无锡鼋头渚、北京玉渊潭公园等热门赏樱胜地相比知晓度较低;之后因由杂志签约摄影师从空中所拍摄的一张俯瞰照片登上了《中国国家地理》(2016年第4期)封面而引发热议:整齐的绿色茶垄中点缀着粉色樱花团簇形成了"茶绿樱红"的别致形象,这一照片在各类网络平台迅速转载和传播;从"携程网"和"马蜂窝"这两个网站关于永福樱花园的旅游者点评统计可以看出(数据截至2018年11月),2017年以前的点评数量占总数的13%,2017年之后(包括2017年)的点评数量占总数的87%,以点评数量为依据可以判断出目的地关注度呈现井喷式增长:2017年相较于2016年增加了3.5倍;在旅游者上传的484张目的地图片中(图5-2),有超过三成(160张)采用了类似于职业摄影师的远观式视角记录了绿色茶田中蜿蜒的走道以及走道两侧樱花粉色的点缀式团块,可见永福樱花园"茶绿樱红"的媒介形象从职业摄影师的镜头下生成并获得关注,并在旅游者的镜头中继续存续和延展下去。

(二)文本的渗透:文学作品

作为文化的重要表现形式,语言艺术的魅力能够激发读者对文本故事发生地(storysetting)产生旅游兴趣,从而催生"文学旅游"(literary tourism),也有外国学者称之为"文学朝圣"(literary pilgrims)。这一旅游细分门类代表着文

---

① 黄燕、赵振斌、褚玉杰等:《互联网时代的旅游地视觉表征:多元建构与循环》,《旅游学刊》2015年第6期。

《中国国家地理》签约摄影师照片

某网站游客点评照片

图5-2　职业摄影师与旅游者分别建构的永福樱花园媒介形象

学艺术向旅游资源转化的过程。在文学旅游目的地成为热门之际,目的地本身其实在物质属性上可能并未发生较大的变更,但文学作品所建构的目的地形象因艺术赋予的特定文化意义与价值等非物质属性,为目的地空间增添了文化内涵与社会学意义,从而对旅游者产生吸引力。尽管照片表征的目的地形象受限于镜头背后的凝视主体,但相对于照片在视觉层面的直观反映,文学作品所建构的媒介形象因存续于文本与语境之中,增加了编码与解码的自由度和复杂度,同时话语蕴藉能够隐藏着余味深远的意义,①更加依赖读者的联想;因此在文本传播过程中,文学作品所呈现出的目的地形象更倾向于生活、情感、环境氛围等方面,具有丰富性、象征性和隐喻性等特征;文学工作者本身的创作灵感、生活经历、审美素养等对于目的地媒介形象的建构产生了巨大的影响。

与其他的目的地形象建构者有所区别的是,文学工作者塑造的旅游目的

---

① 童庆炳:《文化诗学结构:中心、基本点、呼吁》,《福州大学学报(哲学社会科学版)》2012年第2期。

地媒介形象可能在时间上早于 DMO 有意识地呈现在旅游者面前的成熟的客体形象,从目的地形象的"链式结构"来说颠覆了客体形象与媒介形象出现的先后顺序,打破了客体形象作为媒介形象基石的规律,因此文学工作者的"花文化掮客"身份得到进一步的升级与演化,其文学作品中的目的地形象可能成为了旅游范畴中所有形象子集或维度的一种雏形或源像;当这种媒介形象在受众中取得足够的影响力时,DMO 会参考和遵循媒介形象中的线索去打造和调整客体形象。

由于阅读和出行这两类行为从实践来看大多不能实现同步或连续,因此文学工作者所建构的媒介形象对于旅游者来说在时间维度上有逐渐渗透的影响趋势,文学作品中的目的地形象成为了布尔迪厄(Bourdieu)所描述的"艺术场中的独特机制——信仰",①如一颗种子埋藏于潜在旅游者的心中,它作为"前结构"或"前理解"存在,是文学旅游者的一种期待视界,②随着阅读和出行之间时间间隔的延长进而融入旅游者的内隐记忆中,等待成行之后的调动与激发;从文化环的角度对文学旅游者来说,没有简单的二分法来区分形象的想象与体验的现实,只有复杂地重叠和联结在一起的文本。③

以法国普罗旺斯地区为例,与此相关最为著名的作家当数来自英国的彼得·梅尔(Peter Mayle),他的"普罗旺斯三部曲"(《普罗旺斯的一年》《重返普罗旺斯》《永远的普罗旺斯》)在读者心目中刻画了一个悠闲、惬意、芬芳的普罗旺斯形象。将普罗旺斯作为旅游目的地来说,薰衣草花田是最受欢迎的景点,在"马蜂窝"网站旅行商城推出的 82 项"普罗旺斯一日游"行程产品中,有超过一半(42 项)包含了薰衣草花田(瓦罗索、索村等)的游览行程。彼得·梅尔的文本所建构的普罗旺斯是在薰衣草旅游目的地基础上更丰富、更

---

① 李刚:《文学旅游的时空建构?——以南京秦淮河风光带为例》,《旅游论坛》2016 年第 5 期。

② 姜辽、徐红罡:《文学旅游的审美消费:以水泊梁山为例》,《旅游学刊》2017 年第 5 期。

③ 刘晨、朱竑、安宁:《文学旅游地的社会文化建构:以凤凰古城为例》,《旅游学刊》2014 年第 7 期。

充盈的整体形象,他的作品在媒介形象的表征中产生了以下作用:

1. 从"单一"到"复合"的旅游吸引物

花卉植物本身作为"单一"的旅游吸引物能够从色彩、姿态、香味等方面对人类产生生理方面的吸引力,文学作品在艺术表现时经常将其与其他具有相似物质或精神意涵的事物联系和融合在一起,营造协同、共生、和谐的故事情境与氛围;对于旅游目的地来说,文学工作者所建构的媒介形象更易于从"单一"的花卉吸引物延展至更加"复合"的组合吸引物,使得目的地形象更加立体、多元、可联想。

在阅读彼得·梅尔的作品之前,许多人对于普罗旺斯的印象仅停留于模糊的薰衣草紫色记忆中,如豆瓣用户在作品书评中写道:"读这个系列之前,普罗旺斯在我心里只是一个紫色的符号,对它的认知仅仅停留在道听途说的薰衣草故乡上"(豆瓣用户"丫头",2006 年 2 月)、"最初喜欢上普罗旺斯,是它一片又一片的薰衣草,对于普罗旺斯一直所知道的就是薰衣草,我想种满薰衣草的普罗旺斯一定是一个浪漫的地方"(豆瓣用户"豆豆",2013 年 3 月),然而,彼得·梅尔在书中关于薰衣草花田的笔墨并不多,因为他深知普罗旺斯与薰衣草之间的联想在人们的共识中已经根深蒂固,他将自己在普罗旺斯的生活经历与关注焦点放置入作品中,如购买松露、在卢贝隆山区生日野餐、在教皇新堡品红酒等,使普罗旺斯地区在薰衣草意象基础上辅助增添了其他的吸引物,豆瓣用户评价道:"普罗旺斯盛名的不只是薰衣草,还有酒,苦艾酒、茴香酒,梅尔在文中如数家珍"(豆瓣用户"秋月白",2011 年 7 月)、"薰衣草、葡萄酒、音乐、最干净清透的阳光、狗、做个乡下人,这是我一辈子也实现不了的梦想境地吧,但是这个地方一直存在,它在普罗旺斯"(豆瓣用户"秋日童话",2010 年 2 月);由此可见,彼得·梅尔所建构的普罗旺斯媒介形象已经突破了薰衣草这一单一的旅游吸引物,将人们熟知的花卉目的地进行了吸引物范畴方面的拓展,进而创造了一个更加复合的梦想之境(图5-3)。

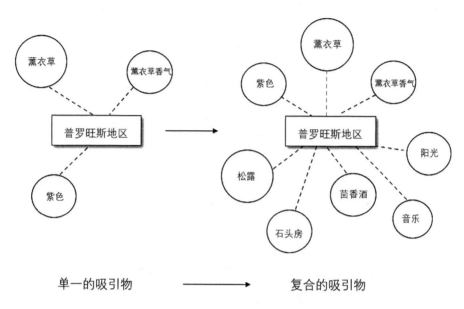

单一的吸引物 ——————▶ 复合的吸引物

图 5-3　法国普罗旺斯地区从"单一"到"复合"的旅游吸引物

2. 情感的目的地空间表征

旅游的需求源于脱离日常空间的渴望以及对目的地的向往。从旅游动机来看,因文学作品及作者的特殊情怀而进行旅游是重要的文学旅游动机之一。文学旅游目的地的文化生产实际是由文学工作者分享私人的文化解读、体验与创造,将其转化为公共的文化和物质,①并通过"移情"的方式将物化空间赋予主观情感,所以说,在文学工作者的表征下,普罗旺斯薰衣草花田不再仅仅是薰衣草产业的原料产地,而演化成为一份情感、一种氛围、一类生活方式的媒介形象,通过旅游消费者的阅读与实践,渗透进入他们的日常生活文化。在彼得·梅尔的作品中,将生活情感融入普罗旺斯的例子有:

　　"普罗旺斯流行着一种对任何社交计划的厌恶。"——《永远的普罗旺斯》(2004)

---

① 刘晨、朱竑、安宁:《文学旅游地的社会文化建构:以凤凰古城为例》,《旅游学刊》2014 年第 7 期。

"逃逸都市,享受慵懒,在普罗旺斯做个时间的盗贼。"——《永远的普罗旺斯》(2004)

"穿袜子这件事对我们来说,已经成为了遥远的回忆;手表躺在抽屉里也很久了,我发觉,凭着庭园中树影的位置,我大致可以估算出时间。"——《普罗旺斯的一年》(2004)

"普罗旺斯依旧美好,它的大部分土地仍然空旷寂寥、荒无人烟。在山谷的上空依然飘荡着平和和宁静的气氛,虽然这已是现代社会的奢侈品了。"——《重返普罗旺斯》(2004)

第二节　基于表征形态的花卉旅游目的地媒介形象研究

在现如今复杂的拟态环境下,任何形象都不会仅仅只在特定单一媒介中孤立地生产、传播、被消费,大众传媒逐渐演化成为多元共存生态的趋势特征;[1]任何媒介传递的符号都是符合各自媒介传播规律的,都会受到各自媒介性质的制约;正如加拿大多伦多学派的哈罗德·英尼斯(Harold A.Innis)所认为的:一种媒介经过长期使用后,可能会在一定程度上决定它所传播的知识的特征。[2]

文字、图片和视频都是社会行动的不同种表现形式,反映出人们通过语言表达、影像拍摄建构着某个事实或世界的图景;从用于形象表征的媒介形态来看,文字符号(文本)与表象符号(图像、影像)的传播特性和传播效果迥异,不同建构主体在各种媒介形态上建构出的形象也存在着信息落差,根据上文中

---

① 李健:《中国当代大众文化的视觉建构问题调研报告》,《江海学刊》2014年第4期。
② 王华生:《媒介形态嬗变与话语霸权的转移》,《河南大学学报(社会科学版)》2018年第3期。

花卉旅游目的地媒介形象的建构主体的分类,可以绘制出三种典型表征形态与三类建构主体的九宫格模型(图5-4):

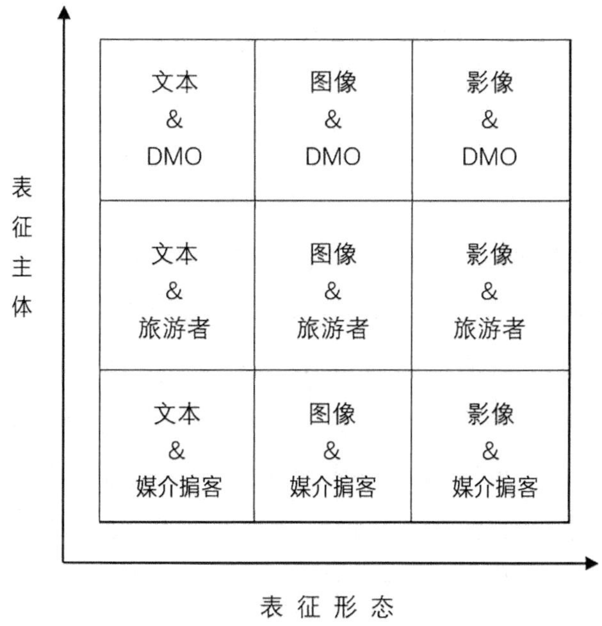

图5-4　花卉旅游目的地媒介形象建构主体与表征形态的九宫格模型

事实上,每一类建构主体都是媒介形象的编码者,因此九宫格模型中的每一格所呈现出的旅游目的地形象是存在差异的;在此章节中,笔者将分别选取中国、日本、荷兰三国的花卉旅游案例地,重点按照文本、图像和影像的分类方式分别讨论同一形态下不同建构主体建构媒介形象的异同比较,即模型中同一横向坐标范畴下位于不同纵向坐标位置的模块间比较。

一、基于文本的媒介形象异同比较

基于文本(text)的媒介形象表现出的是在媒体文字中有关花卉旅游目的地特定对象的稳定呈现模式,即建构主体会有较为稳定的关注点、解释框架、评价乃至字汇,而模式的基本结构成分是一类事物或主题的稳定属性,可以通过数据挖掘的方式进行提炼。[①] 在以文本作为表征形态的媒介形象研究中笔者以江苏荷兰花海旅游度假区为案例,选取九宫格模型中的"文本 &DMO"和"文本 & 旅游者",通过分解网络文本的构成元素、从有表征意义的词句中推断其意义来研究 DMO 投射形象与旅游者投射形象在媒介平台上所展现出的异同。

(一)案例地的选择

荷兰花海旅游度假区位于江苏省盐城市大丰区北侧的新丰镇,是 2012 年统筹城乡发展项目,突出郁金香和异域风情两大特色定位;目前累计完成投资 33 亿元,其中核心景区投资 3.2 亿元,占地 3000 亩,已形成种植郁金香 300 多个品种、3000 多万株的规模,是国内种植郁金香面积最大、种类最全的中国郁金香第一花海;2015 年累计接待旅游者 163 万人次,2016 年累计接待旅游者 215 万人次。选择此案例地的原因主要在于该项目是结合引种、栽培、旅游开发、电商合作等同步进行的新型景区,其 DMO 投射形象的创意自由度更大,能够更好地表达目的地 DMO 的建构意志;考虑到"荷兰花海"突出的花文化 IP、国际化信息交流以及广泛的媒介影响力,因此将其作为媒介形象的研究案例具有较好的典型性。

(二)数据的获取与处理

鉴于研究对象集中于媒介形象,为便于获取资料,本节所有数据来源于网络文本。根据腾讯公布的《微信 2018 影响力报告》:微信是驱动数据消费的顶级应用之一,且 34% 的微信公众号运营者表示公众号帮助他们减少了至少 1/3 的成本,愈来愈多的旅游目的地 DMO 趋向使用微信公众号作为线上形象推广的有力营销工具,因此本书的荷兰花海 DMO 媒介形象数据主要从官方

---

① 葛岩、赵海、秦裕林等:《国家、地区媒体形象的数据挖掘——基于认知心理学与计算机自然语言处理技术的视角》,《学术月刊》2015 年第 7 期。

微信公众号"江苏大丰荷兰花海"的推送文章获取;数据筛选时间为2018年1月1日至2019年1月1日,剔除重复及与研究主题无关(如交通贴士、竞赛通知等)的推文,汇总获得39篇研究文本,共计22756字。荷兰花海的旅游者媒介形象数据主要来源于中国知名的UGC型旅游网站论坛,旨在挖掘存在线上分享行为的已游旅游者的潜在心理特征,即他们在网络上愿意呈现出关于荷兰花海的媒介形象;笔者选定"携程网""马蜂窝""驴妈妈"3家网站作为数据采集对象,采集这些网站中旅游者对荷兰花海景区发表的文字点评,为保证数据研究对比一致性,数据筛选时间与DMO媒介形象资料的时间一致,最终手工收集汇总出224条关于荷兰花海的形象评论,共得到7828字网络分析文本。

针对文本内容的质性分析,能够通过反映在语句材料中的主旨、标签、定义、符号、口号等元素表达话语主体的语篇模式,进而探索到他们内心对于世界的阐释与观点(Van Dijk,1988)。研究借助内容分析工具Rost Content Mining 6软件,对荷兰花海DMO媒介形象文本与旅游者媒介形象文本首先进行内容预处理,过滤"这里""我们"等对解释结果意义不大的无关词汇,并将"荷兰花海""海德魔法世界""圣劳伦斯"等词汇纳入到软件自定义词表中,将"玫瑰&玫瑰花""小孩&小孩子"等同义特征词归并统计,再对预处理后的文本实施分词(tokenization),进而基于词群进行高频度统计分析,即词频(Term Frequency,TF)分析,词频分析一般用于统计网络文本材料中词语的出现次数,能够发现隐藏在文本内容中的核心信息,借助语义网络分析等手段发现研究对象词汇描述中的规律性。笔者按照词频从高到低截取荷兰花海DMO媒介形象的60个高频词(表5-1)与旅游者媒介形象的60个高频词(表5-2),并利用Rost Content Mining 6软件的Net Draw功能,分别绘制来源于不同建构主体媒介形象的高频词之间的语义网络关系图。

表 5-1 大丰荷兰花海 DMO 媒介形象高频词

序号	词汇	词性	频度	序号	词汇	词性	频度
1	荷兰花海	名词	201	31	现场	名词	15
2	花海	名词	106	32	大丰	名词	15
3	荷兰	名词	71	33	艺术	名词	15
4	郁金香	名词	66	34	集体	名词	15
5	文化	名词	47	35	旅游	名词	15
6	世界	名词	35	36	盗墓	动词	14
7	玫瑰	名词	35	37	秋天	名词	14
8	浪漫	形容词	29	38	表演	动词	14
9	百合花	名词	28	39	体验	动词	14
10	江苏	名词	28	40	国际	名词	13
11	项目	名词	27	41	圣劳伦斯	名词	13
12	乐园	名词	27	42	导演	名词	13
13	风情	名词	26	43	风景	名词	13
14	活动	名词	24	44	大赛	名词	13
15	中国	名词	24	45	酒店	名词	12
16	冰雪	名词	23	46	王国	名词	12
17	精彩	形容词	23	47	著名	形容词	12
18	婚礼	名词	20	48	幻境	名词	12
19	花海云	名词	20	49	舞台	名词	12
20	主题	名词	19	50	清新	形容词	12
21	春天	名词	18	51	演出	动词	12
22	幸福	形容词	18	52	小朋友	名词	12
23	旅游者	名词	18	53	漫步	动词	11
24	海德魔法世界	名词	17	54	美好	形容词	11
25	时间	名词	17	55	摄影	动词	11
26	中心	名词	17	56	景区	名词	11
27	感受	动词	17	57	童话	名词	11
28	爱情	名词	17	58	花卉	名词	11
29	盐城	名词	17	59	王潮歌	名词	11
30	新人	名词	16	60	色彩	名词	10

注:60 个高频词汇数总和为 1430。

由上表可知,60个高频词中名词占最大比例(80%),单个词频在30次以上的名词包括"荷兰花海""花海""荷兰""郁金香""文化"等,可见DMO在微信推送文章中多次强调"荷兰花海"这一景区名称标识词以及其主要吸引物类型标识词——"花海""郁金香"等;高频词中的动词和形容词各占10%,6个动词累计出现79次,包括了"感受""摄影""漫步"等有关用户活动参与、互动及体验的描述,6个形容词累计出现105次,囊括了"浪漫""精彩""美好"等带有积极情感的词汇。

表5-2　大丰荷兰花海旅游者媒介形象高频词

序号	词汇	词性	频度	序号	词汇	词性	频度
1	不错	形容词	59	21	海洋	名词	10
2	漂亮	形容词	38	22	表演	动词	10
3	值得	形容词	35	23	朋友	名词	9
4	郁金香	名词	34	24	喜欢	动词	9
5	人多	形容词	29	25	公园	名词	9
6	荷兰花海	名词	27	26	拍照	动词	8
7	景点	名词	26	27	好看	形容词	8
8	小朋友	名词	22	28	花期	名词	7
9	花海	名词	22	29	风景	名词	7
10	方便	形容词	22	30	国庆	名词	7
11	百合	名词	20	31	价格	名词	7
12	景区	名词	19	32	网络	名词	6
13	门票	名词	17	33	品种	名词	6
14	时间	名词	16	34	演出	动词	6
15	大丰	名词	15	35	免费	形容词	6
16	开心	形容词	15	36	花卉	名词	6
17	看看	动词	14	37	全家	名词	6
18	环境	名词	14	38	天气	名词	5
19	游玩	动词	11	39	活动	名词	5
20	季节	名词	11	40	壮观	形容词	5

序号	词汇	词性	频度	序号	词汇	词性	频度
41	花园	名词	5	51	世界	名词	5
42	美丽	形容词	5	52	人员	名词	5
43	旅游者	名词	5	53	交通	名词	5
44	项目	名词	5	54	月份	名词	5
45	鲜花	名词	5	55	设施	名词	5
46	好玩	形容词	5	56	颜色	名词	5
47	风车	名词	5	57	市场	名词	5
48	优美	形容词	5	58	节目	名词	5
49	遗憾	形容词	5	59	停车场	名词	5
50	特色	形容词	5	60	花季	名词	5

注:60 个高频词汇数总和为 708。

由表 5-2 可知,描述荷兰花海旅游者媒介形象的高频词词性分布如下:名词占比 66.67%,形容词占比 23.33%,动词占比 10%。"不错""漂亮""值得"这三个表达积极情感的形容词位列频次表前三位,显示出旅游者对荷兰花海景区的整体性评价,表中同时也存在着"人多""遗憾"等消极性情感的形容词,反映出旅游者评价好坏的均衡性;"景区""门票""交通""市场"等与旅游者游览过程密切相关的名词突显出旅游者出游时的关注焦点;"游玩""拍照"等动词反映出旅游者与荷兰花海景区"人—地"互动时所发生的行为印象。

由图 5-5 和图 5-6 可知,根据微信公众号推文高频词绘制出的荷兰花海 DMO 媒介形象语义网络关系图呈现以"荷兰花海"为核心、以"乐园"和"郁金香"为次核心,呈现"核心—次核心—边缘"的放射状过渡式结构;而基于旅游者在线点评数据的媒介形象由分散式的多个核心高频词节点,如形容词"不错""人多""漂亮""方便"以及名词"郁金香",且高频词之间同时存在着共现关系。

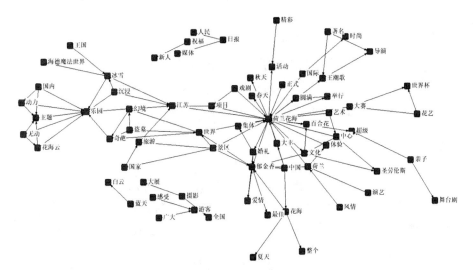

图5-5 大丰荷兰花海 DMO 媒介形象语义网络关系图

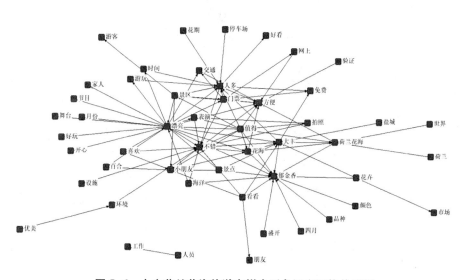

图5-6 大丰荷兰花海旅游者媒介形象语义网络关系图

（三）案例数据比较分析

1. 基于文本的 DMO 媒介形象的维度分析

根据高频词的统计结果，在词频与词义的分析基础上，可以归纳出基于文本的 DMO 媒介形象特征词库的类型与结构，共分为六个维度，分别是：认知维度、情感维度、意向维度、互动维度、时空维度以及社会维度，具体分布见下表 5-3。

表 5-3　大丰荷兰花海 DMO 媒介形象维度

序号	维度	子维度	高频词汇	子维度词汇数量及占比	维度词汇数量及占比
1	认知维度	目的地名称标识	荷兰花海、花海、荷兰、花海云、海德魔法世界、圣劳伦斯、景区	439（30.7%）	893（62.4%）
		目的地资源	郁金香、玫瑰、百合花、花卉、文化、艺术、风景、旅游、色彩	240（16.8%）	
		目的地活动	项目、活动、冰雪、婚礼、主题、盗墓、表演、导演、大赛、舞台、演出、王潮歌	202（14.1%）	
		目的地设施	酒店	12（0.8%）	
2	情感维度	—	浪漫、精彩、幸福、著名、清新、美好	105（7.3%）	105（7.3%）
3	意向维度	目标意向	乐园、王国、幻境	51（3.6%）	105（7.3%）
		承载意向	风情、爱情、童话	54（3.8%）	
4	互动维度	整体互动	感受、体验	31（2.2%）	53（3.7%）
		具体互动	漫步、摄影	22（1.5%）	
5	时空维度	空间	世界、中国、江苏、盐城、大丰、国际、中心	149（10.4%）	213（14.9%）
		时间	时间、春天、秋天	49（3.4%）	
		时空融合	现场	15（1.0%）	
6	社会维度	—	旅游者、小朋友、集体、新人	61（4.3%）	61（4.3%）

从微信公众号推文的高频词统计推定荷兰花海 DMO 所呈现的媒介形象维度侧重程度为:认知维度>时空维度>意向维度=情感维度>社会维度>互动维度。由上表可见,DMO 重视程度最高的是认知维度,其高频词占比为62.4%,认知维度指向的是 DMO 倾向展示的目的地属性或特征,包含能够引起潜在旅游者主要兴趣的吸引物信息,因此此维度维持最高比例符合营销信息传播的现实逻辑策略;在此案例中根据数据梳理出目的地在认知维度方面的四类属性——名称标识、资源、活动以及设施,前三个子维度词汇频次远远领先于其他子维度,尤其是目的地名称标识(占比 30.7%),囊括了集群整体名称词——"荷兰花海"以及独立吸引物名称词——"花海云""海德魔法世界"以及"圣劳伦斯"等,表明 DMO 希望通过推送文章中重复性的语汇强化"荷兰花海"这一整体性标识,同时反复出现的独立吸引物"花海云""海德魔法世界"等都是荷兰花海在 2018 年推出的园区新型物理游乐景观,在这一子维度下 DMO 意图展现目的地的总体性名称及区域性名称标识。时空维度(14.9%)中占重要比重的主要是空间维度的词汇,在推文中出现的频次较高,占到高频词汇数总和的 10.4%,带有荷兰花海具体坐标位置的"江苏""盐城""大丰"等字样能够有助于旅游者迅速定位目的地,此类具有地理标志的网络信息能够迅速激发潜在旅游者对于常住地和目的地之间的距离估算,直接影响其出行意向,也成为了目的地在媒介形象建构时必不可少的一环要素。意向维度根据荷兰花海的实体目标与意义承载物的不同区分为目标意向与承载意向,在目标意向中"乐园"是其最想要打造出的结果,占子维度比例过半(52.9%);在承载意向中的建构意愿从强到弱分别是:"风情""爱情"和"童话"。情感维度与意向维度并列成为六大维度中重要程度排名第三(7.3%)的维度,情感维度呈现的都属于积极性情感的词汇,以"浪漫"和"精彩"为主,其他词汇分布相对来说较为平均。社会维度和互动维度涉及的高频词较少,社会维度主要是指 DMO 发布的文本中涉及人群的部分,互动维度专指旅游者在目的地游览过程中所呈现的行为表现,在具体互动中主要有"漫步"和

"摄影"两项,强调了旅游者的主动体验属性。

2.基于文本的旅游者媒介形象的维度分析

采用上述类似的数据处理和分析方法,从旅游者点评信息梳理出的媒介形象维度也分为六个维度,分别是:认知维度、情感维度、体验维度、时空维度、社会维度和互动维度,此结构是将 DMO 媒介形象中的"意向维度"替换成为"体验维度",具体见下表 5-4。

表 5-4　大丰荷兰花海旅游者媒介形象维度

序号	维度	子维度	高频词汇	子维度词汇数量及占比	维度词汇数量及占比
1	认知维度	目的地名称标识	荷兰花海、花海、景区、景点	94(13.3%)	276(40%)
		目的地资源	郁金香、百合、环境、海洋、颜色、特色、市场、公园、品种、花卉、花园、鲜花、风车、天气、风景	141(19.9)	
		目的地活动	表演、演出、活动、项目、节目	31(4.4%)	
		目的地设施	设施、停车场	10(1.4%)	
2	情感维度	积极情感	开心、喜欢	24(3.4%)	29(4.1%)
		消极情感	遗憾	5(0.7%)	
3	体验维度	整体体验	不错、漂亮、值得、方便、好看、壮观、美丽、优美、好玩	182(25.7%)	252(35.6%)
		细节体验	人多、门票、价格、网络、免费、交通	70(9.9%)	
4	时空维度	空间	大丰、世界	20(2.8%)	71(10%)
		时间	时间、季节、花期、国庆、月份、花季	51(7.2%)	
5	社会维度	—	小朋友、朋友、全家、旅游者、人员	47(6.6%)	47(6.6%)
6	互动维度	—	看看、游玩、拍照	33(4.7%)	33(4.7%)

从旅游者线上点评数据的高频词来看,获取了与 DMO 媒介形象不同的维度排序:认知维度>体验维度>时空维度>社会维度>互动维度>情感维度。

认知维度(40%)仍是旅游者媒介形象中占最大比重的维度,但其比重领先的优势并没有DMO媒介形象的认知维度那样明显;在认知维度中目的地资源这一子维度涉及的高频词汇种类最多(15种),且占比最高,其中"海洋"一词多次出现主要是与"花"联用,用于形容荷兰花海花卉资源的丰富繁多,如评论"郁金香五彩斑斓,真是花的海洋"。体验维度(35.6%)是荷兰花海旅游者媒介形象独有的维度,该维度主要衡量的是旅游者基于认知和情感之上的总体性评价以及在游览行为发生过程中所涉及的直观感受,包含整体体验和细节体验两个子维度,结合表5-2和表5-4可以看到,高频词中的前三位"不错""漂亮""值得"都被纳入了整体体验维度,并且细节体验维度中的所有词汇也并未在DMO媒介形象的文本中出现,因此这一维度源自于旅游者独特的视角。时空维度中值得关注的是时间子维度,旅游者提及了"季节"与"花期"等词汇,这与观赏和游玩的满意度息息相关,如"环境布局比较合理,只是去的时候还未到开花的季节""去的时候季节不对,好多还没开花,而且也没什么人,感觉上不太完善的样子",呈现出非花季期间荷兰花海的弱势形象。社会维度中近半数高频词集中于"小孩子"(46.8%),描述花海可以作为亲子活动的场所。互动维度(4.7%)和情感维度(4.1%)处于旅游者媒介形象结构中的低层级,情感维度区分了积极情感与消极情感,此维度高频词较少可能在于旅游者点评一般语句长度较短,很难细致描述和表达个人情感,从一定程度上反映出数据文本选择的局限性。

3. DMO 媒介形象与旅游者媒介形象的比较分析

根据上述分析,荷兰花海的DMO媒介形象与旅游者媒介形象之间具有"同异并存"的结构特征。两者的一致性在于:六大维度中有五个维度是在DMO和旅游者媒介形象之间共享的,且认知维度是这两个建构主体建构形象时最侧重的维度;时空维度的识别性在两类形象中都十分明显,而社会维度和互动维度均处于形象结构层级的下半端;就细节而言,郁金香作为荷兰花海的目的地资源在两种形象中的比重十分接近(4.6%和4.8%),并在"目的地资源"这一子维度中占据最高比重,由此可见郁金香作为认知维度的核心元素被DMO和旅游者共同认可并得到积极表达。

两者的差异性主要有以下四方面:

(1)维度发生更替。旅游者媒介形象的"体验维度"替代了DMO媒介形象的"意向维度",这主要源于建构主体建构媒介形象的动机差异性:DMO的营销职能促使目的地在建构形象时沿用能够产生共情效果的目的地意象,如"乐园""幻境"等,而旅游者的线上分享动机在于直观表达自己的游历经验与感受,因此动机的差异性造成两者在网络文本上呈现出不同数据结果。

(2)子维度结构差异。在DMO媒介形象中情感维度均集中于积极情感,并无其他分类,符合目的地在营销策划中扬长避短的策略逻辑;而旅游者媒介形象的情感维度区分为积极和消极两个子维度,显示出不同人群对于同一目的地的情感分歧,从点评文本来看,这与荷兰花海景观的季节性高度相关,如"错过了花期,有点遗憾,里面的景点、设施还是不错的"。

(3)高频词差异。事实上,两类媒介形象在每一个子维度下的高频词表达存在诸多不同,这与营销话语和点评话语的语句长短、修辞方式等密切相关,不过忽略这类系统性因素的影响,相同维度内两类形象高频词的出现与缺失仍能区分建构主体在形象建构背后的意识差异。以认知维度中的目的地名称标识为例,DMO媒介形象中描述荷兰花海独立吸引物的词汇"花海云"(20次)、"海德魔法世界"(17次)、"圣劳伦斯"(13次)均未出现在旅游者媒介形象的高频词中,旅游者习惯性使用目的地的集群整体名称——"荷兰花海",而忽略目的地内部不同细分区域的功能景观名称,因此目的地在独立吸引物名称词方面的宣传是暂时失效的;再如目的地设施,DMO媒介形象中出现的"酒店"与旅游者媒介形象中出现的"停车场"皆是两类形象的独特表达,未出现在"他方"的高频词库内,这是因为荷兰花海考虑经营利益与产业链延伸意图将旅游者的"当日游"延展至"过夜游",从而在"前瞻性"的形象建构中强调"酒店"等设施信息,即"住"的信息;而旅游者点评强调"即时性",实际情况下多数旅游者仍然实践"当日游"方式,因此"停车场"信息成为其考虑和评价的重心,即"行"的信息。

(4)高频词占比差异。两类媒介形象在相同维度、相同高频词下还存在着频度占比的差异,如社会维度下 DMO 媒介形象的"小朋友"与旅游者媒介形象的"小朋友"分别占高频词汇数总和的 0.8%和 3.1%,由此可见荷兰花海并未将小朋友作为目的地的消费宣传重心,反而"新人"(1.1%)的占比要高于"小朋友",而在旅游者点评中对于"小朋友"的提及次数位于社会维度诸消费群体的首位,可见在旅游者心目中荷兰花海与亲子游乐园的形象更加紧密。

二、基于图像的媒介形象异同比较

形象的丰富性不言而喻,而任何知觉方式所生成的形象表征,最终无法摆脱与视觉之间的想象性关系;相较于文本,视觉的主导性和直观性在媒介层面更加显而易见,同时大众媒介在大众文化的表层结构系统中左右着视觉形象的生产方式、运行轨迹以及接受效果。[1] 对于花卉旅游目的地来说,基于图像(picture)的媒介形象是一种静态的视觉形象表征,一方面能够直观地复制目的地吸引物及其环境场景,以目的地形象相似物的方式被镜头记录下来,并通过纸质或电子形式的相片呈现出来,成为对真实的一种拓印;另一方面,这一媒介形象在符号的编码和建构过程中会受到摄影技巧和修辞运用的影响,即摄影师意识中固有的形式范畴和个人气质会影响拍摄的结果,达到一种"自我叙述"(self-narrative)和"自我认同"(self-identity)的目的,用苏珊·桑塔格的言语来说"摄影师既掠夺又保存,既谴责又加以圣化";且随着各种摄影及后期创作技术的成熟,人们的图像表现行为逐渐从"拍摄照片"(take photo)转向"制作照片"(make photo)。

本节笔者选取日本北海道地区的富田农场为研究对象,从九宫格模型中

---

① 李健:《论大众文化视觉形象类型的表层结构系统》,《临沂大学学报》2018 年第 1 期。

抽取"图像&DMO"和"图像&花文化掮客"这两个模块,基于照片的内容和形式指标讨论比较DMO和花文化掮客这两种建构主体所建构出的图像媒介形象。

（一）案例地的选择

富田农场（Farm Tomita,日译:ファーム富田）位于日本北海道富良野（Furano）地区,富良野与法国普罗旺斯和中国新疆伊犁并称为"世界三大薰衣草种植基地"。农场面积在12公顷左右,以花田观光和乡村活动体验为主;最早起源于1903年富田德马先生开辟的私家农场,当时是以薰衣草作为栽培香料原料之用;在1976年前后农场的薰衣草花田由于印刷在日本国铁的日历上被宣传而驰名全国,吸引了诸多旅游者前来观光,逐渐成为富良野地区最受欢迎的花卉旅游目的地之一。

选择此案例的原因在于:富田农场在历史时期作为旅游目的地被人关注归功于日历上的薰衣草花田照片,而如今常常在北海道明信片上出现的五彩斑斓的花区景观图像亦成为了该地区目的地形象的代表性视觉表征物,凝聚着浓郁、鲜明、灿烂形象的明信片被旅游者购买并邮寄,继而实现了农场花田形象的跨区域、广范围传输;从现实情况来看富田农场这一基于图像的媒介形象已经以各类视觉符号的形式展现于大众面前,经由各种电子或纸质媒介的传播不断刺激着潜在旅游者的前行欲望,以此花卉旅游目的地作为案例研究对象具有一定的代表性与现实意义。

（二）数据的获取与处理

从数据来源说,富田农场的DMO媒介形象数据收集于农场的官方网站①,包括网站首页与内部各版块中的横幅背景图片及相关介绍性、展示性图

---

① 富田农场官方网站:http://www.farm-tomita.co.jp/。

片,剔除重复图片以及以漫画形式展示的"花田导览图""进入交通示意图"之外,共获得实景图片 152 张。源自于花文化掮客的图片数据来自于全球知名的图片分享网站 Flickr①,它是设立在雅虎公司旗下、专门为网络摄影爱好者社群提供照片储存、分享、加标签、搜索等服务的平台,是目前社交图片研究领域内较为公认的数据集合。Flickr 网站与传统旅游 UGC 型网站的区别主要在于目标用户的定位不同以及用户差异化的使用动机:传统旅游 UGC 型网站的内容贡献用户主要是有游历经验的旅游者,他们倾向在某一旅游目的地栏目下上传针对该目的地的文字和图片点评,而该类网站的内容阅读用户大多是具有明确出行意愿的旅游者;而 Flickr 网站是一个面向摄影爱好者、以图片分享为主的网站,图片一般以"标签"(tag)的形式分类和搜索,内容贡献用户以上传自己的摄影作品为主,内容阅读用户关注的是图片信息的视觉消费,因此笔者选择以"富田农场 Farm Tomita"为标签的 Flickr 图片作为花文化掮客(而非旅游者)所建构的富田农场媒介形象的数据来源。经搜索可发现,近五年 Flickr 网站上以"Farm Tomita"为标签的图片共有 1180 张,以年为分层单位进行等比抽样,每层采用等距抽样的方式,最终筛选出 150 张图片。

从数据的处理工具来说,笔者与另一位编码员借助质性分析软件 NVivo,分别对来源于两个样本主体的数据进行编码(见附录 4),将每一张图片通过内容分析转换成不同的标签信息,进而根据编码结果将导入 NVivo 软件的图片逐张标记到自由节点(free nodes)和树状节点(tree nodes)之下,二者对应编码流程分别是开放式编码和主轴式编码,树状节点是对自由节点的进一步归类和合并。通过比较两类样本集的数据在节点类目的个数和比率,进而借助 SPSS 统计分析软件挖掘出图片所表征的媒介形象的异同。就实际操作而言,由于图片信息的综合性和杂糅性,一般每张图片的内容信息不能完全归纳入

---

① https://www.flickr.com/.

一个节点,因此一张图对应多个节点的操作方式在研究过程中是可以被认可的,但一般不多于4个。①

　　根据原始图片信息,参考Stepchenkova S & Zhan F(2013)、黄燕等(2015)学者关于旅游目的地形象图像编码的研究成果,并结合花卉旅游目的地这一特殊类型的景区形式特点,富田农场的图像媒介形象共获得36项自由节点,并归类合并出15项树状节点,表5-5列示了所有节点类目在内容指标方面的描述信息。

表5-5　富田农场媒介形象的节点类目描述

序号	树状节点	自由节点	参考点描述
1	花田	1彩色花田带;2薰衣草花田;3单色花田;4花田垄;5花卉特写	花田作为图片的主要焦点,其中单色花田指除薰衣草之外的单一品种的大片区花田,花田垄特指花卉未盛开时形成的长条状田垄
2	食品	1甜品;2饮料;3农副产品;4冰淇淋;5汉堡饼类;6咖喱饭	食品作为图片的主要焦点,以单个食品为主,多类食品的售卖陈设应归纳到便利店中
3	建筑外观	建筑外观	特指农场内部的功能性建筑物,如迎宾建筑——花人之舍等,建筑整体外观需纳入到图片之中
4	树林	树林	树林作为图片的主焦点或之一,仅包括连片的绿色树林
5	旅游辅助设施	1便利店;2观景台;3交通工具;4遮光棚;5休憩座椅	图片中的一个焦点与旅游辅助设施相关,便利店特指售卖食品的商店,与旅游纪念品区分开来
6	山峦	山峦	连绵的山峦作为图片的主焦点或之一
7	人物	1工作人员;2旅游者;3花农;4摄影爱好者	人物作为照片的主题内容或焦点之一
8	旅游纪念品	旅游纪念品	以单个旅游纪念品为图片焦点
9	花园	花园	花园作为图片的主题内容,讲究花卉品种景观的搭配,与大范围的花田区分开来

　　① Stepchenkova S,Zhan F,"Visual Destination Images of Peru:Comparative Content Analysis of DMO and User-generated Photography",*Tourism Management*,Vol.36. No.Jun.(2013),pp.590-601.

续表

序号	树状节点	自由节点	参考点描述
10	建筑内设	1 纪念品商店;2 咖啡馆;3 加工间;4 展厅;5 温室	主要指建筑物内部的空间布局和陈设
11	村寨	村寨	特指富田农场周边的村寨全景
12	历史文化	历史文化	具有文化意义的历史图片
13	标牌	1 功能区标牌;2 富田农场标牌	农场或者农场内部功能区的标牌作为图片的主要焦点或之一
14	雪景	雪景	以白雪覆盖的景象作为图片焦点
15	动物	动物	特写式的动物图片

内容分析的成功与否决定于分类的科学性,因此笔者从两个样本集中随机各抽取 50 张图片进行信度检验(reliability study),通过比对两位编码员的编码结果,最终得出各类别一致性均高于 90% 的结论,以此验证了 15 个树状节点分类的合理性。

（三）案例数据比较分析

从图像数据的研究属性来说,按照视觉元素的分类方法可以分为"内容指标"和"形式指标",[1]内容指标强调的是图片所呈现出的主题信息,是照片内容传达的重点;形式指标则集中于图片的拍摄技法,两者对于图片信息的意义建构都有着重要的作用。

1. 媒介形象的内容指标比较分析

根据图像符号学家 Kress 和 Van Leeuwen(1996)的观点,视觉图像在意义建构中的三大元功能包括再现(representational)、构图(compositional)和互动(interactive)功能,基于图像的媒介形象内容指标对应的就是图像对于现实叙述再现的过程。

---

① 戴光全、陈欣:《旅游者摄影心理初探——基于旅游照片的内容分析》,《旅游学刊》2009年第 7 期。

表 5-6　富田农场媒介形象的内容指标比较分析

序号	树状节点	DMO 树状节点（N=153）	DMO 节点比率	Flickr 树状节点（N=150）	Flickr 节点比率	卡方值（Chi-square）	P 值
1	花田	58	38.2%	106	70.7%	32.735	0.000
2	食物	38	25%	10	6.7%	18.756	0.000
3	建筑外观	22	14.5%	16	10.7%		
4	树林	19	12.5%	17	11.3%		
5	旅游基础设施	16	10.5%	11	7.3%		
6	山峦	12	7.9%	11	7.3%		
7	人物	12	7.9%	31	20.7%	10.228	0.001
8	旅游纪念品	10	6.6%	2	1.3%	5.390	0.020
9	花园	10	6.6%	3	2%		
10	建筑内设	10	6.6%	8	5.3%		
11	村寨	6	3.9%	2	1.3%		
12	历史文化	5	3.3%	1	0.7%		
13	标牌	3	2%	23	15.3%	17.266	0.000
14	雪景	3	2%	2	1.3%		
15	动物	1	0.7%	6	4%		
共计		224		249			

注：所有检验的 df=1，只显示显著性小于 0.05 的 P 值。

从表 5-6 中树状节点的比率统计数值来看，DMO 媒介形象的前三位再现要素分别是花田（38.2%）、食物（25%）和建筑外观（14.5%），花文化掮客平台 Flickr 建构媒介形象的前三位再现要素分别是花田（70.7%）、人物（20.7%）和标牌（15.3%）；可以看出花田是 DMO 和 Flickr 在建构媒介形象时同时最看重的视觉表征物；从类别的覆盖分布比率来说两者差别较大，DMO 的整体分布较为缓和平均，而 Flickr 呈现出聚集化的分布趋势，统计来看 DMO 的前三位显著表征物比率总和达到 77.7%，基本与 Flickr 仅花田这一项表征物的比率（70.7%）持平，位列于 Flickr 第二、三位的人物和标牌两项在

DMO 的媒介形象中的比率仅占到 7.9% 和 2%。

　　笔者采用卡方检验(chi-square Test)来比较 DMO 和花文化掮客所表征的若干类目的地媒介形象显性特征是否存在显著差异。卡方检验,又称为百分比同构型检验,是检验 J 个群体在 I 个反应方面的百分比是否一致的方法,借助统计分析软件 SPSS Statistics 24 的交叉表(crosstabs)功能得出表 5-6 中的卡方值和 P 值,其计算公式为:

$$x^2 = \sum \frac{(A-E)^2}{E} = \sum_{i=1}^{k} \frac{(A_i - E_i)^2}{E_i} = \sum_{i=1}^{k} \frac{(A_i - np_i)^2}{np_i} \tag{5-1}$$

　　公式中的 A 与 E 分别表示实际观察频数和期望观察频数,卡方值越大,两者差异越大,由卡方分布计算出的 P 值决定差异是否显著。由表 5-6 的最后两列可以看到,15 个类别中共有 5 个类别存在显著的统计学差异,分别是花田、食物、标牌、人物和旅游纪念品,Flickr 所表征的花田、人物、标牌出现的比率要远高于 DMO,而 DMO 在食物和旅游纪念品方面的比例要高于 Flickr,这一统计结果的原因在于:官网在面向旅游者时所期望呈现的是关于富田农场尽可能多维度、丰富化的信息,因此 DMO 形象表征物的各节点比率相对来说较为均衡,并且由于富田农场是免门票进入的,因此从经济效益的角度考虑农场的收入主要依赖于食物、农副产品、薰衣草衍生旅游纪念品等,所以官网围绕这些方面的图片出现频率比较高;对于 Flickr 平台上的图片来说,花文化掮客们的展示动机融合了视觉、审美与流行,以文化传播与美感呈现为主,因此集中展示富田农场的旅游核心吸引物——花田的做法符合其形象建构逻辑,值得一提的是,写有"Farm Tomita"字样的木质标牌出现在 Flickr 平台上的频次相较官网来说大大增加,这反映了在基于图像形态的媒介形象中,花文化掮客们需要这种镶嵌在图片中的文字形式标识物去传达旅游目的地信息,这种标识连同农场花田一起成为花文化掮客最青睐的媒介形象。

　　DMO 和 Flickr 在树状节点的出现次数分别是 224 次和 249 次,高于各自样本集的个数153张和150张,由此可见两个建构主体所呈现的照片均呈现出一定程度的共现情况。

继而更进一步观察两个样本集数据在重要树状节点中自由节点的细分差异,以花田为例,其五个自由节点(彩色花田带、薰衣草花田、单色花田、花田垄与花卉特写)占各自样本花田总节点的比率如下图5-7所示:

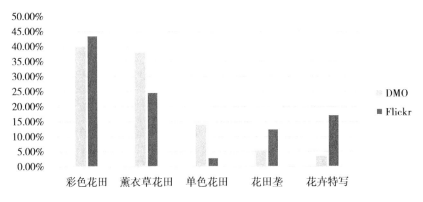

图5-7 富田农场花田类别下的自由节点比率对比图

在DMO呈现花田类别的自由节点中,彩色花田与薰衣草花田占比相似,富田农场起源于该地区薰衣草的广泛种植,后来为平衡花期增加了不同季节多品种的彩色花田区,所以说农场官网在这两种新、旧旅游吸引物上维持了均等的表征着力度;而Flickr中关于彩色花田(43.4%)的图片占比明显高于薰衣草花田(24.5%),说明在花文化掮客心目中更加偏好传达富田农场五彩斑斓的彩带意象,而相对弱化处理薰衣草花田的紫色意象。另外三项自由节点的频次比率也存在着较大差异:就花田垄来说,Flickr中该自由节点出现的比率高于DMO数据的两倍,官网为防止削弱富田农场作为当地热门旅游目的地的魅力,倾向避开呈现因非花期原因而观赏效果不佳的花田垄,试图搭建一种优化的"舞台前景",而Flickr的摄影爱好者们在尊崇原真性的原则下会真实呈现目的地现状,并且他们会对这类处于成长和变化中的植物与土壤形态展现出强烈的兴趣,从侧面表现出旅游目的地外来进入者在形象建构时的好奇心驱动属性；此外，Flickr平台上的图片在花卉特写方面的关注度达到17%，这与摄影爱好者的花卉亲近程度、摄影技法与思维模式都密切相关，他们意图以自己的视角标注该景观的从属性，在上传的照片中展现个人对"他者世界"的掌控权力。

2.媒介形象的形式指标比较分析

除了内容指标能够直观地表达拍摄者透过镜头的观看重点外，基于图像的媒介形象在形式指标上更能揭露出拍摄者蓄意持有隐性编码的意识形态，这是因为在相似的拍摄内容下，不同的形式技法能够使图片透露和映射出更多关于拍摄者个人色彩的"看的方式"；正如西梅尔（Simmel）所言，视觉表现的技术应用使得人们可以把事物或者景观占为己有；如果说内容指标所表现的是形象建构中转喻（metonymy）的结果，那么形式指标更倾向于透露建构过程中的隐喻（metaphor）信息。

形式指标包括景别、焦距、拍摄角度、构图、聚焦、光线等，可以通过信息值（information value）和显著性（salience）等分析视角进行具体的阐释比较。① 笔者同样借助NVivo软件的编码功能，对两个样本集的花田景观图片进行形式指标的一一编码，与内容指标所采纳的探索性分析方式不同的是，形式指标的编码逻辑采用预设的方式，参考自戴光全和陈欣（2009）关于旅游照片形式指标的分类，预先选取"景别""拍摄角度""构图""聚焦"和"光线"这五个指标节点进行讨论，其中"聚焦"的"深焦"表示图片中所有内容都在焦点上，"选择性聚焦"表示只有部分内容处于焦点之上，编码统计结果见下表5-7。值得注意的是，此处的节点比率不同于内容指标，是各节点分类占该节点总数的比值，即占两个数据集各自花田样本量（N=58和N=106）的比值。

---

① 王佳宇：《图片新闻中图像符号的多模态批评性分析》，《国际新闻界》2012年第4期。

表 5-7　富田农场媒介形象(花田)的形式指标比较分析

序号	节点		DMO 节点 (N=58)	DMO 节点比率	Flickr 节点 (N=106)	Flickr 节点比率	卡方值	P 值
1	景别	远景	35	60.3%	40	37.7%	15.496	0.000
		近景	22	37.9%	41	38.7%		
		特写	1	1.7	25	23.6%		
2	拍摄角度	仰视	4	6.9%	8	7.5%		
		平视	27	46.6%	62	58.5%		
		俯视	27	46.6%	36	34%		
3	构图	对称	28	48.3%	57	53.8%		
		不对称	30	51.7%	49	46.2%		
4	聚焦	深焦	41	70.7%	52	49.1%	7.146	0.008
		选择性聚焦	17	29.3%	54	50.9%		
5	光线	亮色调	40	68.9%	67	63.2%		
		暗色调	18	31.1%	39	36.8%		

　　根据上表的统计结果,DMO 的景别选择集中于远景和近景,两者占比达98.2%,且远景的节点数量要大于近景数量,相对来说富田农场官网展现宏大视角的全景式花田景象的图片较多,所提供图片的信息值较为充分;而 Flickr在远景、近景和特写上的分布更为均衡,尤其是以特写方式捕捉花卉细部特征的照片所占比重远大于 DMO,拍摄者与花卉对象的亲近程度更深;在聚焦方面,DMO 占七成的图片选择多焦点的深焦方式,而 Flickr 在深焦与选择性聚焦的比重相似;两个数据集都偏向平视的拍摄角度,仰视角度占比均较小,个位数的图片均是摄影者站在低位向彩色花田的斜坡拍摄的,所以说拍摄角度与富田农场的地形现状和观景位置密切相关;构图的对称与不对称的数量基本一致,且在光线方面两类建构主体超过六成的照片都选择了亮色调,呈现出具有鲜亮色彩的花田景致,暗色调图片一方面是与拍摄当日受天气影响而造成的原因,另一方面则是从 Flickr 的图片中可以明显发现拍摄者有对图片后

期制作的痕迹,如增加了类似 LOMO 风格(浓烈色彩、多重曝光、有自然暗角的一种照片风格)的滤镜效果,套用固有风格的表达手段传递一种自我的表达。

根据卡方检验的结果,"景别"和"聚焦"两项指标节点存在显著的统计学差异(P<0.05)。就景别来说,特写镜头往往对于目的地的地理位置等理性信息传递不足,也就是该特写对于富田农场的标签力度不足,因此对于 DMO 这类目的在于传达旅游信息的建构主体来说,在形象建构中往往会舍弃这类拍摄方式,而 Flickr 平台上的摄影花文化掮客更多是利用图片表达主观的意义与情感,以期产生"移情"的效果,使得图片在建构富田农场形象的同时也能够建构出自身在网络平台上的媒介形象,"人—花"关系从公共领域转向私人领域,特写与选择性聚焦是对同一事物不同细节的捕捉,能够体现出个性化的差异,因此在景别和聚焦方面这两个数据集的统计结果存在显著差异。

三、基于影像的媒介形象异同比较

影像(video),作为技术与艺术的复合体,是集合语言、图像、声音等多种手段和符号资源进行交际的成果,旅游主题的影像作品能够通过"物质化、主体化、神话化"的表征方式传递旅游目的地在"拟真"状态下的各类视觉和听觉信息,[1]在受众的观念想象空间中构筑一个影像化的旅游景观,是能够有效表现旅游目的地媒介形象的一类表征形态。本节选取荷兰花卉旅游胜地——库肯霍夫公园作为案例,采取自下而上的研究路径,通过解构和抽取影像画面等路径比较九宫格模型中的"影像 & 旅游者"与"影像 & 花文化掮客"这两项模块所呈现花卉旅游目的地媒介形象的异同。

---

① 张薇、丁兰兰:《城市旅游宣传片中意识形态的三种表征方式》,《新闻世界》2015 年第 5 期。

（一）案例地的选择

库肯霍夫公园(Keukenhof Park)位于荷兰阿姆斯特丹近郊盛产球根花田的小镇利瑟(Liess)，占地32公顷，种植有800多种、超过700万株的郁金香，被誉为世界上最美丽的春季公园，数次荣获欧洲"最具价值旅游景点"；公园在1830年经由德籍园林设计师Zocher在原有基础上重新规划，整体景观设计以英式园林风格为主，1949年在利瑟市长倡议下，库肯霍夫被改建成为一个开放空间式的室外球根花卉展示基地，由花木企业负责供应花卉资源，至2019年已连续向公众开放70年；公园仅在每年的3月至5月开园8周，大约有超过百万的旅游者蜂拥而至，其中3/4来自于国外。

表5-8　世界著名花卉旅游目的地Youtube视频数和播放量示例

	库肯霍夫公园	布查特花园	日本上野公园樱花	瓦伦索薰衣草花田	保加利亚玫瑰谷	南非纳马夸兰花海
1万次观看次数以上的视频数(部)	122	41	9	6	8	3
播放量最高视频的观看频次(次)	63万	55万	27万	23万	3.5万	1.4万

注：以静态图片组合制作而成的图片集视频不纳入统计中。

选择此案例地的原因在于：库肯霍夫公园作为正式的花卉旅游目的地的存续时间较长且全球声誉高，作为赏花胜地的旅游推荐与经典案例曾多次出现于视频媒介平台上；仅以社交视频网站Youtube为例，截至2019年1月以"Keukenhof"作为关键词搜索到的"1万次观看"以上的视频就有122部，库肯霍夫公园在Youtube上的官方账号"Keukenhof"公布的视频有37部，观看频次最高的一部视频达到63万次，相较全球范围内其他著名花卉旅游目的地来说，选取库肯霍夫公园作为案例无论从用户上传视频数量或是从视频观看量来说具有一定的代表性(表5-8)。

（二）数据的获取与处理

花文化掮客与旅游者这两类建构主体所提供的图像数据皆采集于视频网站Youtube。Youtube是世界最流行的视频短片分享网站之一,用户通过上传个人视频获取播放量、点赞数和关注度;由于广泛的受众市场,机构类组织也会进驻Youtube发布视频获取信息传递的渠道。根据Youtube官方发布的2018年7月公告,该网站目前拥有19亿注册月活跃用户,每天观看Youtube视频内容超过1.8亿小时,总互动数(点赞、评论和聊天)较去年同期增长60%,直播内容在过去三年增长了10倍;同时基于Youtube平台数据的传播学与旅游营销研究逐年增多,进一步验证了数据来源研究的可行性。

从获取花文化掮客数据的具体操作来说,笔者在Youtube网站的搜索框内键入"Keukenhof",并以"观看次数"作为筛选指标,显示排名第一的是由全球旅游网站猫途鹰(TripAdvisor)旗下的Viator公司上传的视频,Viator是全球最大的目的地导览和活动平台,会把全球各地旅游目的地的最佳旅游和活动选项通过展集罗列的方式进行呈现,因此对于库肯霍夫公园来说,Viator公司是以花文化掮客的身份在Youtube平台上贡献了公园媒介形象的建构力量,并获得了受众的广泛关注,截至2019年1月该视频观看次数达到639537次,点赞人数达1756人。对于旅游者方面数据而言,笔者在Youtube网站搜索框中键入"Keukenhof+Vlog"(Vlog是视频博客video blog的简称,以影像代替文字或相片的一种博客方式),以"短片(不到4分钟)"作为筛选指标,为规避抽取到花文化掮客数据而剔除了全职旅游博主(full-time travel blogger)上传的视频,并从剩余搜索结果中随机抽取出一部由用户Giugoh上传的视频,两部视频的基本信息如下(表5-9):

表 5-9 库肯霍夫公园 Youtube 视频案例基本信息

序号	视频名称	上传用户名	上传时间	上传地	视频时长	建构主体
1	Keukenhof Gardens and Tulip Fields Tour from Amsterdam	Viator.com	2012 年	美国	00:02:13	花文化掮客
2	A day in a fairytale? Discover Keukenhof	Giugoh	2017 年	意大利	00:02:40	旅游者

就影像数据处理过程而言,借鉴 Pan S 等(2011)学者的"视频内容分析流程"(video content analysis procedures),主要分为三步(图 5-8):(1)"视频抽取"主要是借助专业视频下载软件 Gihosoft TubeGet 从 Youtube 网站中下载案例视频,为研究者呈现出视频的完整形式,便于其粗略了解视频内容的大致信息,并根据研究需要对视频进行剪辑(如删减片头片尾、缩短时长等),将 Viator 上传的视频剪辑掉片头(9 秒)与片尾(7 秒),最终时长为 1 分 57 秒,用户 Giugoh 不存在此类问题因此无须进行额外剪辑操作;(2)"结构分析"涉及视频的解构化(decomposition),视觉媒介所呈现出的形象主要是通过对一系列视频场景(或镜头)序列的选择(selection)与强调(emphasis),利用视频分析软件 Vegas Movie Studio 可以精确识别场景(或镜头)的变化及边界,将连续的视频内容切割细分为一个个场景组合,即故事板(story boarding),这两个视频画面皆为每秒 30 帧;(3)"编码与集群化"是利用内容分析软件 NVivo 对每一个场景进行内容属性的挖掘和编码,识别关键帧,并对相似的内容进行合并,提炼出每个形象属性出现的频次(frenquency)与持续时间(duration)。

图 5-8 视频内容分析流程图[①]

---

① Pan S,Tsai H,Lee J,"Framing New Zealand:Understanding Tourism TV Commercials", *Tourism Management*,Vol.32,No.3(2011),pp.596-603.

在编码环节,分别将两个建构主体视频的场景按照时间次序制作成记录表(log sheet)并导入 NVivo 中,基于场景的内容进行依次编码。根据 Beerli A & Martín J D(2004)对目的地形象的维度划分,总结出"自然资源、通用基础设施、旅游基础设施、地方氛围、文化历史 & 艺术、自然环境、旅游者休闲与娱乐、政治与经济、社会环境"这 9 项类属,结合花卉旅游特性与视频资料内容,自下而上提炼属性类别时保留了 Beerli A & Martín J D 提出的前 6 项属性,具体而言:"自然资源"主要是局限于花卉本身的形象呈现,"自然环境"指的是目的地的整体环境美,"目的地氛围"是指源自于心理上的放松、兴奋、愉快的觉知;此外还增添了"人地互动"(如旅游者拍摄行为、旅游者观赏行为)和"劳作场景"(花农栽花)这 2 项属性。

基于 Pan S 等(2011)学者的属性值计算方法,将编码和集群化操作后所得到每个形象属性的频次与持续时间数值,进行概率化操作后所得的两个比率数值相乘,计算公式如下,F_i 表示编码和集群化所提取的每一个形象属性的出现频次(以次为单位),D_i 表示每一个形象属性的持续时间(以秒为单位)。

$$x = \frac{F_i}{\sum_{i=1}^{k} F_i} \times \frac{D_i}{\sum_{i=1}^{k} D_i} \quad (i=1,2,3\cdots,k) \qquad (5-2)$$

采用数据离差标准化法(min-max normalization)将最终数值控制在[0,100]区间,从而得出该属性的属性值 X^*(attribute value),属性值表明的是该形象属性在视频中出现的权重。数据标准化公式如下,x 为原始值,$x.max$ 为样本结果的原始最大值,$x.min$ 为原始最小值。

$$X^* = \frac{x - x.min}{x.max - x.min} \times 100 \qquad (5-3)$$

（三）案例数据比较分析

1.影像场景的描述性分析与 T 检验

借助 Vegas Movie Studio 软件，以镜头切换作为场景（scene）的边界，Viator 公司发布的视频长度为 116 秒 10 帧，共识别出 80 个场景；用户 Giugoh 的视频长度为 138 秒 14 帧，共识别出 24 个场景（表 5-10）。

表 5-10　库肯霍夫公园 Youtube 媒介形象的场景秒数描述性分析

序号	建构主体	场景数	场景秒数均值 Mean	标准差 SD
1	花文化掮客 Viator	80	1.45	0.83
2	旅游者 Giugoh	24	5.76	2.01

Viator 公司与用户 Giugoh 上传的视频每个场景平均分别为 1.45 秒和 5.76 秒，通过 SPSS 统计软件的独立样本 T 检验分析结果显示（表 5-11），两者之间存在显著差异，Viator 的视频中 80% 的场景秒数未达到 2 秒，而 Giugoh 视频中的场景秒数最小值就已经达到 2.43 秒，由此可见，花文化掮客 Viator 发布的视频主要采用蒙太奇（montage）的剪辑手法，将多个短片段镜头拼接在一起，推进视频的节奏感，而 Giugoh 的视频每个场景的均值达到 5.76 秒，且标准差为 2.01，组内数据离散程度较大，表明了旅游者个人用户呈现视频的规律性较弱。

表 5-11　库肯霍夫公园 Youtube 媒介形象的场景秒数独立样本 T 检验

		F 值	Sig.	T 值	Df 自由度	Sig.(2-tailed)
场景秒数	假定等方差	29.46	.000	15.37	102	.000
	不假定等方差			10.215**	25.39	.000

2.形象属性比较分析

首先对视频的标题进行文本比较分析:Viator 公司发布的视频名称为 "*Keukenhof Gardens and Tulip Fields Tour from Amsterdam*"(中译:《库肯霍夫公园与阿姆斯特丹郁金香之旅》),在标题中表明了花卉旅游目的地的地理位置、名称以及主题花卉,以名词为主,信息态度处于中立,未涉及积极或消极类情感描述性词汇,确立了"郁金香"这一明确的自然资源认知形象;用户 Giugoh 上传的视频名称为:"*A day in a fairytale? Discover Keukenhof*"(中译:《一日童话·探索库肯霍夫》),以疑问句开头,意图通过视频对库肯霍夫公园"童话"这一朴素形象进行验证,传达出"振奋"(arousing)的情感态度。

利用 NVivo 软件编码并通过数据离差标准化计算分别得出花文化捐客与旅游者的 8 项形象属性值如下表(表 5-12):

表 5-12　库肯霍夫公园 Youtube 媒介形象属性值比较

建构主体	序号	形象属性	频次	频次占比	持续时间(秒)	持续时间占比	属性值
花文化捐客 Viator.com	1	自然资源	29	36%	27.76	24%	100
	2	自然环境	8	10%	11.17	10%	11.4
	3	劳作场景	4	5%	6.83	6%	3.3
	4	目的地氛围	12	15%	25.45	22%	38.1
	5	文化、历史与艺术	11	14%	20.03	17%	27.4
	6	人地互动	13	16%	18.78	16%	29.5
	7	通用基础设施	2	3%	3.5	3%	0.8
	8	旅游基础设施	1	1%	2.53	2%	0
		合计	80	100%	116.05	100%	

续表

建构主体	序号	形象属性	频次	频次占比	持续时间（秒）	持续时间占比	属性值
旅游者 Giugoh	1	自然资源	7	33%	40.23	29%	100.0
	2	自然环境	1	4%	4.37	3%	1.3
	3	劳作场景	0	0%	0	0%	0
	4	目的地氛围	4	13%	23.27	17%	23.1
	5	文化、历史与艺术	4	17%	23.3	17%	30.2
	6	人地互动	3	13%	22.63	16%	21.7
	7	通用基础设施	1	4%	2.97	2%	0.8
	8	旅游基础设施	4	17%	21.36	15%	26.7
合计			24	100%	138.13	100%	

花文化掮客所呈现出的媒介形象属性中位于前三位的分别是"自然资源""目的地氛围"以及"人地互动"，旅游者的媒介形象属性前三位分别是"自然资源""文化、历史与艺术""旅游基础设施"。由此可见，以具体花卉为主呈现出的自然资源形象毫无疑问是两种建构主体共同最期望对外传达的属性；花文化掮客对于目的地氛围的呈现主要通过"旅游者采访"的方式、借助他人之口表达出"叹为观止（marvelous）""平和放松（peaceful）"等感想，他们对人地互动的描绘主要是多个游人拍摄花卉的特写镜头，所以说花文化掮客所呈现出的库肯霍夫公园是一个有着丰富花卉资源、游人能够充分融入其中、充满着美好平和享受的目的地形象；在旅游者方面，除了大量花卉细节的镜头外，还展现了花艺与荷兰风车等涉及文化艺术相关的内容，另外在饮食方面（冰淇淋、汉堡等）的集中展示与博主积极点评镜头展现了目的地在美景之外的旅游服务功能属性，所以说旅游者所呈现的库肯霍夫公园是一个有着丰富花卉植物与文化艺术资源，且提供令人满意的饮食等服务功能的目的地形象。

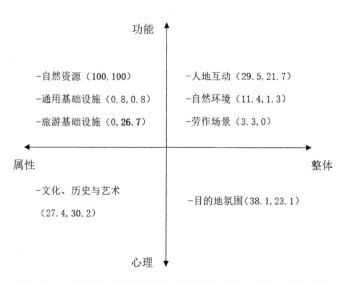

图 5-9　库肯霍夫公园影像媒介形象的二维连续统比较模型①

　　基于 Echtner C M & Ritchie J B(1993)的旅游目的地形象二维连续统模型,模型的 *X* 轴、*Y* 轴分别表示"属性—整体"与"功能—心理"的过渡连续轴,以这两个轴为基础划分为四个象限,以 Pan S(2011)将形象属性类属纳入连续统模型的研究为基础,笔者将从案例影像数据中编码得出的 8 类形象属性置于二维连续统模型中,并附以频次与持续时间乘积标准化计算得出的各属性值,以图示的方式更加直观呈现花文化掮客与旅游者基于影像建构的库肯霍夫公园目的地媒介形象的异同,具体如图 5-9 所示:在"属性—整体"的 *X* 轴上,两类建构主体存在明显的差异,旅游者在"属性端"的各项形象属性上分值均高于花文化掮客("自然资源"除外),说明旅游者所呈现的库肯霍夫公园形象以分散的、具体的、细节性的属性呈现为主,如旅游基础设施、文化艺术等,在"整体端"花文化掮客的各项属性值均高于旅游者,说明花文化掮客更注重呈现整体的、抽象的、可想象的形象,注重提供观者场景式的氛围体验;在

①　模型的括弧中逗号前为花文化掮客(Viator 网站)数据,逗号后为旅游者数据(Youtube 用户 Giugoh)。

"功能—心理"的 Y 轴上,归纳而言两者的差异逻辑并不清晰,从总体来看在功能与心理上的各项属性上无明显的偏向性。

利用 Excel 的散点图(scatter diagram)功能,绘制出 Viator 公司与用户 Giugoh 视频中的各形象属性在时间轴上的分布图(图 5-10),可以看出两者存在着较大差异:作为花文化掮客的 Viator 公司形象属性整体来说呈现零散的断裂状,而旅游者 Giugoh 的视频形象属性相较而言保持了持续式、横条状的分布形式,这与上文中关于影像场景的描述性分析与 T 检验结果一致。就属性值最大的自然资源来说,两类建构主体都将开头 10 秒贡献给这一属性,在视频开篇就展现出库肯霍夫公园中花卉的大量细节,以期获取观众的注意力与观看兴趣。

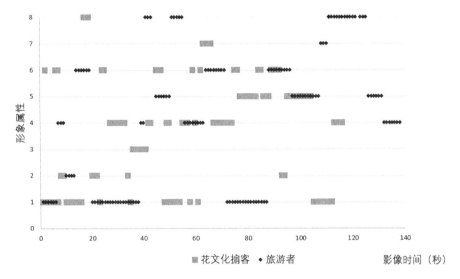

■花文化掮客 ◆旅游者 影像时间(秒)

图 5-10 库肯霍夫公园媒介形象属性的时间轴①

从两个视频的标题文本语义与影像内容属性的分析结果来看,标题与视频内容之间呈现互补的状态,Viator 公司的视频标题简明且实用信息较多,而

---

① 1=自然资源;2=自然环境;3=劳作场景;4=目的地氛围;5=文化、历史与艺术;6=人地互动;7=通用基础设施;8=旅游基础设施。

视频内容呈现出的是场景式、氛围式的整体意象,而 Giugoh 在视频标题里点明"童话"一词,融入特殊语调充满情感色彩,但在她的视频中呈现更多的是与旅游者体验相关的一系列具体事件,如观赏、饮食等,这直接反映于她游历过程中的实际经验,未像 Viator 公司这样的职业媒介平台有倾向性地营造旅游目的地的整体形象。

第三节　本章小结

本章研究对象是花卉旅游目的地形象"链式结构"模型的第二个组构元素——媒介形象,描述的是"弹珠碰撞"模型的第二个步骤:媒介形象的呈现,其建构过程依附于花卉旅游目的地客体形象的存在。首先剖析媒介形象的三个建构主体——花卉旅游目的地运营者(DMO)、花文化掮客以及花卉旅游者在媒介形象建构中各自具备的特点与发挥的作用,同时通过案例阐述建构主体之间的权力转移与博弈,揭示出在社交媒体广泛应用的背景下,花卉旅游者在媒介形象建构中呈现出增权趋势;并基于建构主体与三种媒介表征形态(文本、图像、影像),提出媒介形象建构的"九宫格模型",通过文本、图片及视频内容分析法发现,不同建构主体呈现出的媒介形象存在显著差异。

第六章　花卉旅游目的地的感知形象生成

　　按照皮亚杰(Jean Piaget)的"发生认识论"来说,感知形成的过程既不是主体内部结构的预设,也不是客体特性的预先规定,而是特定认知环境下认知主体与认识对象之间的动态建构关系;①根据美国社会学家戈夫曼(Erving Goffman)的观点,人们在认识社会事物时,往往是基于社会事物中的一些"断片"(strip)开始其认识过程的,这些断片被有效地组织起来后,进而形成一个集合体;事实上,由花卉旅游目的地的旅游者所建构的感知形象就是这样一系列"断片"的集合,是受到目的地客观因素、媒介信息刺激以及旅游者本身"观看方式"(ways of seeing)共同作用的产物。在本书所提出的花卉旅游目的地"弹珠碰撞"动态模型中,作为"弹珠"的感知形象正是与不同"界面"(客体形象、媒介形象)不断发生接触和碰撞,从而促成对"弹珠"本身不断赋值,通过客体形象与媒介形象的不断叠加与耦合,多样的讯息在特定的认知情境中被旅游者不断"化为己有",影响着感知形象的生成。

　　从实践意义来看,研究花卉旅游目的地形象建构的最终关注点应该就是旅游者如何感知、想象、判断和期望目的地形象这一意向对象,并以此为基础作用于旅游者的决策与行为,因此研究的终极落脚点应该是旅游者的感知形象。本

---

　　①　刘丹凌:《客体、主体与情境:"像化"国家形象的认知图谱》,《南京社会科学》2017年第2期。

章从感知形象生成的影响因素着手,通过实验研究法和问卷调查法重点讨论花卉旅游目的地的媒介形象与客体形象对感知形象的影响,分别对应"弹珠碰撞"模型的第四个与第五个步骤,表明了旅游者如何对外在信息的刺激形成反应;然而,形象的"像化"过程是关乎着客体表象与观念的复杂融合体,是认知主体调用社会习得和社会交往提供的前理解基础对认知客体进行意义解读,因此旅游者感知形象的形成并非仅仅是被动地接收花卉旅游目的地客体形象与媒介形象相关讯息,也取决于个体因素建立在已储存记忆与心理期望之上的主动阐释,因此本章的第三部分将关注花卉旅游者群组如何作用于感知形象的生成。

第一节　花卉旅游目的地媒介形象作用下的感知形象生成研究

在研究花卉旅游目的地媒介形象对感知形象的影响中,主要集中讨论媒介形象对尚未出游的潜在花卉旅游者在感知形象方面的影响效果,将感知形象作为因变量,采用实验研究法通过在不同情境下对被试施加媒介信息的刺激以探索其所呈现出的花卉旅游目的地形象的感知差异以及在实验前测与后测中的变化结果。

一、变量选择与假设提出

在旅游目的地感知形象的前因变量研究中,多位学者在媒介信息刺激对目的地感知形象的影响方面展开研究,如媒介信息数量、媒介来源类型或某一特定的媒介表征形态等,却鲜有研究将不同的媒介表征形态对旅游目的地感知形象是否存在显著影响做系统和综合的比较研究;本书以第五章花卉旅游目的地媒介形象建构中提出的三类媒介表征形态(文本、图像、影像)作为自变量;将感知形象作为研究因变量,参考 Gartner 的关于旅游目的地形象的"认知—情感—意动"三维模型,将感知形象结构化分为认知维度、情感维度与意动维度,其中:

认知维度是旅游者对目的地基于客观事实（known facts）属性的态度、判断和评价,[①]情感维度是指旅游者对目的地整体的主观情绪感受（subjective feelings）,[②]意动维度表明旅游者的行为倾向,是接收和消化内外部信息后所形成的一种行动决策性感知,包括出游意愿、重游意愿、推荐意愿、分享意愿等。

就媒介表征形态而言,英国艺术史家贡布里希（E.H.Gombrich）曾经就对比了文本与图像各自的作用优势,他认为在唤起能力方面图像优于文本,然而在陈述功能方面文本又优于图像;[③]李健也从感知方式出发比较不同媒介形态生成的形象,如词语形象、二维空间的静态视觉形象以及二维空间的动态视听综合形象,表明每一种媒介表征形态对人的意识知觉冲击都存在着根本不同。[④]

基于此,针对花卉旅游目的地媒介表征形态与感知形象的关系提出如下研究假设:

H1:不同媒介表征形态（文本、图像、影像）对花卉旅游目的地感知形象的影响存在显著差异。

根据感知形象的三维度模型,此假设包括三个分假设:

H1-1:不同媒介表征形态对花卉旅游目的地感知形象认知维度的影响存在显著差异;

H1-2:不同媒介表征形态对花卉旅游目的地感知形象情感维度的影响存在显著差异;

H1-3:不同媒介表征形态对花卉旅游目的地感知形象意动维度的影响存在显著差异。

信息接触可以使得潜在旅游者从对旅游目的地的无意识状态转变为有意

---

① Gartner W C, "Image Formation Process", *Journal of Travel &Tourism Marketing*, Vol. 2, No.2-3(1994) , pp.191-216.

② Baloglu S, Brinberg D, "Affective Images of Tourism Destinations", *Journal of Travel Research*, Vol.35, No.4(1997) , pp.11-15.

③ 刘丹凌:《客体、主体与情境:"像化"国家形象的认知图谱》,《南京社会科学》2017 年第 2 期。

④ 李健:《论大众文化视觉形象类型的表层结构系统》,《临沂大学学报》2018 年第 1 期。

识状态,进而影响其心理与行为倾向,这也是旅游广告的意义所在。为剔除其他影响因素的作用,本节研究的群体集中为未出行且对花卉旅游目的地不熟悉的潜在旅游者,因此在实施的前测环节难以对其感知形象的认知维度与情感维度进行测量,因此仅以感知形象的意动维度为测量重点以验证媒介形象是否能对旅游者感知形象的改变产生正向积极的影响,提出如下假设:

H2:媒介形象对花卉旅游目的地感知形象的意动维度产生正向影响。

被试在经历媒介信息刺激时,实际是一种对外部信息输入、加工并形成评价的过程,根据精细加工可能性模型(Elaboration likelihood Model,EML):评价者在处理信息时不同的心理卷入程度(involvement)将会影响其对信息的评价,之前就有学者通过单盲实验设计得出心理卷入程度对艺术作品评价的影响。[①] 据此提出以下假设:

H3:媒介卷入程度在花卉旅游目的地媒介形象对感知形象的影响中有调节作用。

二、被试与实验流程

本节研究选取云南罗平的油菜花海为案例地,构建了基于三类媒介表征形态组(文本组、图像组、影像组)对于罗平感知形象分析的实验,要求被试在接收不同的媒介信息刺激前后分别填写对罗平这一花卉旅游目的地感知形象的测量量表。本实验以便利抽样方式,被试均是来自于上海交通大学的学生,为避免在场环境中的客体形象对感知形象产生影响,研究以"未去过罗平"作为被试的筛选原则,共获取有效实验参与者60人,其中本科生12人,硕士生25人,博士生23人;男性26人,女性34人。由于被试所在地在上海,与位于云南的罗平地理距离较远,因此在60人中仅有4人(6.67%)在接受媒介形象刺激前听说过罗平,可见大部分被试对罗平并不熟悉,实验能够有效控制记忆对于实验结果

---

① 葛岩、秦裕林、姚君喜等:《母鸡的长相是否重要——艺术家不良品行信息传播对作品评价的影响》,《文艺研究》2013年第9期。

的影响偏差。就被试对花卉的态度而言,60 位被试对于花卉的喜爱度均值为 4.8,购花习惯均值为 3.55,赏花经历均值为 4.58,基本都处于中立值偏上位置。

实验于 2019 年 2 月在上海交通大学创新设计中心实验室进行,实验采用组间设计(between-subjects design)与组内设计(within-subjects design)相结合的方式。

就组间设计而言,参与者被随机分配至三类媒介表征形态情境组:文本组(20 人)、图像组(20 人)和影像组(20 人),实验员分别向参与者展示关于罗平的文本、图片和影像(即实施媒介刺激)。刺激物选择说明如下:文本来源于马蜂窝网站独立栏目——"旅游攻略"中的《罗平攻略》,共计 600 字;图片来源于 Flickr 网站及 2017 中国罗平(国际)摄影大展作品,共 12 张图片;影像视频选自由于荣光监制、赵佳导演的 2018 罗平旅游宣传片《近在远方》(微电影版),经剪辑后时长 147 秒;为削弱三组实验刺激物内容广度的差异对实验结果产生的偏差影响,所挑选的媒介刺激物内容基本涵盖了花卉旅游目的地的环境、花田、民俗文化等内容。笔者采用卡方检验分析三组的性别分布不存在显著差异(P 值 = 0.934,>0.05),采用单因素方差分析法比较三组被试的花卉喜爱度、购花习惯以及赏花经历也都不存在显著差异($P_{花卉喜爱度}$ = 0.559,$P_{购花习惯}$ = 0.356,$P_{赏花经历}$ = 0.442,>0.05),确保这些要素不会对组间分析的研究结果产生影响。

受 Kim H & Stepchenkova S(2015)启发,将旅游者所感知到的旅游目的地媒介信息划分为显性内容(manifest content)与隐性内容(latent content),显性内容是具体的、明确的、可直接观察的,测量时具有高信度;而隐性内容是含蓄的、潜在的、抽象的,暗藏于语句与信息之间的,需要经历解释性分析(interpretative approach)的过程,更加符合"构念"的定义,因此在本节研究中也将每一实验组的花卉旅游目的地感知形象划分为显性与隐性分别测量讨论;值得一提的是,此处对于显性与隐性的划分是基于研究者观察角度,不同于心理学中基于被试的划分标准。

显性内容部分的采集过程如下:要求文本组被试在阅读文本后标注文本

中最关注或印象最深刻的三个关键词,同时为记录文本组被试在媒介刺激时
的卷入程度,每位被试阅读文本的时长也进行记录;图像组被试在观看图片时
需佩戴眼动仪,眼动(eye tracking)数据借助德国 SMI 公司的桌面式遥测眼动
仪 RED250 进行采集,并要求被试填写 12 张图片中印象最深刻的图片序号并
说明理由;影像组被试在观看完视频后完成一个影像截图回忆率(recall rate)
的小测验,笔者采用 TLK Picture Sort 方法,[1]从视频中抽取 21 幅视频截图,并
与另外 4 幅不存在于视频中的干扰截图组合起来随机播放(视频截图画面详见
附录7),供被试选择"是""否"存在于视频中,或者选择"不记得",完成回忆率
测验后要求被试按照顺序填写印象最深刻的三幅视频截图序号并说明理由。

　　组内设计,同时也是实验隐性内容部分的数据采集设计,对多维概念"感
知形象"进行测量,要求每组的参与者在媒介信息刺激前(即前测阶段)填写
感知形象意动维度量表,在实施媒介信息刺激后(即后测阶段)分别填写感知
形象的认知维度、情感维度与意动维度量表(测量问卷详见附录5)。

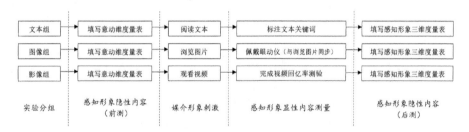

图 6-1　花卉旅游目的地媒介形象作用下感知形象生成研究的实验流程

　　因变量感知形象认知维度与情感维度的测量采用语义差异量表
(semantic defferential scale),由一系列两极性(bipolar)的形容词词对组成,并
划分为 7 个等值的评定等级,适用于被试充分表达个人想法与态度,[2]基于已

　　① Young C E, Robinson M, "Video Rhythms and Recall", *Journal of Advertising Research*, Vol.29, No.3(1989), pp.22–25.

　　② Preston C C, Colman A M, "Optimal Number of Response Categories in Rating Scales: Reliability, Validity, Discriminating Power, and Respondent Preferences", *Acta Psychologica*, Vol.104, No.1 (2000), pp.1–15.

有文献并结合研究对象特点,在认知维度方面形成 8 个测量指标,分别是色彩度、拥挤度、活力度、整洁度、现代化程度、进入度、友好度及独特度;情感维度形成 3 个测量指标,分别是愉悦度、放松度和振奋度;描述性词对的两级随机交替排布,以减少晕轮效应误差(halo effect bias)(Wu & Petroshius,1987)。意动维度的测量采用李克特量表(likert scale),设置三个陈述语句:(1)将罗平作为花卉旅游目的地的意识;(2)前往罗平旅游的意愿;(3)期待了解罗平更多信息的意愿,通过"非常不同意(1 分)—非常同意(7 分)"的 7 点李克特量表进行测量,具体量表题项与量表依据见下表(表 6-1):

表 6-1　媒介形象作用下花卉旅游目的地感知形象隐性内容测量量表依据

维度序号	感知形象维度	量表类型	指标序号	形象指标	测量题项	量表依据
1	认知感知形象	语义差异量表	1	色彩度	明艳的—黯淡的	自拟
			2	拥挤度	拥挤的—空旷的	Ekinci & Hosany(2006);Kim & Stepchenkova(2015)
			3	活力度	活力的—平静的	Ekinci & Hosany(2006);On & Horbunluekit(1997)
			4	整洁度	干净的—脏乱的	Sonmez & Sirakaya - Turk(2002);Naoi(2003)
			5	现代化程度	传统的—现代的	Kim & Stepchenkova(2015)
			6	进入度	易进入的—隔绝的	Ekinci & Hosany(2006)
			7	友好度	友好的—不友好的	Chen & Tsai(2007);Ekinci & Hosany(2006)
			8	独特度	一般的—独特的	Chen & Tsai(2007)
2	情感感知形象		1	愉悦度	愉悦的—不愉悦的	Russel et al.(1981);Walmsley & Jenkins(1993);Pike & Ryan(2004)
			2	放松度	有压力的—放松的	Baloglu & Brinberg(1997);Kim & Richardson(2003)
			3	振奋度	激动人心的—乏味的	Russel et al.(1981);Walmsley & Jenkins(1993);Pike & Ryan(2004)

续表

维度序号	感知形象维度	量表类型	指标序号	形象指标	测量题项	量表依据
3	意动感知形象	李克特量表	1	目的地意识	我充分意识到罗平是一个赏花地	Strong（1925）；Amir et al.（2010）
			2	旅游意愿	我想去罗平旅游	Chen & Tsai（2007）；Kim & Stepchenkova（2015）
			3	信息了解意愿	我希望能了解更多关于罗平的信息	Strong（1925）；Amir et al.（2010）

三、实验结果分析

（一）媒介形象作用下感知形象的显性内容分析

1. 文本组的关键词输出分析

利用问卷调查平台——"问卷星"的页面计时功能，记录下文本组的20位被试阅读完介绍罗平的600字文本的时间：平均阅读时间为102.4秒，最长达到167秒，最短为46秒，标准差为35.05，通过K-S正态性检验（Kolmogorov-Smirnov检验），文本阅读时间的P值为0.2（大于0.05），表明文本组的阅读时间呈现正态分布。

实验要求被试在阅读文本后写出最关注或印象最深刻的三个文本内关键词（名词、形容词、动词均可），经统计被试共提出20个关键词，总频数60次，其中名词16个，形容词4个，据此绘制关键词频数折线图如下（图6-2）：

由上图可见，文本组的关键词输出趋势呈现长尾状，"油菜花"（15次）、"布依族"（12次）和"自然天成花园"（5次）成为长尾曲线的头部，仅这三个关键词的提及次数就占总次数的53.3%；有四分之三比重的被试意识和关注到了文本中罗平的旅游特色资源——油菜花，有超过一半（60%）的被试提及了罗平作为"布依之乡"所拥有的传统文化资源——布依族，且这两个关键词

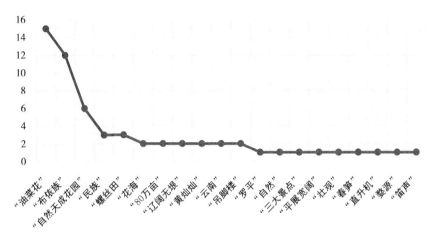

图6-2　文本组的关键词输出频数折线图(横坐标：关键词；纵坐标：输出频数)

共现的频数达9次,经系统聚类分析后两者的近似值矩阵系数达到0.671;位列长尾曲线第3位的关键词是"自然天成花园",提及频数与前两者相比呈现断崖式坠落,但其作为罗平的一个标签式词汇仍然区分于其他尾部词汇。

从16个关键名词的内容来看,与花田直接相关的占名词个数的43.75%(7个),提及频数占总频数的50%;与文化民俗直接相关的占25%(4个),提及频数占总频数的30%;与空间相关的占12.5%(2个),提及频数占总频数的5%。从4个关键形容词来看,形容对象都集中于油菜花田,其中1个关键词指向油菜花的颜色("金灿灿"),另3个关键词指向花田的空间感("辽阔无垠""平展宽阔""壮观")。总体而言,文本组的关键词输出紧密围绕于油菜花。

2.图像组的眼动仪实验分析

关于视觉疲劳(visual fatigue)的相关研究显示,随着观看任务时间的延长,视觉系统的表现能力将会减弱。① 为避免图片的固定出现顺序造成研究

---

① Lambooij M,Fortuin M,Heynderickx I,et al,"Visual discomfort and visual fatigue of stereo-scopic displays:A review",*Journal of Imaging Science and Technology*,Vol.53,No.3(2009),pp.1-14.

结果的偏差,12 张图片按照随机顺序出现,被试自主控制观看速度,按"空格键"进入下一张图片。为研究被试在接受图像媒介刺激时的视觉感知与注意力,笔者借助眼动仪采集其在观看图片时的两项眼动参数:平均注视时间(average viewing time)以及平均注视点次数(average numbers of fixations),注视时间越长,表明被试对信息材料加工的仔细程度越高,[1]目标图片对被试的吸引力越强;注视点次数越多,表明图片中能够引起被试注意力的点越多。

　　图像组的眼动仪实验除 1 位被试因未通过眼动校准中断实验外(剔除该数据),共获得 20 条有效眼动数据。其中,12 张刺激材料中每张图片的平均注视时间最大值为 5.67 秒,最小值为 3.49 秒,平均注视点次数最大值为 31.15 次,最小值为 21.45 次;图 6-3 显示了 12 张图片的平均注视时间和平均注视点次数,根据图片主题分为花田、自然环境、民俗文化和人地互动四类,分别以大写字母 A、B、C、D 对图片进行编号。

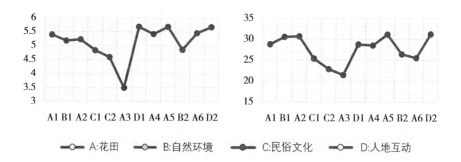

图 6-3　图像组被试对 12 张图片刺激物的平均注视时间(左图)与平均注视点次数(右图)
(横坐标:图片编号;纵坐标:左图为注视时间,右图为注视次数)

　　由上图可以看到,被试在每一张图片上的平均注视时间和平均注视点次数的分布趋势基本保持一致。人地互动相关的图片(D1、D2)基本维持在眼动数据的高位,说明被试在观看此主题图片时停留时间较长,民俗文化图片

① 李晓静:《社交媒体用户的信息加工与信任判断——基于眼动追踪的实验研究》,《新闻与传播研究》2017 年第 10 期。

(C1、C2)的注视时间与注视点次数均处于总数据均值之下,自然环境图片(B1、B2)的眼动数据在均值附近徘徊,花田图片(A1、A2、A3、A4、A5)中最引人注目的是 A3 图片(油菜花的近景特写),其平均注视时间与平均注视点均处于数据谷底,可见相较于油菜花的另四张远景图片来说 A3 对被试的吸引力较弱。

通过眼动分析软件 Begaze3.7 生成 12 张图片的眼动热点图(详见附录6),红色区域代表浏览和注视最集中的区域,黄色和绿色代表目光注视较少的区域。在花田主题的图片中,除了采用近景方式拍摄的油菜花特写图(A3)注视点较为集中外,其他花田图片的注视落点均呈现分散状,并重点分散在图片中与花田组合的要素中,如 A2 的"金鸡峰丛"景观中,被试的视觉落点分散于山峰与晚霞之间,A4 与 A5 图片中的视觉热点也分散在绵延的道路与村庄建筑上,可见在油菜花田主题的图片刺激物出现时,大片区的金黄色油菜花更易于被观看者作为图片背景,这符合图片观看的一般规律,即观看者倾向于找寻图片中区别于背景的焦点,但同时也说明了油菜花元素在图像组被试的显性感知形象中表现并不突出。

另外从热点图可以观察到,有人物出现的图片(C1、D1、A4、A6、D2)的注视点均落于人物之上,可见人景同时出现时,被试常常会被人物吸引;为进一步探索人物要素是否对被试的眼动行为产生影响,采用 T 检验进行分析验证,结果如下:由于平均注视时间与平均注视点次数的 F 值均未达显著,则"有人物"与"无人物"这两类图片母群的变异数相等,进一步检验 T 值所对应的 P 值均大于 0.05($P_{平均注视时间}=0.189$;$P_{平均注视点}=0.816$),因此人物要素对被试的眼动行为模式并没有显著影响,这一结论与以往研究一致(Qian L,et al.,2016)。

在图像组眼动仪完成以后,要求被试选择一张印象最深刻的图片并说明理由,统计结果如下:总体来说被试对于印象深刻的图片的选择分布较为均衡零散,除 A3(油菜花细节)和 A5(花田与民居)未被提及外,其他 10 张图片均被提及;提及频数达 3 次的有 2 张图片,2 次的有 6 张图片,1 次的有 2 张图片;提及频数最高的 2 张图片分别是 D1(泛舟多依河)与 A4(花田与大道),从图 6-3 中也可以看到这两张图片的眼动数据表现优于平均线,选择 D1 的理由主要在于对这类景观类型的偏好,如"喜欢有山、有水、有船的地方"(图像组被试 09)、"给人宁静、放松的感觉"(图像组被试 19),不过被试 05 认为:"其他图片颜色过于鲜艳,这张图片对眼睛比较友好",可见过于鲜艳和密集的花色可能会给观看者带来疲累的感觉;选择 A4 的被试给出的理由主要在于对图片内容与格局的喜爱,如"画面中一条公路延伸至远方,视野广阔;油菜花田被分割成不同大小的方块,有种自然与人工结合的序列感,与纯自然景观又有不同"(图像组被试 02)、"格局清晰"(图像组被试 07);被试中有 9 人选择了花田主题的图片作为印象最深刻的图片,占比 45%。

3. 影像组的回忆率测验分析

根据被试回忆视频的统计结果来看,20 位被试平均回忆出 21 幅影像截图中的 15 幅画面(测验画面详见附录 7),画面识别率能够达到 73%,该数值略高于以往研究,但总体而言保持在 60% 到 80% 的经验区间范围内。按照影片播放的时间轴梳理视频截图顺序,147 秒时长的视频按照 50 秒为单位间隔,落入"0 秒至 50 秒""51 秒至 100 秒""100 秒至 147 秒"这三个区间内的视频截图各 7 幅,相应这三个时间区间对应的平均回忆率分别为 72.1%、79.3% 以及 67.9%,可见视频后三分之一部分的画面回忆率平均表现要弱于前两个时段区间。

根据视频时间轴的回忆率散点图(图 6-4)可知,事实上在视频的前半段,除 41 秒画面 6 的回忆率发生急坠的情况以外,散点连线基本处于缓慢波动的状态;而后半段的画面回忆率相较而言起伏剧烈;总体而言,147 秒的视频共有三处记忆高峰点(回忆率达到 95%),分别发生在视频的 60 秒、107 秒和 124 秒,第一处记忆高峰是画面 10,表现的是两位旅游者在水中捉鱼嬉戏的场景;第二处记忆高峰是画面 16,展现的是罗平布依族的传统美食五色花

米饭,第三处记忆高峰是画面 19,是一位身着白裙的舞蹈演员在油菜花丛中
翩翩起舞的场景;相对记忆高峰而言,回忆率测验结果也有三处比较明显的记
忆谷底,分别发生在视频的 41 秒(35%)、103 秒(50%)及 110 秒(50%),相对
应的画面是连绵的深色山峦、罗平的山居建筑以及布依族小姑娘的面部特写,
这三个画面的共同点在于视频停留时间均在 1 秒以下,属于故事拍摄中的转
场镜头,用于连接和导入后续场景画面。被试在观看完视频后最能够回忆起
的画面(回忆率超过 85%)主要包括天空背景下的油菜花特写、民俗特色(花
米饭)以及旅游者与多依河水景的人地互动活动(画面 1、3、10、11、16 和 19)。
有趣的是,在以油菜花为画面主体(无人物)的回忆率表现中,油菜花特写画
面(画面 3、8)的平均回忆率(82.5%)要优于远视、俯拍方式下的大场景全景
画面(画面 5、14、20)的平均回忆率(71.7%)。

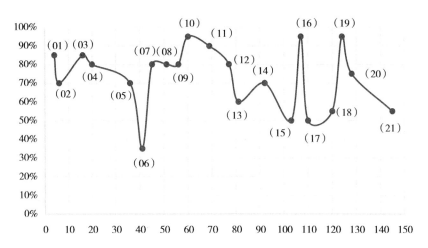

图 6-4　影像组视频时间轴上的画面截图回忆率散点图(横坐标为秒数,纵坐标为回忆率)①

　　基于 21 幅画面的正确回忆频次数据,借助 K 均值聚类算法经过 4 次迭
代,可以划分为 3 个回忆率等级的数据集群,第一类集群平均回忆率维持在

---

　　①　折线图上的节点标签是按照视频中出现顺序编号的测验画面截图,对应附录 8 中的“有
括号编号”画面。

90%左右(正确频次18次),包含6幅画面;第二类集群平均回忆率约75%(正确频次15次),包含9幅画面;第三类集群平均回忆率最高,达到50%(正确频次10次),包含6幅画面;运用单因素方差检验(One-way ANOVA)结果得知:F值为65.372,P值小于显著性水平0.01,说明这三类集群数据在回忆正确率上具有显著性差异。参考Pan S等(2011)融合集群回忆频次以及被试以填空方式填写的印象最深的画面统计结果,由于回忆率高的画面更易于给被试留下深刻印象,将三个集群的回忆正确频次(RF_i)作为印象序列画面的权重系数(w_i)依据,计算出视频画面的"印象值"(IS),印象值大小代表画面留给被试群体的印象程度,计算公式如下:

$$w_i = \frac{RF_i}{\sum_{i=1}^{3} RF_i} \ (i=1,2,3) \tag{6-1}$$

$$IS_j = \sum_{i=1}^{3} w_i \times v_{i \cdot j} \ (i=1,2,3;j=1,2,3\cdots) \tag{6-2}$$

其中,RF_i为各集群画面的平均正确回忆频次,w_i为印象序列画面的权重,$v_{i \cdot j}$表示第j个画面被提及为印象最深刻序列中第i位的被试人数;IS_j为视频的第j个画面的印象值。根据此实验回忆率从高到低三类集群的回忆频次(18次、15次和10次),印象序列画面的权重分别为0.42、0.35和0.23。根据印象画面序列统计结果与相对应权重计算结果如下表6-2:

表6-2　影像组视频的画面印象值列表

视频画面编号①	被试印象序列1位(v_1)	被试印象序列2位(v_2)	被试印象序列3位(v_3)	印象值(IS)	回忆率	画面主题
(11)	4	4	2	3.54	90%	人地互动(河景)
(10)	5	2	0	2.8	95%	人地互动(河景)
(16)	0	3	5	2.2	95%	民俗文化

① 此处画面编号按照视频中出现顺序编号的测验画面截图,对应附录8中的"有括号编号"画面。

视频画面编号①	被试印象序列1位（v_1）	被试印象序列2位（v_2）	被试印象序列3位（v_3）	印象值（IS）	回忆率	画面主题
(17)	1	2	3	1.81	50%	民俗文化
(05)	2	2	0	1.54	70%	花田
(19)	1	1	2	1.23	95%	人地互动（花田）
(04)	2	0	1	1.07	80%	自然环境
(07)	0	2	1	0.93	80%	人地互动（花田）
(02)	2	0	0	0.84	70%	自然环境
(06)	1	1	0	0.77	35%	自然环境
(14)	1	0	1	0.65	70%	花田
(13)	0	1	1	0.58	60%	建筑
(20)	0	0	2	0.46	75%	花田
(03)	1	0	0	0.42	85%	花田
(01)	0	1	0	0.35	85%	花田
(21)	0	1	0	0.35	55%	民俗文化
(09)	0	1	1	0.23	80%	人地互动（花田）
(18)	0	1	1	0.23	55%	人地互动

由上表可见,被试一共提及18幅画面,位列于印象值前3位的画面同时处于回忆率的高峰区(超过85%),验证了回忆率与印象程度的协同性。画面11是两位旅游者在多依河边打水漂嬉戏的场景,被试在说明选择原因时主要提出两点:①游伴的重要性,例如"两人结伴旅游的情景比较触动"(影像组被试12)、"旅游最重要的是在一起的人"(影像组被试20);②情感的共鸣,例如"用石头打水漂想起了童年"(影像组被试06)、"见过或幻想过类似的景象,有种熟悉感"(影像组被试15)。画面10是旅游者在多依河捉鱼的场景,选择的原因包括:①画面的动态性,例如"捉鱼的情节极富动感"(影像组被试18);②活动的趣味性,例如"捉鱼的活动有趣、特别"(影像组被试19);③被试对水的偏爱,如"喜欢水,看到水就会觉得透彻心凉"(影像组被试13)。由此可以看到,被试印象值最高的两幅画面均展现了人地互动的场景,正如被试

08 陈述道:"有人参与的场景中,对于感情的表达更加强烈,印象会更加深刻。"位列印象值第 3 位的画面 16 是罗平布依族的特色花米饭特写镜头,被试给出的理由有:①味觉吸引力,如"味觉本能"(影像组被试 18)、"看起来很好吃"(影像组被试 19)、"很想尝一尝这样的美食"(影像组被试 19);②与日常生活的共鸣,如"能让人联想到生活中的事物"(影像组被试 07)。

在 9 幅有油菜花元素出现的测验截图画面中,被试对于印象深刻画面的问答中提及了 8 幅(画面 05、19、07、14、20、03、01、19),从画面效果的广度来说视频中出现的油菜花场景都能够在某一位或某几位被试心目中占据一定位置,然而仅 2 幅画面的"印象值"超过 1.0,包括从空中俯拍罗平"金鸡峰丛"油菜花景区的画面 05,以及记录舞蹈演员在油菜花丛中翩翩起舞场景的画面 19,虽然在以油菜花为主体(无人物)的画面回忆率表现上来看,油菜花近景的回忆率要优于远景,但从总体印象来看,被试对于大场景的油菜花田的印象深刻度要高于油菜花近景特写,如"高空俯拍整片花海在视觉上极富冲击力,令人印象深刻,心向往之"(影像组被试 02)、"自然景色绚丽的颜色与如梯田般壮观的景观令人心驰神往"(影像组被试 01)。总体来看,视频中"人"元素的出现无论是在回忆率表现或印象程度上来说起到了关键作用,被试 14 在选择印象深刻画面时都选择了囊括人物的画面,他表示:"花田风景类的色差过于接近,有活动特征的人物画面比较能够吸引到我的注意。"

（二）媒介形象作用下感知形象的隐性内容分析

为减少晕轮效应误差,感知形象隐性内容量表中的描述性词对呈现两级随机交替排布,因此在分析之前进行反向计分的数据预处理工作。

1. 感知形象认知维度的组间分析

从罗平认知维度的 8 项形象指标的均值与标准差统计结果可以看到,60 位被试在观看媒介刺激材料后,对罗平整体形成了艳丽的(5.88)、空旷的(2.43)、整洁的(5.73)、传统的(2.03)、友好的(5.93)、独特的(5.47)等积极印象。从各组的分项具体指标来看,三组均值非常近似的指标有:色彩度、活力度与独特度,可以看到文本组的被试即使没有接受罗平油菜花图片或影像的视觉刺激,仍然通过文本中阅读到的"黄灿灿""湛蓝""郁郁葱葱"等词汇对罗平形成了色彩度较高的认知评价,所以说文本中关于色彩的词汇能够有效激发被试心中的色彩联想,在本实验中这种文本的表现力并不逊色于视觉材料;从标准差数据看到,三组被试对于活力度指标的数据分布离散度较高,观看完实验材料后对罗平关于"活力的—平静的"形容词评价意见的一致性较弱,均值最终汇集于贴近中立值的3.7。

表6-3 花卉旅游目的地形象认知维度的组间方差分析结果

序号	形象指标	文本组		图像组		影像组		三组汇总		ANOVA 检验	
		均值	标准差	均值	标准差	均值	标准差	均值	标准差	F 值	P 值
1	色彩度	5.85	1.565	5.95	1.317	5.85	1.039	5.88	1.303	0.038	0.963
2	拥挤度	2.95	1.432	2.4	1.231	1.95	1.05	2.43	1.293	3.224*	0.047
3	活力度	3.7	2.105	3.75	1.943	3.65	2.109	3.7	2.019	0.012	0.988
4	整洁度	5.6	1.353	5.5	1.433	6.1	0.852	5.73	1.247	1.345	0.269
5	现代化程度	1.6	0.598	2.45	1.356	2.05	0.759	2.03	1.008	3.912*	0.026
6	进入度	3.65	1.814	3.75	1.618	4.35	1.663	3.92	1.700	0.991	0.377
7	友好度	6.15	0.875	5.75	1.251	5.9	1.071	5.93	1.071	0.704	0.499
8	独特度	5.55	1.05	5.5	1.1	5.35	0.813	5.47	.0.982	0.219	0.804

注: * 表示在 $\alpha = 0.05$ 的显著水平上差异显著; ** 表示在 $\alpha = 0.01$ 的显著水平上差异显著,下同。

借助 SPSS 软件,将各项认知形象指标作为因变量,检验源于组间的自变量变异是否能显著影响各项认知形象指标,结果显示拥挤度和现代化程度两项指标存在显著差异($P_{拥挤度} = 0.047$,$P_{现代化程度} = 0.026$)。进一步对这两项指标采用最小显著性差异法(LSD tests)进行组间的两两比较,结果显示:在拥挤度指标上,文本组要显著大于影像组($P = 0.014$),说明影像组被试在观看视频后所感知的罗平的空旷程度要显著大于文本组,而文本组与图像组($P = 0.169$)、图像组与影像组($P = 0.259$)之间并无显著差异,这表明在此实验中文本在空间尺度的描绘能力和效果方面不及多媒体技术,视频的移动式、多角度、全景式的形象展现能力能够让被试更直观了解到目的地的空间感知;在现代化程度指标上,图像组要显著大于文本组(P = 0.007),说明被试从文本中感知到的罗平印象较图片来说更加传统,可见文字对于历史遗迹与传统习俗的记录和描述更易于将受众带入历史情境的想象之中,图片(历史图片除外)反映的是现代的目的地理环境,因此在传统元素呈现上表现力较弱。总结而言,在认知维度范畴下,从与空间相关的形象指标上来看影像作为媒介的效果更佳,而与时间相关的形象指标来看文本作为媒介表征形态能够对受众形成更强大的认知刺激。

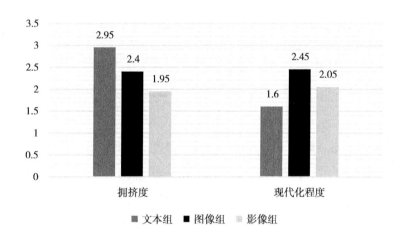

图 6-5　三个实验组在拥挤度和现代化指标上的分数(横坐标:形象指标;纵坐标:分数均值)

　　根据以上分析,不同的媒介表征形态对花卉旅游目的地感知形象认知维度的拥挤度与现代化指标的影响存在显著差异,研究假设 H1-1 的验证结果为"部分支持"。

2. 感知形象情感维度的组间分析

　　在罗平感知形象的情感维度方面,三组被试所感知到的情感性形象都是正向、积极的。三组汇总来说,愉悦度均值达到 6.3,放松度达到 6.43,振奋度的分值低于前两者(Mean = 5.31);根据标准差结果来看,放松度指标的标准差最小,说明大部分被试观看完实验材料后都认同罗平呈现出一个令人放松的目的地形象;振奋度指标的标准差最大,说明被试在这一指标上的数据离散程度较大,对于罗平是否可以完全称之为一个令人激动人心的旅游目的地来说存在一定的意见分歧。

表 6-4　花卉旅游目的地形象情感维度的组间方差分析结果

序号	形象指标	文本组		图像组		影像组		三组汇总		ANOVA 检验	
		均值	标准差	均值	标准差	均值	标准差	均值	标准差	F 值	P 值
1	愉悦度	6.35	0.875	6.3	0.733	6.25	0.966	6.3	0.849	0.067	0.935
2	放松度	6.45	0.51	6.35	0.587	6.5	0.607	6.43	0.563	0.359	0.7
3	振奋度	4.9	1.119	5.3	0.923	5.75	1.118	5.31	1.097	3.234 *	0.047

方差分析结果显示,三项情感维度的指标中仅振奋度一项在三组被试中表现出显著差异($P = 0.047$)。通过最小显著性差异法两两比较,影像组得分要显著大于文本组($P = 0.014$),文本组与图像组($P = 0.237$)、图像组与影像组($P = 0.184$)之间并无显著差异;这一结果说明影像组(Mean = 5.75)被试在观看视频后感知到情感上的激动与振奋程度较强,而文本组(Mean = 4.9)被试虽然在阅读文本后获得了与其他组类似的愉悦度和放松度较高,但是在振奋度指标上明显弱于影像组。因此,不同的媒介表征形态对花卉旅游目的地感知形象情感维度的振奋度指标的影响存在显著差异,研究假设 H1-2 的验证结果为"部分支持"。

3. 感知形象意动维度的组间分析

在罗平感知形象的意动维度方面,表 6-5 分别列出被试在接受媒介材料刺激前后的意动形象指标的均值与标准差,此小节仅讨论三个实验组在前测与后测中各指标的组间对比分析。从前测数据来看,目的地意识、旅游意愿以及信息了解意愿的实验组汇总数据均值分别为 3.23、3.78 和 5.18,可以看到由于所有被试在实验前听说过罗平的人数占比仅为 6.67%,因此认同罗平作为花卉旅游目的地的分值低于中立值,被试普遍并没有将罗平与赏花地的意象联结起来；在媒介刺激前被试仅被告知罗平是云南省曲靖市下辖的一个县，并未获取其他相关信息，因此其前往旅游的意愿也较低；前测数据中唯一高于中立值的指标是信息了解意愿，说明被试对于未知目的地的信息了解意愿整体呈现积极的态度。从后测数据来看，三项指标的均值均超过5，说明被试在接受媒介刺激后对罗平均产生了正向的行为倾向。

表6-5　花卉旅游目的地形象意动维度（前测、后测）的组间方差分析结果

步骤	序号	形象指标	文本组		图像组		影像组		三组汇总		ANOVA 检验	
			均值	标准差	均值	标准差	均值	标准差	均值	标准差	F 值	P 值
前测	1	目的地意识	3.05	1.959	3.45	1.637	3.2	1.641	3.23	1.73	0.266	0.768
	2	旅游意愿	4	1.716	3.3	1.625	4.05	1.7	3.78	1.688	1.244	0.296
	3	信息了解意愿	5.5	1.051	4.85	1.531	5.2	1.361	5.18	1.334	1.198	0.309
后测	1	目的地意识	6.35	0.875	5.6	1.501	5.2	1.765	5.71	1.485	3.334 *	0.043
	2	旅游意愿	5.6	1.095	5.35	1.387	5.6	1.046	5.51	1.171	0.296	0.745
	3	信息了解意愿	5.95	0.887	5.25	1.446	5.7	1.081	5.63	1.178	1.865	0.164

三项意动维度指标的前测数据方差分析结果显示各实验组之间不存在显著差异（$P_{目的地意识}=0.768$，$P_{旅游意愿}=0.296$，$P_{信息了解意愿}=0.309$），排除了各实验组被试的组间差异对后测结果的影响；在后测数据方差分析中，各实验组在目的地意识这项指标中出现显著差异（$P=0.043$），进一步通过多重比较分析得知，文本组（Mean＝6.35）与影像组（Mean＝5.2）在目的地意识方面存在显著差异（$P=0.014$），说明与观看视频相比，阅读文本能够在被试关于罗平意动形象的目的地意识方面产生更加显著的推动作用，这一结论能够从罗平感知形象显性内容的分析结论中得以佐证：在文本组关键词输出时被试提及油菜花的频数集中度较高，而在影像组的回忆率测验结果中与油菜花花田相关的

画面回忆率表现并不处于高位,落后于人地互动、民俗文化等类别画面。总体说来,不同媒介表征形态对于花卉旅游目的地形象意动维度的目的地意识指标的影响存在显著差异,研究假设 H1-3 的验证结果为"部分支持"。

4. 感知形象意动维度的组内分析

实验通过组内设计分析花卉旅游目的地的媒介形象是否能够对感知形象产生显著的影响。将三个实验组数据进行汇总后对各指标分值进行前测与后测的配对样本 T 检验(paired samples t-test),结果显示三个指标在实验前后均存在显著差异($P_{目的地意识} = 0.000, P_{旅游意愿} = 0.000, P_{信息了解意愿} = 0.003$);从图 6-6 的箱型图可以看到,后测的各指标均值均高于前测数据均值,说明媒介刺激强化了罗平留给被试的意动形象。

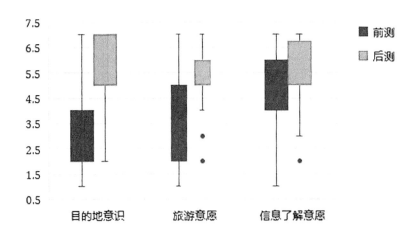

图 6-6 花卉旅游目的地形象意动维度箱型图(横坐标:形象指标;纵坐标:分数)

在本书提出的"弹珠碰撞"模型中,感知形象弹珠从拟态环境进入在场环境之前,不断与媒介形象界面发生碰撞(即受到媒介刺激),系统分值得以提升,潜在旅游者的旅游意愿不断加强,从而逼近弹珠的"进入"临界分值,该实验的组内分析结果验证了模型的这一环节,被试在接受媒介刺激后,对于花卉旅游目的地感知形象的分值得到显著提升,因此研究假设 H2 的验证结果为"完全支持"。

分组后的配对样本 T 检验结果如下表,可以看到在信息了解意愿指标下文本组和图像组的前测与后测数据差异不显著,而视频刺激可以显著增强被试对于花卉旅游目的地相关信息的了解意愿。

表 6-6　花卉旅游目的地形象意动维度分组实验的配对样本 T 检验结果

序号	意动维度指标	实验组	前测 均值	后测 均值	配对样本 t 检验	
					T 值	P 值
1	目的地意识	文本组	3.05	6.35↑	−7.678**	0.000
		图像组	3.45	5.6↑	−4.454**	0.000
		影像组	3.2	5.2↑	−4.305**	0.000
2	旅游意愿	文本组	4	5.6↑	−4.376**	0.000
		图像组	3.3	5.35↑	−6.962**	0.000
		影像组	4.05	5.6↑	−4.507**	0.000
3	信息了解意愿	文本组	5.5	5.95	−1.630	0.119
		图像组	4.85	5.25	−1.566	0.134
		影像组	5.2	5.7↑	−2.236*	0.038

5.感知形象各维度指标间相关分析

为探索花卉旅游目的地隐性感知形象不同维度的相关密切程度,将三个实验组数据汇总后对三个维度内的每个指标进行相关性分析,采用皮尔逊相关系数(pearson correlation coefficient)反映指标之间的两两关系,为保证时间的一致性,意动维度指标采用后测的实验数据,此处列出相关系数高于0.3的数值,统计结果如下:

在情感维度与认知维度之间,愉悦度指标与色彩度(R=0.415,P<0.01)、友好度(R=0.544,P<0.01)与独特度(R=0.459,P<0.01)指标呈现显著的正相关关系,这说明被试在接受媒介刺激后所认知到罗平的色彩度、友好度和独特度越高,他们所感受到的愉悦程度越高;同理,放松度与友好度显著正相关

（R＝0.554，P<0.01）；振奋度与拥挤度（R＝-0.504，P<0.01）显著负相关、与独特度（R＝0.49，P<0.01）显著正相关。

在认知维度与意动维度之间，认知维度中的独特度指标与旅游意愿（R＝0.509，P<0.01）以及信息了解意愿（R＝0.487，P<0.01）显著正相关，表明旅游目的地的独特性对于潜在旅游者出行意愿及信息了解意愿的强度十分重要。

在情感维度与意动维度之间，情感维度中的愉悦度、振奋度与意动维度中的旅游意愿、信息了解意愿存在较高的相互依存关系，其相关系数是：愉悦度—旅游意愿（R＝0.438）、振奋度—旅游意愿（R＝0.349）、愉悦度—信息了解意愿（R＝0.490）、振奋度—信息了解意愿（R＝0.419），这四组关系在 $\alpha=0.01$ 显著水平上均显著相关。

6.媒介卷入程度的调节作用分析

为探索媒介卷入程度对花卉旅游目的地感知形象的影响，实验借助不同指标测量被试的媒介卷入程度：在文本组和图像组中，媒介刺激的时间由被试自主控制，因此将媒介接触时间作为衡量媒介卷入程度的指标，被试接触媒介刺激物的时间越长，心理投入强度越大，媒介卷入程度越高；由于影像组的视频播放时间在被试之间没有差异，因此将回忆率作为衡量其媒介卷入程度的指标，被试在看完视频后的延时回忆率测验中表现越好，其媒介接触时的卷入程度越高。根据媒介接触时间和回忆率数据，汇总三组数据后将数值较高的被试纳入高卷入组，将数值较低的被试纳入低卷入组，60位被试以媒介卷入程度为标准分为高卷入组（N＝30）和低卷入组（N＝30）。由于感知形象的意动维度是组内变量，是同一个被试在两个时间点的测量数值，而媒介卷入程度是组间变量，因此借助 SPSS 软件的重复测量方差分析验证研究假设，主体内对比检验结果如下表：

表6-7　媒介卷入程度的重复测量方差分析

序号	因变量指标	源	均方	F 值	P 值
1	目的地意识	前后测变化	184.008	82.363	0.000
		前后测变化×媒介卷入程度	0.208	0.093	0.762
2	旅游意愿	前后测变化	90.133	80.016	0.000
		前后测变化×媒介卷入程度	0.533	0.473	0.494
3	信息了解意愿	前后测变化	6.075	9.693	0.003
		前后测变化×媒介卷入程度	0.075	0.12	0.731

由表6-7可见,媒介刺激前后对测量的感知形象意动维度各指标有统计学差异,然而媒介卷入程度与感知形象意动维度各指标的变化并不存在交互作用($P_{目的地意识}=0.762$,$P_{旅游意愿}=0.494$,$P_{信息了解意愿}=0.731$),因此在本实验中媒介卷入程度并未在媒介形象对感知形象的影响中发挥调节作用,研究假设H3的验证结果为"完全不支持"。

第二节　花卉旅游目的地客体形象作用下的感知形象生成研究

在"弹珠碰撞"模型中,当潜在旅游者的感知形象与媒介形象界面不断碰撞并增值到临界点后,就会发生质的转变,感知形象越过媒介形象界面冲向客体形象界面,感知形象的主体由"潜在旅游者"身份转向"实际旅游者"身份,感知形象所形成并存在的环境由"拟态环境"转向"在场环境"。如果说媒介形象呈现的是二维形象,那么客体形象实际呈现的是一种三维形象,是让旅游者能够真正步入的三维空间所呈现的形象,这种感知结果源于"人—地"之间实实在在的接触与互动,与旅游行为的发生保持同时性。在本节研究中,以实际经历赏花行为的旅游者作为研究对象,采用问卷调查方法探索花卉旅游目的地客体形象作用下感知形象的生成路径。

一、变量选择与问卷设计

由于在定量研究领域国内外对花卉旅游目的地这一细分旅游类型研究成果有限,在场环境下花卉旅游目的地形象的测量指标暂无可借鉴的成熟量表;基于本书在拟态环境下提出的花卉旅游目的地感知形象"认知—情感—意动"三维模型,笔者采用访谈法结合内容分析的方式进行探索性分析,梳理和归纳花卉旅游目的地客体形象作用下的感知形象的认知维度和情感维度细分指标。访谈共分为两组:其中专家组邀请了6位来自于花卉旅游管理、景观设计学方向的中外专家以及中国花卉旅游目的地管理者,请他们自由表达关于花卉旅游目的地形象要素、属性以及情感氛围的看法,花卉爱好者组邀请了5位有日常养花、购花习惯的花卉爱好者,通过头脑风暴的方式让他们分享对同一议题的观点,两组访谈均在轻松、平等的环境下进行,每位被访者的访谈时间持续20分钟至50分钟不等(研究访谈摘录详见附录8)。借助NVivo软件分析访谈结果,并结合案例地实际情况(因上海植物园无住宿及花卉旅游商品售卖,因此剔除相关指标),共整理出21项认知感知形象构成指标(causal indicators)和4项情感感知形象构成指标(放松度、舒适度、愉悦度、自然氛围),作为花卉旅游目的地形象探索性因子分析的指标基础。

对于在场环境下的花卉旅游目的地意动形象的测量,区别于拟态环境下潜在旅游者的目的地意识、旅游意愿、信息了解意愿等指标,笔者选取重游意动形象和推荐意动形象作为客体形象作用下的意动感知形象的两个维度,由于在旅游相关文献中关于重游意愿与推荐意愿的研究成果较为丰硕,[1]因此这两个变量主要参考和借鉴已有文献中的经典量表,并针对情境特有的效果指标(effect indicators)进行适应性翻译和修改。除了三维度以外,笔者参考

---

① Chen C F, Tsai D C, "How Destination Image and Evaluative Factors Affect Behavioral Intentions?", *Tourism Management*, Vol.28, No.4(2007), pp.1115-1122.

Baloglu S 和 Mccleary K(1999)在目的地形象生成过程研究中提出的整体形象(overall image)概念,将其纳入研究讨论范围内,一并观察认知形象、情感形象、意动形象、整体形象这一系列感知形象维度在花卉旅游目的地客体形象作用下的相互联系和生成路径。值得一提的是,对于整体形象,现有研究大多采用一个题项("您对于旅游目的地的整体形象评价是?")进行测量,为增加量表信度,笔者增加考察了旅游者对于赏花经历的整体评价。本节所有关于感知形象的变量均采用李克特五点量表测量。

旅游者获取目的地客体形象的外界信息并产生游览评价,必然会受到旅游者信息偏好与信息熟悉度的影响,因此旅游者与花卉的亲密程度可能对于感知形象的生成形成一定影响。研究在变量设置中自拟"花卉喜爱度"与"花卉了解度"两个变量,用于分析不同群体对于感知形象的生成是否存在差异,具体分析请见 6.3 节。

表 6-8　客体形象作用下花卉旅游目的地感知形象测量依据

序号	测量项目	测量内容	题项数量	测量依据
1	认知感知形象(CI)	旅游者基于花卉旅游目的地客观事实属性的评价,对应于客体形象可操作性的设计实践	21	访谈法+探索性因子分析
2	情感感知形象(EI)	旅游者对花卉旅游目的地在情绪上的主观感受评价,对应于客体形象所提供的情感氛围	4	访谈法+探索性因子分析
3	重游意动感知形象(RVI)	旅游者再一次游览此花卉旅游目的地的倾向	3	Rittichainuwat B N et al(2001)(经修改)
4	推荐意动感知形象(RCI)	旅游者将此花卉旅游目的地推荐给其他人的倾向	3	Baker D A &Crompton J L(2000);Ekinci Y & Hosany S(2006)(经修改)
5	整体感知形象(OI)	旅游者对花卉旅游目的地整体评价	2	Baloglu S & Mccleary K(1999)+自拟题项
6	花卉喜爱度(FL)	旅游者对花卉的喜爱程度	3	自拟量表题项
7	花卉了解度(FF)	旅游者对识别花卉的知识熟悉程度	3	自拟量表题项+花卉识别测验

此外,问卷还设置了包括性别、年龄、学历、职业状态等人口统计学特征题项,以及关于旅游者此次赏花之旅的出行相关信息,例如是否初次到访此花卉旅游目的地、旅游同伴以及旅游动机;问卷经预调研调整了部分题项的表述方式与出现次序,并将"花卉旅游目的地"这一专业名词调整为"赏花地"这一更口语化名词,便于被调查者理解题项,正式调研问卷设计结果详见附录9。

二、数据收集及描述性统计

本节研究的调查问卷数据来自于上海植物园的实际旅游者,鉴于花卉旅游的季节性特征,调研时间选取在春季开展;正式调研数据收集分别于2019年3月20日(周三)和3月23日(周六)分两批次进行,由于旅游目的地形象与调研当日的天气存在相关性,[①]调研所选取的两个日期白天天气晴朗,温度均在15摄氏度以上,空气质量良好,因而能够排除天气原因造成两批次数据的偏差;调研采用便利抽样方法,在上海植物园4号门进出口处现场发放和回收纸质版调查问卷;为确保问卷发放和回收工作的顺利进行,调研活动取得上海植物园园方的同意与备案,并得到办公室部门人员的协助;填写问卷的对象均为刚刚游览完上海植物园并准备出园的旅游者(18岁以上),以避免旅游者在游后经历过较长时间的记忆偏差对数据造成影响;为激发旅游者的参与热情,完成问卷填写的被调研者均能够获得一张上海植物园的一日游门票(不限日期)。两次调研实际共发放250份问卷,在数据分析之前对无效问卷进行排查,剔除存在题项空缺及选项高度重复问题的问卷,经筛选最终获得有效问卷235份,符合数据分析样本需在200个以上的要求,有效问卷回收率达到94%。

---

① Lohmann M, Kaim E, "Weather and Holiday Destination Preferences Image, Attitude and Experience", *The Tourist Review*, Vol.54, No.2(1999), pp.54−64.

表6-9　调查样本的人口统计学特征描述性统计分析(N=235)

序号	人口统计学特征	分类	频次	百分比
1	性别	男	92	39.1%
		女	143	60.9%
2	年龄	18—28岁	57	24.3%
		29—38岁	58	24.7%
		39—48岁	28	11.9%
		49—58岁	50	21.3%
		59岁及以上	42	17.9%
3	学历	初中及以下	23	9.8%
		高中(中专)	45	19.1%
		大专	44	18.7%
		本科	80	34%
		硕士及以上	43	18.3%
4	职业状态	在职(有雇主)	111	47.2%
		学生	24	10.2%
		自由职业、个体户	30	12.8%
		待业	4	1.7%
		退休	66	28.1%

如表6-9所示,在所获取的调查样本中,共有143位女性旅游者,占60.9%;年龄分布总体来说较为平均,调查基本覆盖到18岁以上的各年龄层人群,仅39—48岁这一年龄层人数占比较少(11.9%);在学历特征方面,本科学历人群占比最高,达到34%,本科学历以上人群占比超过一半;职业状态一项,在职(有雇主)的被调查者占比达47.2%,其次为退休人员(28.1%),待业人群数量最少。

通常认为:调查样本数据的偏度绝对值小于3,峰度绝对值小于10,则满足正态分布。本书感知形象相关变量的描述性统计分析如下表6-10,各

中国花卉旅游景区研究

题项偏度与峰度的统计量均符合上述两个条件,可见该样本数据基本服从
正态分布。

表 6-10　变量测量题项数据的描述性统计分析①

题项	均值	标准差	偏度		峰度	
			统计	标准误	统计	标准误
CI-1	3.62	0.959	-0.627	0.159	-0.533	0.316
CI-2	3.94	0.798	-1.213	0.159	1.802	0.316
CI-3	3.72	1.083	-0.681	0.159	-0.639	0.316
CI-4	4.01	0.882	-1.148	0.159	1.109	0.316
CI-5	4.06	0.745	-0.978	0.159	1.501	0.316
CI-6	3.93	0.864	-0.748	0.159	0.324	0.316
CI-7	3.74	0.887	-0.633	0.159	-0.057	0.316
CI-8	3.32	1.172	-0.309	0.159	-0.979	0.316
CI-9	3.29	1.164	-0.289	0.159	-1.050	0.316
CI-10	3.55	1.016	-0.477	0.159	-0.510	0.316
CI-11	3.49	0.997	-0.439	0.159	-0.951	0.316
CI-12	3.62	0.918	-0.412	0.159	-0.201	0.316
CI-13	3.50	0.989	-0.554	0.159	-0.907	0.316
CI-14	3.31	1.082	-0.226	0.159	-1.256	0.316
CI-15	3.67	0.965	-0.743	0.159	-0.157	0.316
CI-16	3.29	1.140	-0.151	0.159	-1.169	0.316
CI-17	3.96	0.854	-1.006	0.159	0.945	0.316
CI-18	3.82	0.853	-0.688	0.159	0.051	0.316
CI-19	3.6	1.047	-0.651	0.159	-0.612	0.316
CI-20	3.74	0.882	-0.653	0.159	-0.184	0.316
CI-21	3.01	0.976	0.197	0.159	-0.235	0.316

① CI=认知维度;EI=情感维度;RVI=意动维度-重游;RCI=意动维度-推荐;OI=整体维度;FF=花卉喜爱度;FL=花卉了解度。

续表

题项	均值	标准差	偏度		峰度	
			统计	标准误	统计	标准误
EI-1	4.22	0.629	-0.728	0.159	1.827	0.316
EI-2	4.16	0.608	-0.559	0.159	1.639	0.316
EI-3	4.22	0.635	-0.828	0.159	2.158	0.316
EI-4	4.13	0.725	-1.157	0.159	2.682	0.316
RVI-1	4.26	0.830	-1.151	0.159	1.224	0.316
RVI-2	4.37	0.845	-1.572	0.159	2.539	0.316
RVI-3	4.28	0.885	-1.178	0.159	0.834	0.316
RCI-1	4.41	0.759	-1.432	0.159	2.429	0.316
RCI-2	4.42	0.776	-1.487	0.159	2.424	0.316
RCI-3	4.36	0.827	-1.491	0.159	2.428	0.316
OI-1	4.02	0.627	-0.117	0.159	-0.076	0.316
OI-2	4.00	0.682	-0.168	0.159	-0.347	0.316
FL-1	4.35	0.692	-1.000	0.159	1.215	0.316
FL-2	4.34	0.714	-1.194	0.159	1.917	0.316
FL-3	4.52	0.572	-0.989	0.159	1.519	0.316
FF-1	3.58	1.023	-0.467	0.159	-0.797	0.316
FF-2	3.10	1.166	0.101	0.159	-1.145	0.316

三、调查结果分析

(一)感知形象维度的探索性因子分析

由于花卉旅游目的地认知感知形象内部结构不明晰,没有预设哪个指标对应哪个构念,因此需要通过探索性因子分析(EFA)将访谈法得出的多个认知属性指标进行降维。在探索性因子分析之前,首先通过"校正的项总体相关性"(CITC)对认知维度量表进行净化,经分析所有题项的 CITC 值均大于0.4,因此无需剔除任何题项。

首先对调查样本的认知维度各题项指标进行因子分析适应性分析,检验结果显示:KMO 值 = 0. 908>0. 7,显著性 P = 0. 000<0. 005,因此样本非常适合做因子分析。本书采用主成分进行因子抽取,将特征值大于 1 作为因子提取标准,并采用最大方差法(varimax rotation)进行因子旋转,保证分解共性 h^2 保持不变的原则下将因子载荷的方差操作到最大。根据因子分析要求,低值的因子载荷(<0. 45),高值的交叉载荷(>0. 4)以及低值的分解共性 h^2 值(<0. 3)的题项均需要剔除(Ekinci Y & Hosany S,2006),经 SPSS 分析发现,"其他生态景观质量"(CI-7)这一指标在因子 1 与因子 2 上的因子载荷均大于 0. 4 且小于 0. 45,因此需要将该指标剔除,笔者对剩余的 20 项指标再次进行因子旋转分析,最终表 6-10 显示了旅游者对于上海植物园感知形象认知感知形象的因子分析结果。

剔除题项后的量表 KMO 值 = 0. 9>0. 7,巴特利球形检验近似卡方值2220. 597,自由度 190,显著性 P = 0. 000<0. 005,适宜进行因子分析;所有因子载荷均大于 0. 45 且不存在交叉载荷大于 0. 4 的情况。因子分析共提取出 4个因子,总方差解释比例累积达到 60. 944%,表示提取的 4 个因子能够代表60. 944%的感知形象认知维度,大于 60%,结果可接受;除"形象标识"(IC-15)指标的分解共性 h^2 略低外,其他指标的值均高于 0. 5,说明各项指标的共通性较好。

根据因子分析结果对因子进行命名:因子 1 包含了历史展示、文化参与、节庆活动等方面,因此命名为"文化互动"(Cronbach's α = 0. 872);因子 2 包含了花卉规模、品种种类、园艺水平、花卉色彩等指标,因此命名为"花卉形构"(Cronbach's α = 0. 840);因子 3 包含了餐饮、休憩、交通、旅游配套设施等指标,因此命名为"功能设施"(Cronbach's α = 0. 803);因子 4 包含拥挤度和受干扰程度 2 个指标,统一命名为"拥挤程度"(Cronbach's α = 0. 759),四项因子均取得了较好的信度(Cronbach's α>0. 7)。

表6-11　客体形象作用下认知感知形象的探索性因子分析(旋转后)

量表内容	均值	标准差	因子载荷				共性(*h²*)	克伦巴赫系数
			因子1	因子2	因子3	因子4		
F1:文化互动	3.49	0.815						0.872
CI-10			0.803				0.763	
CI-9			0.802				0.721	
CI-8			0.725				0.666	
CI-11			0.570				0.569	
CI-12			0.566				0.606	
CI-15			0.477				0.432	
F2:花卉形构	3.88	0.667						0.840
CI-5				0.782			0.683	
CI-1				0.708			0.610	
CI-2				0.697			0.570	
CI-4				0.690			0.545	
CI-3				0.683			0.550	
CI-6				0.654			0.612	
F3:功能设施	3.57	0.685						0.803
CI-19					0.750		0.524	
CI-17					0.660		0.593	
CI-20					0.614		0.548	
CI-18					0.610		0.576	
CI-21					0.574		0.534	
CI-16					0.553		0.541	
F4:拥挤程度	2.59	0.930						0.759
CI-13						0.833	0.776	
CI-14						0.812	0.769	
特征值			7.892	1.869	1.235	1.193		
旋转载荷平方和方差百分比			18.516	18.235	15.362	8.831		

续表

量表内容	均值	标准差	因子载荷				共性 (h^2)	克伦巴赫系数
			因子1	因子2	因子3	因子4		
KMO	0.900							
巴特利球形检验显著性	0.000							

有上述分析可知,花卉旅游目的地认知感知形象作为一级指标,文化互动、花卉形构、功能设施、拥挤程度作为该维度下的二级指标,从访谈法中提炼出的各项形象属性应作为三级指标,形成双层的因子结构模型。

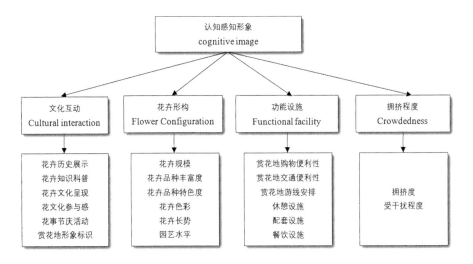

图6-7 花卉旅游目的地认知感知形象的双层因子结构模型

对情感感知形象的4项指标进行探索性因子分析,KMO值 = 0.789>0.7,显著性 P = 0.000<0.005,提取出唯一因子,总方差解释比例为 64.461%,包含放松度、舒适度、愉悦度、自然氛围这4个指标,因此将此因子命名为"情感氛围"(Cronbach's α = 0.840)。

为继续下一步分析,对重游意动形象、推荐意动形象这两个变量进行效度分析,KMO值 = 0.895>0.7,显著性 P = 0.000<0.005,仅旋转后抽取出一个因

子,总方差解释比例为 73.758%,因此将这两个变量合并为一个变量,命名为
"意动感知形象"(Cronbach's $\alpha = 0.928$)。此外整体感知形象的信度分析结
果 Cronbach's α 值为 0.886,满足大于 0.7 的基本要求,因此本书涉及的核心
变量均具有良好信度。

从本书 4.2 节花卉旅游目的地客体形象设计逻辑分析结果来看,客体形
象营造的关键性模块包括形构模块、功能模块和情感模块,通过本节访谈法增
加提炼出文化互动和拥挤程度这两个模块。在场环境中旅游者与客体形象界
面直接碰撞所形成的反应可以被定义为"客体形象直接作用下的感知形象",
包括花卉形构、功能设施、情感氛围、文化互动和拥挤程度这 5 个变量,是旅游
者接触客体形象要素后的直观印象;而意动感知形象、整体感知形象经由旅游
者对信息的内在化加工,可以称之为"客体形象间接作用下的感知形象",两
者存在信息加工时序上的差别。

(二)感知形象各维度的相关性分析

在讨论花卉旅游目的地感知形象内各变量的因果关系之前,通过相关性
分析测定两两变量之间相关性关系的规律,运用皮尔逊相关系数进行双尾检
验,分析结果见表 6-12。

表 6-12　客体形象作用下感知形象各维度的均值、标准差和相关系数

	客体形象直接作用的感知形象					客体形象间接作用的感知形象	
	认知感知形象				情感感知形象	整体感知形象	意动感知形象
	文化互动	花卉形构	功能设施	拥挤程度	情感氛围		
文化互动	1						
花卉形构	0.630**	1					
功能设施	0.666**	0.469**	1				
拥挤程度	-0.449**	-0.295**	-0.431**	1			

续表

	客体形象直接作用的感知形象					客体形象间接作用的感知形象	
	认知感知形象				情感感知形象	整体感知形象	意动感知形象
	文化互动	花卉形构	功能设施	拥挤程度	情感氛围		
情感氛围	0.443**	0.488**	0.554**	-0.336**	1		
整体感知形象	0.686**	0.622**	0.620**	-0.383**	0.645**	1	
意动感知形象	0.501**	0.600**	0.384**	-0.261**	0.527**	0.626**	1
均值	3.49	3.88	3.57	2.59	4.18	4.01	4.35
标准差	0.815	0.667	0.685	0.930	0.517	0.621	0.704

由上表的均值行可见,除拥挤程度外,上海植物园的旅游者对于其他各变量的评价均呈现积极的态度,拥挤程度均值为 2.59,略高于中立值,从统计意义上说明旅游者总体在游园过程中存在轻微的拥挤感。就相关性而言,花卉旅游目的地感知形象内部的各变量之间均在显著性水平 0.01 上存在相关关系,其中,除拥挤程度以外的各项指标与整体形象之间呈现显著的正相关关系,且相关系数均高于 0.55;花卉形构、文化互动、情感氛围三个变量与意动感知形象之间呈现显著的正相关关系,相关系数均高于 0.5。

(三)感知形象各维度间的因果关系分析

1. 客体形象直接作用下的感知形象对整体感知形象的影响分析

首先将客体形象直接作用下的感知形象 5 个变量作为自变量,将整体感知形象作为因变量。根据回归分析的要求,变量间最佳关系是:自变量间呈现中低度相关,自变量与因变量间呈现高度相关。由表 6-12 可知,除拥挤程度以外,其他自变量与因变量之间的相关系数介于 0.620 至 0.686 之间,除拥挤程度以外的 4 个自变量与整体形象之间中度相关,然而,文化互动与花卉形构、功能设施之间相关系数虽未高于 0.800,但呈现较高的数值易导致自变量之间出现共线性问题,因此需要借助容忍度及方差膨胀因素(VIF)等多元共线性评鉴指标进行检测。由于自变量与因变量的因果关系不明晰,因此采用逐步多元回归分析法进行探索性的复回归分析,分析结果如下表 6-13:

表 6-13　客体形象直接作用下的感知形象与整体感知形象的回归分析结果

	模型 1-整体形象		模型 2-整体形象		模型 3-整体形象		模型 4-整体形象	
	β 系数	T 值	β 系数	T 值	β 系数	T 值	β 系数	T 值
文化互动	0.686**	14.387	0.498**	10.952	0.402**	7.693	0.337**	5.577
情感氛围			0.425**	9.348	0.376**	8.090	0.337**	6.744
花卉形构					0.185**	3.454	0.189**	3.550
功能设施							0.120*	2.086
R^2	0.470		0.615		0.634		0.641	
调整后 R^2	0.468		0.612		0.629		0.635	
F 统计量	206.996**		185.564**		133.515**		102.676**	

经共线性检验,回归模型中的容忍度均大于 0.1,VIF 值均小于 10,因此自变量之间不存在共线性问题。由回归分析结果可以看到,自变量中的文化互动、情感氛围、花卉形构和功能设施依次进入回归方程,而拥挤程度这一变量没能够进入方程之中,说明在本案例中拥挤程度对整体形象的影响不显著,拥挤程度与客流量高度相关,此分析结果可能与调研时间在花展举办之前有关,还未进入上海植物园客流量顶峰期。四个进入回归方程的自变量的多元相关系数平方为 0.635,说明这四个变量共可以解释因变量整体感知形象 63.5% 的变异量,其中文化互动和情感氛围对整体形象有较高相同的解释能力($\beta=0.337$,$P<0.01$),说明当旅游者关于花卉旅游目的地的文化互动或情感氛围评价提升 1 个单位,他(她)对于目的地的整体感知形象评价会提升 0.337 个单位,因此从整体感知形象的前因元素来看,即使花卉旅游目的地以自然的花卉资源为主题,其本身的文化与氛围仍处于核心位置,印证了人们对空间的体验性整体评价基于的不是技术和经济标准,而是一种情感和价值标准(王宁,2011)。花卉形构($\beta=0.189$,$P<0.01$)与功能设施($\beta=0.120$,$P<$

0.05)分别于第三和第四个进入回归方程,都能够对整体形象产生正向的显著影响。

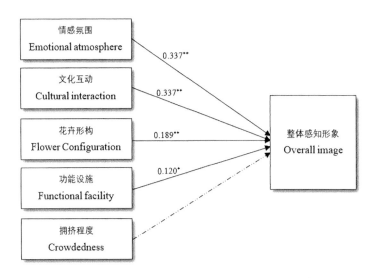

图 6-8　客体形象直接作用下的感知形象对整体感知形象的影响

2. 客体形象直接作用下的感知形象对意动感知形象的影响分析

除整体感知形象以外,客体形象间接作用下的另一个感知形象是意动感知形象,将其作为因变量,并同样以客体形象直接作用下的感知形象 5 个变量作为自变量,采用逐步多元回归法分析探索其关系。

表 6-14　客体形象直接作用下的感知形象与意动感知形象的回归分析结果

	模型 1-意动感知形象		模型 2-意动感知形象		模型 3-意动感知形象	
	β 系数	T 值	β 系数	T 值	β 系数	T 值
花卉形构	0.600**	11.443	0.449**	7.929	0.373**	5.631
情感氛围			0.308**	5.435	0.283**	4.927
文化互动					0.141*	2.192
R^2	0.360		0.432		0.444	
调整后 R^2	0.357		0.427		0.436	
F 统计量	130.939**		88.258**		61.404**	

回归模型通过了容忍度和 VIF 的共线性诊断。从回归结果可知,与整体感知形象的影响路径不同,花卉形构是第一个进入回归方程的变量,说明花卉形构成为影响旅游者意动感知形象最重要的因素,情感氛围与文化互动依次进入回归方程 2 和回归方程 3,花卉形构、情感氛围与文化互动这三个变量共可以解释因变量意动感知形象 43.6%的变异量。从模型 3 的回归结果来看,花卉形构对意动感知形象的解释能力最强($\beta = 0.373, P<0.01$),可见目的地花卉资源的长势、色彩与形态设计虽然在整体感知形象的影响路径中影响力低于文化互动与情感氛围,但是在意动感知形象的影响路径中处于最核心位置,能够有效促使旅游者形成重游与推荐的意愿倾向;值得一提的是,情感氛围($\beta = 0.283, P<0.01$)无论是在整体形象感知还是意动形象感知方面都具有较高的解释力。功能设施变量未进入影响意动形象感知的回归方程,这是因为功能设施虽然是旅游活动的必需要素,能够对旅游者整体感知形象起到一定作用,但其本身不具备旅游吸引力,无法成为旅游者重游和推荐的原因。

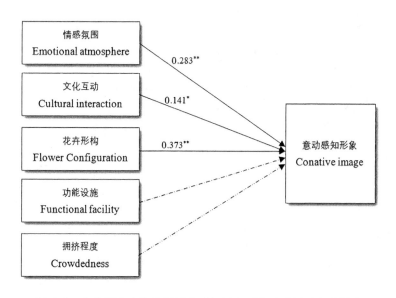

图6-9　客体形象直接作用下的感知形象对意动感知形象的影响

3.整体感知形象的中介作用分析

在笔者文献资料收集范畴内,以往资料并没有关于旅游目的地的整体感知形象与意动感知形象之间关系的研究成果,但有较多研究讨论和验证了态度变量在旅游目的地形象与行为变量之间所产生的中介作用,其中态度变量包括满意度、感知价值、目的地信任等。整体感知形象是旅游者对于花卉旅游目的地形成的整体性评价,可以作为外界客体形象的直接刺激与意动倾向的中介因素,本书提出用整体感知形象去解释客体形象直接作用下的感知形象与意动感知形象间的关系,采用 Baron 和 Kenny 层级回归法对整体感知形象的中介作用进行验证。

Baron 和 Kenny(1986)提出的三步骤中介作用检验法:(1)自变量显著影响因变量;(2)自变量显著影响中介变量;(3)加入中介变量后,中介变量显著影响因变量,自变量对因变量作用明显减弱或消失,同时满足上述三步骤即可验证中介作用的存在。研究采用多层回归分析(强迫进入法),为防止自我相关偏差出现,利用 Durbin-Watson 检验统计量(D-W 值)检验观察体的独立性,回归分析结果如表 6-15。

表 6-15 整体感知形象作为中介变量的回归分析结果

	模型 1-意动感知形象		模型 2-整体感知形象		模型 3-意动感知形象	
	β 系数	T 值	β 系数	T 值	β 系数	T 值
花卉形构	0.370**	5.576	0.190**	3.551	0.306**	4.660
情感氛围	0.312**	4.996	0.335**	6.656	0.200**	3.038
文化互动	0.189*	2.458	0.333**	5.369	0.078	0.988
功能设施	-0.089	-1.236	0.117*	2.016	-0.129	-1.827
拥挤程度	0.000	-0.009	-0.014	-0.305	0.004	0.076
整体感知形象					0.334**	4.224
R^2	0.447		0.641		0.488	

续表

	模型 1-意动感知形象		模型 2-整体感知形象		模型 3-意动感知形象	
	β 系数	T 值	β 系数	T 值	β 系数	T 值
调整后 R^2	0.435		0.633		0.474	
F 统计量	37.084**		81.835**		36.149**	
D-W 值	1.820		2.095		1.695	

　　模型 1 的建立是验证 5 个自变量对因变量(意动感知形象)的影响,其中功能设施与拥挤程度回归结果不显著,不满足步骤一,移除出中介作用的检验讨论范畴,花卉形构、情感氛围与文化互动这三个变量满足步骤一;模型 2 验证 5 个自变量对中介变量(整体感知形象)的影响,满足步骤一的三个变量均对整体感知形象有正向的显著影响,因此也满足步骤二要求;模型 3 加入中介变量后,整体感知形象正向并且显著地影响意动感知形象($\beta = 0.334, P < 0.01$),花卉形构对意动感知形象的影响显著减少(模型 1:$\beta = 0.370, P < 0.01$;模型 2:$\beta = 0.306, P < 0.01$),情感氛围对意动感知形象的影响显著减少(模型 1:$\beta = 0.312, P < 0.01$;模型 2:$\beta = 0.200, P < 0.01$),文化互动对意动感知形象的影响消失(模型 1:$\beta = 0.189, P < 0.05$;模型 2:$\beta = 0.078, P > 0.1$),以上结果支持了整体感知形象在花卉形构、情感氛围、文化互动这三个自变量对因变量意动感知形象的中介作用。

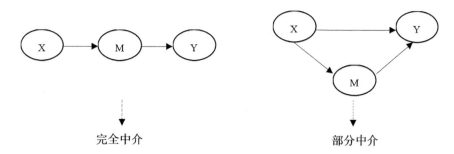

图 6-10　完全中介与部分中介示意图(**X**:自变量;**Y**:因变量;**M**:中介变量)

　　加入中介变量整体感知形象后,文化互动对意动感知形象的影响完全消失,说明中介变量在这两个变量关系间起到完全中介的作用,即文化互动与意动感知形象的关系可以完全被整体感知形象来解释。花卉形构与情感氛围的 β 值在引入中介变量后减小,说明中介变量在这两个自变量与因变量关系间起到部分中介的作用,这两个自变量对意动感知形象的影响存在两条路径:直接作用路径和通过整体感知形象中介作用的路径;花卉形构通过整体感知形象对意动感知形象的间接效应为 0.063[1],花卉形构对意动感知形象的总体效应为 0.370(模型 1 中花卉形构的回归系数),因此花卉形构的间接效应占总效应比重的 17.15%;情感氛围通过整体感知形象对意动感知形象的间接效应为 0.112[2],情感氛围对意动感知形象的总体效应为 0.312(模型 1 中情感氛围的回归系数),因此情感氛围的间接效应占总效应比重的 35.86%。因此,整体感知形象的中介作用示意图如下:

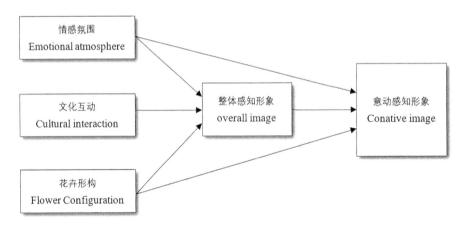

图 6-11　整体感知形象的中介作用

---

　　①　自变量花卉形构的间接效应计算公式为:模型 2 中花卉形构的回归系数($\beta=0.190$)乘以模型 3 中整体感知形象的回归系数($\beta=0.334$),等于 0.063。

　　②　自变量情感氛围的间接效应计算公式为:模型 2 中情感氛围的回归系数($\beta=0.335$)乘以模型 3 中整体感知形象的回归系数($\beta=0.334$),等于 0.112。

第三节　花卉旅游者群组对感知形象
生成的影响研究

　　《人类简史》中谈到:想象建构的秩序并非个人主观的想象,而是存在于主体之间,存在于千千万万人共同的想象之中。旅游看似是一种个体的行为,但是当来自不同地方的个体聚集到一个共同的景点时,就显示出旅游者个体中存在着一种集体意识,这种意识的聚集取决于一个"定框"(frame),定框决定了人们的观看方式,而定框往往来源于他们所受的教育、所处的文化和社会圈。① 在"弹珠碰撞"模型中的第六个步骤中,不同的个体旅游者因形成相似的感知形象而聚集,个体化感知形象转向社会化感知形象,并因旅游者个体因素特征的不同逐渐演化成为彼此有差异的社会化感知形象集群,随之提出"弹珠组"这一概念。本节内容利用上海植物园的问卷调研数据,重点讨论花卉旅游者群组对目的地感知形象的影响效应。

一、人口统计学特征对感知形象的影响分析

　　在本次调研中所获取的人口统计学特征变量包括:性别、年龄、学历以及职业状态,其描述性统计分析结果见表6-9。通过方差分析和回归分析探索人口统计学特征是否能成为感知形象弹珠组的划分依据,感知形象包括客体形象直接作用下的感知形象五个变量(文化互动、花卉形构、功能设施、拥挤程度、情感氛围)以及客体形象间接作用下的整体感知形象与意动感知形象。

---

　　①　马凌:《旅游社会科学中的建构主义范式》,《旅游学刊》2011年第1期。

（一）花卉旅游者性别对感知形象的影响

本次被调研对象共有 143 名女性和 92 名男性,采用独立样本 T 检验判别不同性别是否在感知形象方面存在差异,结果如下表①。

表 6-16　花卉旅游者性别对感知形象影响的独立样本 T 检验

感知形象维度	性别	样本数	均值	方差齐性检验		均值差异比较	
				F 值	Sig.	T 值	Sig.
功能设施	男	92	3.40	4.362	0.038	-2.920^{**}	0.004
	女	143	3.68				
情感氛围	男	92	4.09	0.125	0.724	-2.354^{*}	0.019
	女	143	4.25				
	女	143	4.37				

由表 6-16 可知,性别在花卉旅游目的地整体感知形象与意动感知形象方面不存在显著差异,而对于与客体形象直接接触的要素感知来说,性别在情感氛围(P＝0.019,<0.05)与功能设施(P＝0.004,<0.01)这两个变量表现上存在显著差异,女性旅游者对这两项要素的评价均高于男性;这可能是因为相较于感性思维的女性而言,男性在情感氛围的体验感知和表达方面要更加温和内敛;女性在积极的情感氛围中对于功能设施的评价相较于偏理性思维的男性来说容忍程度更高。

（二）花卉旅游者年龄对感知形象的影响

被调研的花卉旅游者年龄分为 18—28 岁、29—38 岁、39—48 岁、49—58 岁、59 岁及以上五个年龄段,采用单因素方差分析结果如下表 6-17所示:

① 本节表格仅显示存在显著差异的感知形象维度。

表6-17　花卉旅游者年龄对感知形象影响的单因素方差分析

感知形象维度	年龄	样本数	均值	F 值	Sig.
文化互动	18—28 岁	57	3.18	6.317**	0.000
	29—38 岁	58	3.30		
	39—48 岁	28	3.65		
	49—59 岁	50	3.80		
	59 岁及以上	42	3.73		
功能设施	18—28 岁	57	3.38	3.694**	0.006
	29—38 岁	58	3.44		
	39—48 岁	28	3.62		
	49—59 岁	50	3.72		
	59 岁及以上	42	3.81		
拥挤程度	18—28 岁	57	3.00	4.012**	0.004
	29—38 岁	58	2.52		
	39—48 岁	28	2.32		
	49—59 岁	50	2.44		
	59 岁及以上	42	2.51		
整体感知形象	18—28 岁	57	3.81	3.789**	0.005
	29—38 岁	58	3.91		
	39—48 岁	28	4.21		
	49—59 岁	50	4.19		
	59 岁及以上	42	4.06		
意动感知形象	18—28 岁	57	4.08	4.086**	0.003
	29—38 岁	58	4.29		
	39—48 岁	28	4.48		
	49—59 岁	50	4.56		
	59 岁及以上	42	4.46		

相较于性别特征,年龄特征对于感知形象维度的影响范畴更大,特别是在整体感知形象和意动感知形象上也出现了显著差异,说明年龄特征对于区分感知形象弹珠组时的效力较强;进一步采用 LSD 法进行检验分析得知:18—28 岁年龄段的旅游者在整体感知形象(Mean = 3.81)和意动感知形象(Mean = 4.08)上的评价要显著低于 38 岁以上各年龄段旅游者的评价;由本问卷的花卉喜爱度调研数据可知,年龄较长旅游者对花卉喜爱度要显著高于青年旅游者(P = 0.009, <0.01),从目的地吸引物的吸引力来说,青年旅游者对花卉旅游目的地的兴趣度可能低于年长者;另外青年旅游者对于信息的接触和获取能力更加灵敏,对旅游目的地的整体印象更易于与网络上所见的其他赏花地进行比较,并且青年旅游者倾向探索新鲜事物,因此其重游意愿相对也较弱。

(三)花卉旅游者学历对感知形象的影响

问卷统计了被调研者的学历水平,分为初中及以下、高中(中专)、大专、本科、硕士及以上五个水平段,进行单因素方差分析学历对感知形象的影响,结果如表6-18。

表6-18 花卉旅游者学历对感知形象影响的单因素方差分析

感知形象维度	年龄	样本数	均值	F 值	Sig.
文化互动	初中及以下	23	3.71	3.916**	0.004
	高中(中专)	45	3.71		
	大专	44	3.70		
	本科	80	3.34		
	硕士及以上	43	3.23		

学历水平仅在文化互动一项维度上存在显著差异(P = 0.004, <0.01),通过 LSD 法进行检验分析得知,学历为本科及以上(Mean本科 = 3.34,Mean硕士及以上 = 3.23)的花卉旅游者对于上海植物园文化互动方面的评价要显著低于学历在

本科以下的旅游者,这可能是由于学历较高的旅游者群组对花卉旅游目的地的文化内容与呈现方式方面的重视程度与体验要求较高,因此在期望满足方面弱于学历较低的旅游者群组。学历水平高低在整体感知形象和意动感知形象上的评价均没有区分度。

（四）花卉旅游者职业状态对感知形象的影响

调研问卷将花卉旅游者的职业状态分为在职(有雇主)、学生、自由职业或个体户、待业、退休,统计分析结果如下:

表6-19 花卉旅游者职业状态对感知形象影响的单因素方差分析

感知形象维度	年龄	样本数	均值	F 值	Sig.
文化互动	在职(有雇主)	111	3.35	4.439**	0.002
	学生	24	3.14		
	自由职业、个体户	30	3.70		
	待业	4	3.67		
	退休	66	3.75		

由表6-19所示,与学历水平对感知形象的影响结果一致,职业状态仅在文化互动一项上存在显著差异(P=0.002,<0.01),LSD法分析结果显示,退休人群(Mean=3.75)对文化互动的感知要显著高于在职群体(Mean=3.35)以及学生群体(Mean=3.14),说明学生群体与在职群体对花卉旅游目的地花文化要素的需求和要求较高,同时,从统计数据来看,退休人群普遍学历要低于在职和学生群体(F=0.303,P=0.000),因此佐证了学历对文化互动的影响差异。

二、出行相关因素对感知形象的影响分析

在调研问卷的第一部分邀请被调查者填写了关于他们此次出行的相关信

息,包括是否初次来上海植物园、此次出行的旅伴类型以及旅游动机,通过单因素方差分析法探索不同出行群组对花卉旅游目的地的感知形象是否存在差异。

（一）初游和重游对感知形象的影响

根据统计结果,在被调查的235位花卉旅游者中,初游旅游者有93人,重游旅游者有142人,重游人群占比60.4%,说明上海植物园的"回头客"占据了较大比例,以初游与重游作为分组依据,用单因素方差分析该因素是否会影响感知形象的区分和聚集。

表6-20　初游和重游旅游者对感知形象影响的独立样本 T 检验

感知形象维度	初游重游	样本数	均值	方差齐性检验		T 检验	
				F 值	Sig.	T 值	Sig.
文化互动	初游	93	3.36	1.086	0.298	−1.982*	0.049
	重游	142	3.57				
花卉形构	初游	93	3.75	0.533	0.466	−2.481*	0.014
	重游	142	3.96				
	重游	142	4.03				
意动感知形象	初游	93	4.23	0.989	0.321	−1.985*	0.048
	重游	142	4.42				

重游旅游者在文化互动(P = 0.049, <0.05)、花卉形构(P = 0.014, <0.05)和意动感知形象(P = 0.048, <0.05)方面的评价显著高于初次旅游者,重游旅游者的重游行为已经实际发生,代表了这一群体对该花卉旅游目的地在一定程度上的认可,因此在花卉吸引物等认知感知形象方面的评价要显著高于初游群体,且意动性意愿也更加强烈。

（二）旅游同伴对感知形象的影响

问卷中关于调研旅游同伴共提供了五个选项:没有同伴、家人、朋友、同事和其他,根据问卷数据结果,235 位被调查者在此次出行的旅游同伴数据全部分布在前四个选项中,并以与家人共同出游为主(127 人),此类旅游同伴占比达到 54%。

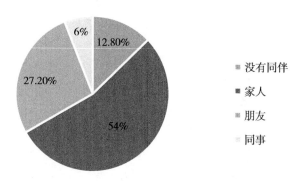

图 6-12　花卉旅游者的旅游同伴统计饼图

单因素方差分析结果显示,旅游同伴在意动感知形象(P = 0.016,<0.05)方面存在显著差异,根据 LSD 法得知,旅游同伴为家人的花卉旅游者群体对于意动感知形象的评价(Mean = 4.48)要显著高于其他几项,这可能是由于花卉旅游者与家人之间的亲密程度更高,且人际关系相对来说处于一个较为稳定的状态,因此对于预期的意动行为倾向能够有一定的心理控制能力。

表 6-21　旅游同伴对感知形象影响的单因素方差分析

感知形象维度	旅游同伴	样本数	均值	F 值	Sig.
意动感知形象	没有同伴	30	4.28	3.511*	0.016
	家人	127	4.48		
	朋友	64	4.15		
	同事	14	4.24		

(三)旅游动机对感知形象的影响

本次调研还统计了各位来上海植物园的旅游者的旅游动机,结果显示:休闲放松(164人)是大部分花卉旅游者出行的主要动机,占比达到69.8%,之后是陪伴亲密的人(34人)以及增长见识(31人),仅有6人关于此次赏花游的主要动机为社交。

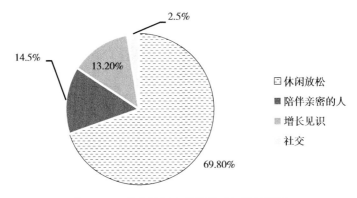

图6-13　花卉旅游者的旅游动机统计饼图

　　根据方差分析结果,持有不同旅游动机的旅游者在各项认知感知形象、情感感知形象、整体感知形象和意动感知形象方面均无显著差异。

三、花卉喜爱度对感知形象的影响分析

　　花卉喜爱度量表由笔者自拟题项,因此首先对其进行信度分析,Cronbach's α 值显示为0.780(>0.7),信度分析结果良好。花卉喜爱度均值为4.41,说明总体水平上被调查者对于花卉的喜爱程度较高。从人口统计学特征来看,女性旅游者对花卉喜爱度要显著高于男性($P = 0.028$, <0.05),年龄较长旅游者对花卉喜爱度要显著高于青年旅游者($P = 0.009$, <0.01)。

　　将花卉喜爱度与各感知形象维度进行相关性分析,结果如表6-22:除拥挤程度以外,花卉喜爱度与其他各感知形象维度均在显著性水平0.01上呈现正相关关系,尤其在花卉形构、情感氛围、整体感知形象以及意动感知形象方面,相关系数超过0.4,达到中度相关,即旅游者的花卉喜爱度越高,他们对这几个感知形象方面的评价也会越好。

表 6-22　花卉喜爱度与感知形象的相关系数

		文化互动	花卉形构	功能设施	拥挤程度	情感氛围	整体感知形象	意动感知形象
花卉喜爱度	相关系数	0.347**	0.443**	0.316**	−0.114	0.409**	0.405**	0.564**
	Sig.(2–tailed)	0.000	0.000	0.000	0.081	0.000	0.000	0.000

根据每位花卉旅游者的花卉喜爱度数值,以被调查人群的总数临界值27%作为花卉喜爱度高低的分组依据,通过观察值排序(sort cases)将花卉喜爱度为 5 的旅游者划分为"花卉高喜爱度组",将花卉喜爱度在 4 以下的旅游者划分为"花卉低喜爱度组",最终获取包含 78 人的花卉高喜爱度组(占样本总数的 33.2%)以及包含 87 人的花卉低喜爱度组(占样本总数的 37%),并通过独立样本 T 检验方法检验两组的花卉喜爱度是否存在显著差异。

表 6-23　花卉喜爱度高低分组的独立样本 T 检验

		F 值	Sig.	T 值	Df 自由度	Sig.(2–tailed)
花卉喜爱度	假定等方差	71.010	0.000	27.245	163	0.000
	不假定等方差			28.783**	86	0.000

由表 6-23 可以看到,F 值达显著,不假定等方差的 T 值显著(P = 0.000,<0.01),说明花卉高喜爱度组(Mean = 5.00)和花卉低喜爱度组(Mean = 3.83)这两个群组在花卉喜爱度方面存在显著区分度,因此分组结果成功。以分组结果为依据,进一步通过此方法探索花卉喜爱度高低对旅游目的地感知形象的影响,结果如下:

表 6-24　花卉喜爱度对感知形象影响的独立样本 T 检验

感知形象维度	分组	样本数	均值	方差齐性检验		均值差异比较	
				F 值	Sig.	T 值	Sig.
文化互动	花卉喜爱度(高)	78	3.87	0.976	0.325	6.052**	0.000
	花卉喜爱度(低)	87	3.17				

感知形象维度	分组	样本数	均值	方差齐性检验		均值差异比较	
				F 值	Sig.	T 值	Sig.
花卉形构	花卉喜爱度（高）	78	4.19	5.832	0.017	6.859**	0.000
	花卉喜爱度（低）	87	3.54				
功能设施	花卉喜爱度（高）	78	3.84	6.266	0.013	4.909**	0.000
	花卉喜爱度（低）	87	3.33				
拥挤程度	花卉喜爱度（高）	78	2.35	1.211	0.273	-2.078*	0.039
	花卉喜爱度（低）	87	2.66				
情感氛围	花卉喜爱度（高）	78	4.43	8.945	0.003	5.983**	0.000
	花卉喜爱度（低）	87	4.00				
整体感知形象	花卉喜爱度（高）	78	4.36	0.946	0.332	9.991**	0.000
	花卉喜爱度（低）	87	3.75				
意动感知形象	花卉喜爱度（高）	78	4.80	21.216	0.000	9.327**	0.000
	花卉喜爱度（低）	87	3.94				

由表6-24可以看到,花卉喜爱度高低群组在花卉旅游目的地感知形象上的各个维度均具有显著差异性,在文化互动、花卉形构、功能设施、情感氛围、整体感知形象和意动感知形象方面,花卉喜爱程度高的旅游者评价均显著高于花卉喜爱程度低的旅游者,在拥挤程度方面,花卉喜爱程度高的旅游者(Mean=2.35)对于拥挤的灵敏度弱于花卉喜爱程度低的旅游者(Mean=2.66);这说明花卉喜爱度是能够将花卉旅游者感知形象分别聚集成弹珠组的有力指标,由于非常喜爱花卉,旅游者甚至不太会在意人群拥挤带来的消极感知。

四、花卉了解度对感知形象的影响分析

知识作为一种符号储备,影响着旅游者的信息处理能力;受传者的视觉经

验因"文化习得"的差异会存在很大差别,呈现多样化层次,①因此旅游者的知识库影响着他(她)对形象符号的解读。由于花卉了解度并非能够依赖被调查者的主观回答来获取准确数据,因此笔者在问卷中设置了包含 2 个题项的李克特量表以及 6 种花卉的识花测验,通过主观回答和客观测验相结合的方式获取被调查者的花卉了解度数据,并分析花卉了解度是否能够成为区分感知形象"弹珠组"的关键要素之一。

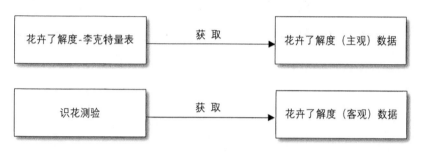

图 6-14　花卉了解度的数据获取

(一)花卉了解度的相关统计分析

花卉了解度李克特量表的两个题项为笔者自拟,因此首先进行信度分析,Cronbach's α 值为 0.846(>0.7),信度分析结果良好。花卉了解度(主观)最大值为 5,最小值为 1,均值为 3.34,说明在总体水平上被调查者对自己的花卉了解能力持有中等偏上的评价。

识花测验考察了被调查者关于绣球、薰衣草、牡丹、琼花、樱花和白玉兰 6 种花卉的知晓情况,以填写正确花卉名称为考察要求。从 6 种花卉的整体回答情况来说,能正确识别全部 6 种花卉的有 7 人(占比 3%),能识别 5 种、4 种、3 种、2 种、1 种花卉的依次分别有 43 人(占比 18.3%)、53 人(占比 22.6%)、53

---

① 姚远:《博物馆场域下的艺术传播与仪式表征》,《南京艺术学院学报(美术与设计版)》2017 年第 4 期。

人（占比 22.6%）、44 人（占比 18.7%）、23 人（占比 9.8%），6 种花卉完全不认识的有 12 人（占比 5.1%），可见测验考察每一结果区间均有数据落入，因此识花测验能够有效区分花卉了解度不同的旅游者群组。从具体花卉种类的识别情况来看，统计结果如下图：有 188 位的旅游者识别出樱花，占 235 位被调查总人数的 80%，其次是上海市花白玉兰（74.9%），了解度最弱的是琼花，仅 8.9%的旅游者填出正确答案。通过独立样本 T 检验与单因素方差分析可知，知晓绣球花的女性旅游者要显著高于男性（P = 0.002，<0.01），知晓薰衣草的青年旅游者要显著高于年长者（P = 0.048，<0.05）、知晓白玉兰的年长旅游者要显著高于青年旅游者（P = 0.044，<0.05）。

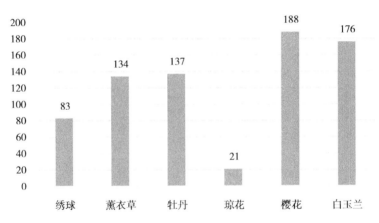

图6-15　识花测验的花卉种类知晓人数柱状图

每位被调查者的识花测验成绩需要经过归一化将最终数值控制在[1,5]区间以便于与花卉了解度量表中的数值进行比较。数据归一化公式如下，x 为原始值，$x.max$ 为样本结果的原始最大值，$x.min$ 为原始最小值，b 为归一化目标区间最大值，a 为目标区间最小值，X^* 为归一化后的结果。

$$X^* = a + \frac{b-a}{x.max - x.min} \times (x - min.x) \qquad (6-1)$$

经数据归一化处理后，花卉了解度（客观）最大值为5，最小值为1，均值为3.09，经过配对样本 T 检验，被调查者的花卉了解度（主观）（Mean = 3.34）

要显著大于花卉了解度(客观)(Mean=3.09)(P=0.003,<0.01),说明被调查者普遍高估了自己的花卉了解能力,因此在研究花卉了解度对感知形象的影响时,有必要区分开旅游者自评的主观花卉了解度数值以及源于识花测验的客观花卉了解度数值。

(二)花卉了解度对感知形象的影响分析

首先对花卉了解度与各项感知形象进行相关性分析,结果如下表6-25:旅游者自评的主观花卉了解度与感知形象各维度呈现显著的弱相关关系,而源自于识花测验的客观花卉了解度与感知形象关联程度不大。

表6-25　花卉了解度与感知形象的相关系数

		文化互动	花卉形构	功能设施	拥挤程度	情感氛围	整体感知形象	意动感知形象
花卉了解度(主观)	相关系数	0.396**	0.183**	0.312**	-0.132*	0.202**	0.365**	0.278**
	Sig.(2-tailed)	0.000	0.005	0.000	0.044	0.002	0.000	0.000
花卉了解度(客观)	相关系数	-0.073	-0.006	0.055	0.187**	0.135*	0.049	0.050
	Sig.(2-tailed)	0.263	0.930	0.402	0.004	0.039	0.457	0.444

与花卉喜爱度的分组原理相似,笔者分别根据每位旅游者的花卉了解度(主观)与花卉了解度(客观)数值,以被调查人群的总数临界值27%作为花卉了解度高低的分组依据,分别划分为包含99人的花卉高了解组(主观)、69人的花卉低了解组(主观)、50人的花卉高了解度组(客观)和35人的花卉低了解度组(客观),分别对主观和客观花卉了解度的高低组数据进行独立样本T检验(表6-26),分组后的花卉了解度存在显著差异,花卉高了解度组(主观)数值(Mean=4.33)显著高于花卉低了解度组(主观)(Mean=2.05),花卉高了解度组(客观)数值(Mean=4.42)显著高于花卉低了解度组(客观)(Mean=1.43),分组结果成功。

表 6-26　花卉了解度高低分组的独立样本 T 检验

		F 值	Sig.	T 值	Df 自由度	Sig.(2-tailed)
花卉了解度 （主观）	假定等方差	27.100	0.000	35.475	166	0.000
	不假定等方差			37.048**	163.759	0.000
花卉了解度 （客观）	假定等方差	19.290	0.000	49.694	83	0.000
	不假定等方差			47.035**	58.325	0.000

　　以分组结果为依据,分别研究花卉了解度(主观)高低分组与花卉了解度(客观)高低分组对感知形象的影响差异。

表 6-27　花卉了解度(主观)对感知形象影响的独立样本 T 检验

感知形象维度	分组	样本数	均值	方差齐性检验		均值差异比较	
				F 值	Sig.	T 值	Sig.
文化互动	主观花卉了解度(高)	99	3.83	3.650	0.058	5.461**	0.000
	主观花卉了解度(低)	69	3.17				
花卉形构	主观花卉了解度(高)	99	4.01	0.000	0.993	2.283*	0.024
	主观花卉了解度(低)	69	3.77				
功能设施	主观花卉了解度(高)	99	3.80	4.666	0.032	4.205**	0.000
	主观花卉了解度(低)	69	3.37				
情感氛围	主观花卉了解度(高)	99	4.30	0.111	0.739	2.751**	0.007
	主观花卉了解度(低)	69	4.08				
整体感知形象	主观花卉了解度(高)	99	4.26	0.401	0.527	4.890**	0.000
	主观花卉了解度(低)	69	3.80				
意动感知形象	主观花卉了解度(高)	99	4.54	8.436	0.004	3.451**	0.001
	主观花卉了解度(低)	69	4.13				

　　由上表 6-27 所知,除了拥挤程度以外,花卉旅游者自评的花卉了解度在感知形象的各维度上均呈现显著差异,花卉高了解度组在均值上的表现均显著高于花卉低了解度组,可以看出花卉旅游者对花卉知识的自我评估与其感

知到的花卉旅游目的地形象联系紧密。

表 6-28　花卉了解度(客观)对感知形象影响的独立样本 T 检验

感知形象维度	分组	样本数	均值	方差齐性检验		均值差异比较	
				F 值	Sig.	T 值	Sig.
功能设施	客观花卉了解度(高)	50	3.65	0.466	0.497	2.317*	0.023
	客观花卉了解度(低)	35	3.32				
拥挤程度	客观花卉了解度(高)	50	2.97	1.014	0.317	2.584*	0.012
	客观花卉了解度(低)	35	2.44				
情感氛围	客观花卉了解度(高)	50	4.24	0.971	0.327	2.440*	0.017
	客观花卉了解度(低)	35	3.94				

由上表 6-28 所知,源自于识花测验的客观花卉了解度在客体形象直接作用下的三项感知形象方面(功能设施、拥挤程度、情感氛围)存在显著差异,在整体感知形象和意动感知形象方面并未起到有效的区分作用。

第四节　本章小结

本章研究对象是花卉旅游目的地形象"链式结构"模型的第三个组构元素——感知形象,主要研究内容对应"弹珠碰撞"模型的第四、五、六个步骤,分别研究花卉旅游目的地媒介形象作用下的感知形象生成、客体作用下的感知形象生成以及花卉旅游者群组对感知形象的影响。在讨论媒介形象对感知形象的影响时,首先利用文本关键词输出统计、眼动仪眼动数据记录以及影像画面测验结果分别描述不同媒介表征形态组下(文本组、图像组、影像组)的显性感知形象,并采用实验研究法的组间设计与组内设计,借助 ANOVA 和配对样本 T 检验部分验证了研究假设 H1,即不同媒介表征形态对花卉旅游目的地感知形象的影响存在显著差异;并完全验证了研究假设 H2:媒介形象对花卉旅游目的地意动感知形象产生显著的正向影响。在讨论客体形象作用下的感知形象时,利用问卷调查法以及探索性因子分析工具提取出花卉旅游目的地认知感知形象的4因子以及情感感知形象的1因子模型,并将其归纳命名为"客体形象直接作用下的感知形象",利用逐步多元回归分析法验证其对整体感知形象以及意动感知形象的显著影响以及整体感知形象在形象生成过程中的中介作用。在花卉旅游者群组对感知形象的影响研究中,利用独立样本T检验以及ANOVA方法探索人口统计学特征(性别、年龄、学历、职业状态)、出行相关因素(初游 & 重游、旅游同伴、旅游动机)、花卉喜爱度和花卉了解度对感知形象是否有显著影响,结果显示:年龄、花卉喜爱度以及旅游者自评的主观花卉了解度能够有效区分开具有显著差异的花卉旅游者感知形象,聚集形成不同的感知形象(弹珠组)(图6-16)。

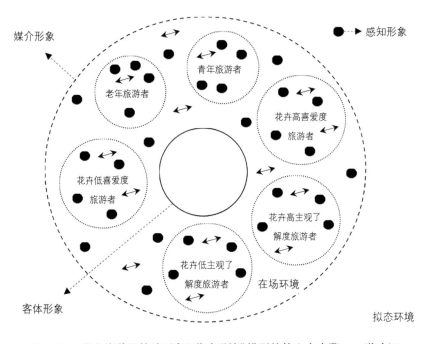

图6-16 花卉旅游目的地形象"弹珠碰撞"模型的第六个步骤——弹珠组

第七章 结 论

本书聚焦花卉旅游这一在中国兴起并蓬勃发展的旅游细分类型,通过社会建构理论和形象学理论演绎,构建花卉旅游目的地形象的建构模型,采用内容分析法、实验研究法以及问卷调查法,运用因子分析、多元回归法、方差分析、眼动仪视觉轨迹追踪、TLK 图片抽取测试等对建构模型的三个组构元素——客体形象、媒介形象以及感知形象进行探索与验证。其主要结论与创新点归纳如下:

(1)花卉旅游的核心吸引物是花卉资源,在中华花文化历史积淀下,花卉旅游同时吸纳各时期的时代特征和历史要素,历经四个重要发展阶段:史前至先秦时代以实用价值为导向,汉朝至隋唐时期以观赏寄情为目的,宋代至明清时期以休闲消遣为主,新中国成立之后进入多功能融合的现代花卉旅游发展阶段;中国花卉旅游受生态游憩需求、花卉文化情结、城乡发展失衡、产业跨界融合这四个动因推动发展;从空间分布来看,代表性的中国花卉旅游目的地以直辖市和省会城市为核心呈现散点分布的状态,遍布各地理大区和省份,其中华东地区、华中地区以及西南地区的散点分布更加密集。

(2)花卉旅游目的地是旅游目的地中以花卉为主要吸引物的分支类型,花卉旅游目的地形象是旅游目的地形象的子集,其符合旅游目的地形象的普适性内涵,即形象是多种生产力和想象力的结果,因此将花卉旅游目的地形象的内涵界定为:不同的形象建构主体通过各自的意念和行为对花卉旅游目的地客观属性与符号属性的生产与再生产的结果;其划分类型呈现出"形象主体多样性、形象关系多重性、形象分类灵活性"的形态规律,其本身具有多维性、聚合型、稳定性、动态性特征。

(3)通过对现存的旅游目的地形象建构模型的对比借鉴与经验总结,提出建立多主体、全流程参与的旅游目的地形象建构模型的必要性。基于"客观现实—符号现实—主观现实"的"现实的社会建构"框架,提出"客体形象—媒介形象—感知形象"的"形象的社会建构"模型,花卉旅游目的地形象的建构依赖于这三个组构元素秩序化的运行。客体形象是对花卉旅游目的地及旅游吸引物的建构,媒介形象是基于客体形象之上的花卉旅游目的地虚拟形象的建构,感知形象是旅游者在接收客体形象与媒介形象信息之后所形成的心理感知的建构。

界定这三个组构元素的创新点在于:①将客体形象作为花卉旅游目的地设计运营者发挥主观能动性的结果,由于花卉旅游目的地在体量上不同于往常旅游目的地形象研究中常见的"国家旅游形象""城市旅游形象",这类研究因形象源头生成的复杂性往往忽略对客体形象的深入讨论,本书针对研究对象特点将客体形象纳入重点讨论的范畴之内;②拓展媒介形象概念范围,指明在现代媒介工具的发展之下,媒介形象与感知形象存在重合部分,即已游的花卉旅游者呈现在媒介平台的感知形象将成为其他旅游者接触的媒介形象;③从形象的社会化建构角度阐明感知形象是客体形象、媒介形象以及旅游者自身生命经验共同作用的结果。

(4)基于社会建构思想,提出花卉旅游目的地形象建构的"链式结构"模型与"弹珠碰撞"模型。"链式结构"模型重点在于阐释三个组构元素背后的建构主体以及这三个组构元素之间的关系,表明三者之间并非相互独立,存在着两两相关、相互接榫的复杂联系,因而呈现出"混合链式"的结构模式;"弹珠碰撞"模型重点是基于"过程"视角揭示花卉旅游目的地形象的三个组构元素历时性的演变惯例与流程,六个步骤即六个时序节点,将旅游发展实践最关注的花卉旅游者感知形象作为模型的核心——"弹珠"进行聚焦研究。

提出"链式结构"模型的创新点在于:①梳理和呈现组构元素的建构主体,遵循社会建构的思想,明确"人"在形象建构中的关键作用,表明研究形象建构实际是研究建构主体的自作用及相互作用;②拓展媒介形象的建构主体范畴,将花卉旅游目的地运营者、花卉旅游者、花文化掮客全部列为媒介形象的建构主体,用以阐释媒介形象建构的复杂性和呈现出的多面性。

提出"弹珠碰撞"模型的创新点在于:①模型的原创性,该模型建构的"过程"属性并未基于任何已有模型,是对旅游目的地形象研究领域(尤其是形象动态生成过程研究)的一个创新性补充成果;②模型的普适性,这一模型能够解释包括花卉旅游目的地在内的大部分旅游地的形象建构过程。

(5)建构模型的第一个组构元素——客体形象的专题研究基于花卉旅游目的地设计运营者视角:首先从系统性的建构战略层面归纳出"内源式"与"外生式"的"双元化"形象建构思路,并进一步提出传统资源的活化、对自然的再创造、异化形象的移植的形象建构路径,指出花卉景观、花卉节事和花卉旅游商品作为抽象形象的依托载体;基于6位国际知名花卉景观设计师访谈资料的内容编码结果,提炼出花卉旅游目的地客体形象"形构模块""情感模块""功能模块"这三类设计逻辑关键性模块,并验证了模块间两两相关关系;以花卉旅游商品大赛作品作为客体形象创意演化的案例,提出信源符号与意源符号两条形象创意演化方式,信源符号基于目的地主题花卉的色彩、纹样、造型等,通过同构化、异形化、几何化、晶格化的转译途径实现"物—物"的演化;意源符号基于花卉旅游目的地的地格、文化和社群观念,通过隐喻或指代的方式实现"观念、思想—物"的演化。

客体形象研究的创新点在于:不同于以往研究对设计作品内容的叙述性分析,将定量统计引入分析过程,通过数据直观观测设计师建构形象的思路和结果。

（6）建构模型的第二个组构元素——媒介形象存在多元的建构主体（花卉旅游目的地运营者、花卉旅游者、花文化掮客）和表征形态（文本、图像、影像），基于此构建了3×3的九宫格模型。基于建构主体研究分析指出：花卉旅游目的地运营者在形象建构中具有主控性和诱导性特征；而传统媒介的涵化以及受众信息接触习惯的变更导致媒介权力依附的实体逐渐向旅游者本身转移，从而发生"形象劫持"现象；值得一提的是，花文化掮客在主客文化交流的中介作用同样不容忽视。从九宫格模型中抽取六组建构主体与表征形态的组合，通过内容分析法比较得出不同建构主体在媒介形象方面存在差异：文本媒介形象在形象的内部维度构成、高频词及其占比方面存在差异，图像媒介形象在花田、食物、人物、旅游纪念品和标牌等内容指标以及景别、聚焦方式等形式指标方面存在显著差异；影像媒介形象在影像场景、形象属性、视频时间轴分布、视频标题等方面存在显著差异。

媒介形象研究的创新点在于：①将花文化掮客列为媒介形象建构的主体之一，通过摄影作品和文学作品案例分析这一建构主体在媒介形象中的重要作用；②采用对比研究法对不同建构主体呈现的媒介形象进行定量化比较；③在使用研究中常规的以文本为对象的内容分析方法之外，增加了以图像和影像为对象的视觉内容分析，拓展媒介形象在表征形态多元化的分析范畴。

（7）通过实验研究法研究媒介形象作用下的感知形象生成，提出媒介刺激下形成的感知形象可分为显性和隐性两类。在显性感知形象结果中，文本组感知形象紧密围绕花卉本身，图像组的花卉大场景式形象展现易被焦点性的其他组合物分散被试注意力，影像组的花卉大场景式形象展现表现要优于花卉特写式形象；在隐性感知形象结果中，文本形态的媒介形象在空间尺度的描绘、振奋情感的调动方面不及视觉形态，但在历时性的历史文化要素呈现以及目的地意识认同方面优于视觉形态；组内分析结果表明：三种媒介形态刺激均能够显著提升潜在旅游者的感知形象，验证了"弹珠碰撞"模型中的感知形象弹珠在多次碰撞媒介形象界面后不断增值的假设。

媒介形象作用下的感知形象研究创新点在于：将眼动仪视线追踪技术与TLK 图片抽取技术引入感知形象的研究中，获取被试的生理感知数据，丰富感知形象数据类型。

（8）通过问卷调查法研究客体形象作用下的感知形象生成，提出在场环境下的花卉旅游者所形成的感知形象可分为"客体形象直接作用下的感知形象"以及"客体形象间接作用下的感知形象"。前者通过对专家和花卉爱好者的访谈结果以及因子分析归纳出花卉形构、文化互动、功能设施、拥挤程度、情感氛围这 5 个维度，后者借鉴成熟研究成果分为整体感知形象和意动感知形象这 2 个维度，问卷数据分析显示：文化互动和情感氛围是整体感知形象的核心前因要素，花卉形构和情感氛围是意动感知形象的核心前因要素，整体感知形象在客体形象直接作用下的感知形象维度与意动感知形象之间存在完全中介和部分中介的作用。

客体形象作用下的感知形象研究创新点在于：①通过访谈花卉旅游相关专家及花卉爱好者，从供方和需方了解客体形象与感知形象碰撞界面的属性维度；②将整体感知形象与意动感知形象同时纳入研究模型中，通过问卷数据验证两者关系。

（9）基于问卷调查法获得的数据，研究花卉旅游者群组对感知形象的影响，获取"弹珠碰撞"模型中弹珠组形成的依据，数据分析结果显示：年龄、花卉喜爱度、主观的花卉了解度能够成为弹珠组聚集的重要指标。

花卉旅游者群组对感知形象影响研究创新点在于：①除将常见的人口统计学特征纳入研究范畴外，增加花卉喜爱度和花卉了解度这两项自拟变量，并得出这两个变量能够对结果变量分类产生显著影响的结论；②通过自拟量表与图片测试显著区分"主观的花卉了解度"与"客观的花卉了解度"，说明被调查者普遍高估了自己的花卉了解知识。

作为跨学科研究的一次尝试，本书尚存在诸多局限性：①"链式结构"模型和"弹珠碰撞"模型是对花卉旅游目的地形象建构的系统性框架，由于研究精力和论文篇幅所限,研究并未涉及客体形象对媒介形象的影响、在场环境下的感知形象受客体形象与媒介形象共同作用的影响、感知形象对客体形象的反馈式影响、"弹珠碰撞"的减值等问题,这些问题在后续研究中仍需要通过科学的研究方法和数据进一步讨论和验证;②案例地选择的局限性,本书关于客体形象作用下的感知形象研究因地理位置原因就近选取上海植物园,因目的地性质不提供住宿与花卉旅游商品的售卖,因此在研究感知形象认知维度时剔除这两项指标,后续研究在案例地选择时可考虑选取更具有综合性功能的花卉旅游目的地案例以验证这些指标对模型的影响;③隐性感知形象的实验研究设计指标基于已有文献均采用一个题项,因此存在变量的信度缺陷,可能导致测量出现一定偏差,后续研究针对这一问题需要通过自拟题项的方式加强量表信度;④本书的案例素材局限于文本以及图片、视频等视觉类材料,然而花卉的嗅觉美无可厚非是其重要的吸引力之一,就有学者提出"气味景观"(smellscape)概念强调嗅觉形象的重要性,嗅觉形象是可以区分该目的地类型形象与其他大多数旅游目的地形象的一个重要维度,在后续研究中可以尝试探索与讨论。

附　　录

附录1:国家重点花文化基地名单^①

第一批国家重点花文化基地(2016年3月公布)

序号	省份地区	国家重点花文化基地名称	责任单位
1	北京	北京植物园国家重点花文化基地	北京植物园
2	上海	上海植物园国家重点花文化基地	上海植物园
3	江苏	江苏省扬州市个园国家重点花文化基地	扬州市个园管理处
4	江苏	江苏省南京市梅花山国家重点花文化基地	中山陵园管理局
5	北京	北京市丰台区花乡国家重点花文化基地	北京市丰台区花乡人民政府
6	江苏	江苏省太仓现代农业园区国家重点花文化基地	太仓市现代农业园区管理委员会
7	海南	海南省三亚市兰花世界文化旅游区国家重点花文化基地	三亚柏盈热带兰花产业有限公司
8	广西	广西壮族自治区横县国家重点花文化基地	横县人民政府

① "国家重点花文化基地"的申报与认定工作由中国花卉协会统一完成。

第二批国家重点花文化基地(2018 年 8 月公布)

序号	省份地区	国家重点花文化基地名称	责任单位
1	吉林	吉林省长春市泓鑫君子兰种植基地国家重点花文化基地	长春泓鑫君子兰种植有限公司
2	上海	上海市梦花源国家重点花文化基地	上海上房园艺有限公司
3	江苏	江苏省无锡市中国杜鹃园国家重点花文化基地	无锡市锡惠公园管理处
4	江苏	江苏省扬州市瘦西湖风景区国家重点花文化基地	扬州市瘦西湖风景区管理处
5	浙江	浙江省杭州西湖风景名胜区灵隐管理处(杭州花圃)国家重点花文化基地	杭州西湖风景名胜区(杭州市园林文物局)灵隐管理处
6	安徽	安徽省合肥植物园国家重点花文化基地	合肥植物园
7	福建	福建省连城兰花博览园国家重点花文化基地	福建连城兰花股份有限公司
8	河南	河南省南阳月季博览园国家重点花文化基地	南阳月季基地
9	湖南	湖南省森林植物园国家重点花文化基地	湖南省森林植物园
10	湖南	湖南省湘潭盘龙生态农业示范园国家重点花文化基地	湘潭盘龙生态农业示范园有限公司
11	四川	四川·遂宁·世界荷花博览园国家重点花文化基地	遂宁市船山区观音湖开发建设管理委员会
12	四川	四川省成都市川派盆景文化艺术基地国家重点花文化基地	成都三邑园艺绿化工程有限责任公司

附录 2：中国美丽田园名录（花卉旅游相关）[①]

分类	序号	省份地区	中国美丽田园名称
油菜花景观（10）	1	上海	上海市奉贤区庄行油菜花景观
	2	江苏	江苏省南京市高淳区慢城油菜花景观
	3	安徽	安徽省望江县沿江油菜花景观
	4	重庆	重庆市巫山县万亩油菜花景观
	5	四川	四川省泸州市江阳区油菜花景观
	6	云南	云南省腾冲县万亩油菜花景观
	7	陕西	陕西省南郑县油菜花景观
	8	甘肃	甘肃省永昌县油菜花景观
	9	青海	青海省祁连县卓尔山油菜花景观
	10	新疆	新疆生产建设兵团第四师 76 团油菜花景观
桃花景观（10）	1	北京	北京市平谷区桃花景观
	2	河北	河北省顺平县桃花景观
	3	山西	山西省夏县兴南桃花景观
	4	江苏	江苏省徐州市贾汪区桃花景观
	5	浙江	浙江省嘉兴市南湖区凤桥桃花景观
	6	山东	山东省乳山市石佛山桃花景观
	7	河南	河南省西华县万亩桃花景观
	8	湖北	湖北省孝感市孝南区万亩桃花景观
	9	重庆	重庆市沙坪坝区虎峰山桃花景观
	10	贵州	贵州省瓮安县桃花景观

[①] 由中华人民共和国农业农村部（原农业部）办公厅于 2014 年发布。

续表

分类	序号	省份地区	中国美丽田园名称
梨花景观（10）	1	河北	河北省赵县梨花景观
	2	山西	山西省平遥县梨花景观
	3	江苏	江苏省苏州市高新区树山梨花景观
	4	安徽	安徽省寿县八公山梨花景观
	5	福建	福建省德化县辉阳梨花景观
	6	广西	广西壮族自治区灌阳县大仁村梨花景观
	7	四川	四川省金川县雪梨花景观
	8	甘肃	甘肃省景泰县条山农庄梨花景观
	9	山东	青岛市黄岛区梨花景观
	10	浙江	宁波市余姚市朗霞梨花景观
荷花景观（10）	1	天津	天津市宝坻区休闲观光园荷花景观
	2	山西	山西省左权县荷花景观
	3	上海	上海市松江区南杨村荷花景观
	4	江苏	江苏省丰县大沙河镇荷花景观
	5	浙江	浙江省建德市荷花景观
	6	福建	福建省漳平市拱桥镇荷花景观
	7	江西	江西省广昌县荷花景观
	8	山东	山东省济宁市微山岛湿地荷花景观
	9	湖北	湖北省钟祥市石牌镇荷花景观
	10	广西	广西壮族自治区柳江县荷花景观
向日葵景观（8）	1	北京	北京市房山区天开花海葵花景观
	2	内蒙古	内蒙古自治区杭锦后旗葵花景观
	3	黑龙江	黑龙江省九三农场管理局荣军农场葵花景观
	4	浙江	浙江省仙居县下各镇葵花景观
	5	河南	河南省遂平县四季花卉葵花景观
	6	广西	广西壮族自治区武宣县葵花景观
	7	四川	四川省古蔺县梦里苗乡葵花景观
	8	新疆	新疆维吾尔自治区阿勒泰市塘巴湖葵花景观

续表

分类	序号	省份地区	中国美丽田园名称
其他花卉景观（18）	1	北京	北京市密云县蔡家洼玫瑰花景观
	2	河北	河北省易县牡丹花景观
	3	辽宁	辽宁省沈阳市沈北新区紫烟薰衣草景观
	4	吉林	吉林省和龙市金达莱花景观
	5	江苏	江苏省南京市江宁区大塘金村薰衣草景观
	6	浙江	浙江省遂昌县高坪杜鹃花景观
	7	浙江	浙江省义乌市龙溪香谷薰衣草景观
	8	安徽	安徽省亳州市谯城区芍药花景观
	9	江西	江西省南昌县凤凰沟樱花景观
	10	山东	山东省博兴县黄河打渔张风景区薰衣草景观
	11	河南	河南省巩义市薰衣草景观
	12	湖南	湖南省浏阳市大围山花卉景观
	13	重庆	重庆市秀山县金银花景观
	14	贵州	贵州省兴义市杜鹃花景观
	15	贵州	贵州省盘县哒啦仙谷薰衣草景观
	16	陕西	陕西省榆林市榆阳区杏花景观
	17	宁夏	宁夏回族自治区中卫市沙坡头区薰衣草景观
	18	新疆	新疆生产建设兵团第四师70团薰衣草景观

附录3：首届全国花卉旅游商品创意设计大赛
作品一览表①

序号	作品名称	题材	立意	形态	色彩	材质	用途
1	《花情》	花卉	绚丽、生动、活力、有趣	花形的复杂化	红蓝绿紫	无	图案应用于服饰、手包
2	《空》	茉莉花	整体成型，象征广西十二个民族团结一致	弧形花瓣状	白绿渐变	陶瓷	茶具套装
3	《茉莉胸针》	茉莉花	五瓣交错相连造型寓意横县人民全心全意	茉莉花形	白、玫瑰金	陶瓷	胸针
4	《牡丹》	牡丹	"少即是多"	牡丹花形	红蓝绿紫	无	图案应用于装饰画、丝巾
5	《轮回》	花卉	人生如花，花开花落的轮回	花卉纹样	红黄绿蓝	真丝	丝巾
6	《茉莉花水果盘》	茉莉花	"好一朵美丽的茉莉花"视觉感受	茉莉花形，三盘叠放	白绿	烤漆、塑料	水果盘
7	《植物标本书签》	花卉	用花卉标记阅读	花卉压制标本	可变	干花	书签
8	《茉莉花开》	茉莉花	茉莉花仙子的忠贞、清纯与质朴	微型人偶	白绿	未知	装饰品
9	《永·恒》	花卉	花开永恒	圆柱状	黑白	玻璃	光波炉干花器
10	《玉梳》	茉莉花	复古的美感	编发状与茉莉花朵状结合	黑白蓝紫	玉石	梳子

① "2014首届全国花卉旅游商品创意设计大赛"由中国花卉协会花文化分会（原"中国花卉协会花文化专业委员会"）主办，由包括上海交通大学在内的13所高校共同承办，由江苏省旅游学会、江苏东方旅游规划设计研究院协办；作品一览表根据参赛作品提交海报整理。

续表

序号	作品名称	题材	立意	形态	色彩	材质	用途
11	《海芋百合的秘密》	海芋百合	优雅高贵的象征	海芋百合花瓣状	白绿	有机玻璃、水晶	头饰
12	《一芯一意》	茉莉花	真诚的友谊	茉莉花蕊、花瓣	白绿黄	陶瓷	水果餐具
13	《茉莉供春壶》	茉莉花	现代与传统的融合	茶壶状、贴绘茉莉花浮雕	白黄	黄河金沙泥	茶壶
14	《茉香满怀》	茉莉花	丝巾缠绕在颈间犹如茉莉花香萦绕身旁	茉莉花花纹	白绿	真丝、硫酸纸	丝巾
15	《茶君子》	茉莉花	时尚与花卉文化的结合	茉莉花苞状	白	陶瓷	茶具套装
16	《好一朵茉莉花》	茉莉花	从树根、树叶到花朵元素的应用体现茉莉花生长状态	茉莉花、树纹印花	白绿木纹	布	茉莉服饰套装
17	《"花影"手电筒》	花卉	利用万花筒原理体现花的纹路	圆柱状	黄绿	塑料	手电筒
18	《武汉大学樱花系列》	樱花	武大樱花的浪漫与神秘	樱花花瓣和大桥的抽象形	蓝绿粉	纸质、铁艺	明信片、徽章
19	《叶瓣状自动湿度控制装置》	茉莉花	田园的自然之美	茉莉花苞状	白绿	硅胶、瓷	湿度控制器
20	《荷—餐具系列》	荷花	禅趣	荷花、莲蓬状	白红	陶瓷	餐具套装
21	《茉莉花开—餐具系列》	茉莉花	纯洁优雅的风格	茉莉花瓣状组合	白黄	陶瓷	餐具套装
22	《茉莉精油扇》	茉莉花	关照用户使用的知觉体验	茉莉花花纹	白蓝	布、竹	扇子
23	《一瓣优盘》	茉莉花	绽放的茉莉花瓣的优美感	一瓣茉莉花瓣状	白绿	塑料	U盘
24	《白·纸艺》	茉莉花	用纸的初色"白"表达生命与信息的原始形式	茉莉状剪纸、叠纸	白绿	纸质	装饰纸艺

序号	作品名称	题材	立意	形态	色彩	材质	用途
25	《茉莉映像》	茉莉花	造型保留茉莉的气韵	茉莉花盆栽的几何化呈现	银	薄铝板	便签夹
26	《涅槃重生》	花卉	循环利用的蜡油象征花开花落又一春	花卉造型	可变	蜡	循环蜡烛
27	《花·时间》	花卉	清新儒雅的气质	花卉造型简化与重复	白	未知	加湿器
28	《火中生莲——熏香炉》	莲花	火中生莲的禅意	荷花、荷叶造型	黑白	陶瓷、钢、木	熏香炉
29	《茉莉花针线盒》	茉莉花	传统女工与柔美茉莉的结合	花瓣绽开的装置	白绿黄	塑料	针线盒
30	《水·荷》	荷花	展现清新雅致	荷花、荷叶、莲蓬造型	白	陶瓷	餐具套装
31	《白茉茶杯》	茉莉花	展现茉莉的洁白优雅	圆柱状、茉莉花形镂空	白绿	瓷、竹	茶杯
32	《郁金香水杯保护袋》	郁金香	郁金香造型	郁金香造型	可变	布	水杯保护袋
33	《一盒茉莉》	茉莉花	美丽与实用的结合	茉莉花瓣状	白银	塑料、合金	指甲钳套装
34	《茉莉花开》	茉莉花	无	圆币,茉莉浮雕	金银	金、银	纪念币
35	《花舞茉莉》	茉莉花	演奏《好一朵美丽的茉莉花》	双层正方体,茉莉状发条	粉绿橘	未知	八音储物盒
36	《香风轻度》	茉莉花	轻盈雅淡的气质	花瓣壶、茉莉花纹样	白绿黄	未知	茶具套装
37	《红(黑)地贴金琼花纹球形漆盒》	琼花	用与美的结合	球形,琼花纹样	红黑金	漆器	漆盒
38	《最初的茉莉》	茉莉花	象征"纯洁的爱情"	茉莉花造型	银	925纯银	项链

序号	作品名称	题材	立意	形态	色彩	材质	用途
39	《茉莉绣球魔方》	茉莉花	壮族纹饰传递民族文化	茉莉微缩盆栽	可变	未知	魔方
40	《茉莉台灯》	茉莉花	洁白、简单、安静	茉莉花形的简化	白绿	陶瓷	台灯
41	《茉丝·莫忘》	茉莉花	茉莉丝巾承载横县茉莉文化飘向世界	茉莉抽象花形	白绿	真丝	丝巾
42	《香由心生·香炉》	茉莉花	古朴精美的气质	长方体、茉莉花形镂空	木	紫檀木	熏香炉
43	《HANA花插》	花卉	日式枯山水和禅院的香圈	线圈造型	银	钢、玻璃	花插
44	《"感"》	海芋	土壤监测技术反映植物健康状况的感知	海芋造型	白	未知	花瓶
45	《花妖》	茉莉花	素雅的少女形象与茉莉花的神秘	微型人偶	白绿	未知	装饰品
46	《静·初—瓷器果盘》	茉莉花	白瓷反光表现简洁、淳朴的气质	层层重叠的花瓣形	白	陶瓷	水果盘
47	《茉莉娃娃—车载香薰》	茉莉花	茉莉香气与民族特色	球形,中国娃娃形	白红黑	未知	车载香薰
48	《茉莉—镶金手镯》	茉莉花	含蓄、贤惠的东方美	圆环形,茉莉花纹案晶格化	白绿	陶瓷,金属	手镯
49	《梅花—无水洗手胶囊》	梅花	梅开五福,健康卫生	梅花五瓣造型	粉	未知	洗手胶囊
50	《茉莉韵》	茉莉花	传统与现代的结合	茉莉花纹案晶格化	白绿	未知	钥匙链、书签
51	《茉莉花开—桌面小夜灯》	茉莉花	安静祥和的氛围	倾斜的花苞简化造型	白	环保塑料、不锈钢	台灯
52	《花样年华—香薰烛台》	郁金香	浪漫与优雅	郁金香造型	白	陶瓷	烛台

序号	作品名称	题材	立意	形态	色彩	材质	用途
53	《方圆花卉装饰画》	荷花、迎春花	方形—荷花刚正不阿,圆形—迎春花圆融	荷花和迎春花线描造型	白灰木	未知	装饰画
54	《茉莉姑娘》	茉莉花	清纯、质朴、贞洁的形象	头部似花骨朵的人偶形象	白绿	无	吉祥物形象
55	《茉莉花—含苞待放》	茉莉花	娟秀梦幻的气质	花瓣散开的造型	透明	玻璃	烛台
56	《含苞》	茉莉花	亭亭玉立、清新可人	倒置的茉莉花花蕾造型	白木	松木、玻璃	花瓶
57	《花间·叙首饰盒套组》	茉莉花	女人与茉莉花相似的"际遇"	茉莉花造型组合	白木	未知	首饰盒
58	《茉莉清茶创意包装》	茉莉花	传统与现代结合	可弯曲金属薄片,茉莉花形镂空	白绿银	金属纸质木艺	产品包装
59	《简瓣—自动笔/卷尺》	茉莉花	回归自然	笔状,笔尾花瓣造型	白绿	热塑性弹性体可回收材料	自动笔/卷尺
60	《"雨花留情"系列便签夹》	茉莉花	江南风情,不倒翁设置似花在风中摇曳	雨花石外形与茉莉纹案结合	金色	陶瓷	便签夹
61	《"玉骨冰肌"茉莉花茶杯》	茉莉花	趣味性和互动性	双瓣茉莉造型	白	陶瓷	茶杯
62	《"浮香"荷花茶叶过滤器》	荷花	具有趣味性的漂浮荷花过滤器	荷花造型	白粉绿	塑料、不锈钢	茶叶过滤器
63	《莲花—系列首饰》	荷花	荷花美好的寓意	荷花和荷叶经脉造型	银	银	首饰
64	《花间蜜语》	茉莉花	典雅	茉莉花造型组合	白绿	未知	茶杯
65	《万能接》	茉莉花	简洁、科技感	茉莉花造型	白绿	塑料	USB连接器
66	《茉莉花之恋》	茉莉花	品茶联想茉莉花香	茉莉花苞造型	白绿	陶瓷	茶具套餐

附录4:基于图像的媒介形象 Flickr 图片编码表

一、图片基本信息

1.图片编号(从1开始编号,输入数值,按照等距抽样方式筛选出150张图片)

2.图片标题(输入字符串)

3.拍摄者用户名(输入字符串)

4.拍摄年份(输入数值)

5.观看次数(输入数值)

6.点赞人数(输入数值)

7.留言数(输入数值)

8.相机型号(输入字符串)

二、图片内容指标

9.彩色花田带:(1)出现;(2)未出现;

10.薰衣草花田:(1)出现;(2)未出现;

11.单色花田:(1)出现;(2)未出现;

12.花田垄:(1)出现;(2)未出现;

13.花卉特写:(1)出现;(2)未出现;

14.甜品:(1)出现;(2)未出现;

15.饮料:(1)出现;(2)未出现;

16.农副产品:(1)出现;(2)未出现;

17.冰淇淋:(1)出现;(2)未出现;

18. 汉堡饼类:(1)出现;(2)未出现;

19. 咖喱饭:(1)出现;(2)未出现;

20. 建筑外观:(1)出现;(2)未出现;

21. 树林:(1)出现;(2)未出现;

22. 便利店:(1)出现;(2)未出现;

23. 观景台:(1)出现;(2)未出现;

24. 交通工具:(1)出现;(2)未出现;

25. 遮光棚:(1)出现;(2)未出现;

25. 休憩座椅:(1)出现;(2)未出现;

26. 山峦:(1)出现;(2)未出现;

27. 工作人员:(1)出现;(2)未出现;

28. 旅游者:(1)出现;(2)未出现;

29. 花农:(1)出现;(2)未出现;

30. 摄影爱好者:(1)出现;(2)未出现;

31. 旅游纪念品:(1)出现;(2)未出现;

32. 花园:(1)出现;(2)未出现;

33. 纪念品商店:(1)出现;(2)未出现;

34. 咖啡馆:(1)出现;(2)未出现;

35. 加工间:(1)出现;(2)未出现;

36. 展厅:(1)出现;(2)未出现;

37. 温室:(1)出现;(2)未出现;

38. 村寨:(1)出现;(2)未出现;

39. 历史文化:(1)出现;(2)未出现;

40. 功能区标牌:(1)出现;(2)未出现;

41. 富田农场标牌:(1)出现;(2)未出现;

42. 雪景:(1)出现;(2)未出现;

43. 动物:(1)出现;(2)未出现;

三、图片形式指标

44. 景别:(1)远景;(2)近景;(3)特写

45. 拍摄角度:(1)仰视;(2)平视;(3)俯视

46. 构图:(1)对称;(2)不对称;

47. 聚焦:(1)深焦;(2)选择性聚焦;

48. 光线:(1)亮色调;(2)暗色调;

附录5：媒介形象作用下的感知形象
实验研究问卷

本实验用于研究媒介形象作用下的感知形象生成。请根据每一环节的提示语完成实验过程并填答题项。本实验仅用于学术研究，采用匿名方式，实验环节所有信息严格保密。

1.您是否听说过"罗平"？　　□是　□否

2.您是否去罗平旅游过？　　□是　□否（若去过罗平，则终止实验）

罗平是云南省曲靖市下辖的一个县，距离省会昆明207公里。请您根据即刻的实际想法在以下合适的数值上打"√"。

序号	题　项	非常不同意　　　非常同意 ◀──────▶
1	我充分意识到罗平是一个赏花地	1　2　3　4　5　6　7
2	我想去罗平旅游	1　2　3　4　5　6　7
3	我希望能了解更多关于罗平的信息	1　2　3　4　5　6　7

请根据实验分组阅读或观看实验材料。

基于已阅读或观看的材料，请您按照实际想法在以下合适的数值上"√"。

序号	题　项	形象指标分值
1	看完材料后，罗平作为一个花卉旅游目的地，我对它的认知是：	明艳的　黯淡的 ◀──────▶ 1　2　3　4　5　6　7
2		拥挤的　空旷的 ◀──────▶ 1　2　3　4　5　6　7

序号	题 项	形象指标分值
3		活力的　平静的 1　2　3　4　5　6　7
4		干净的　脏乱的 1　2　3　4　5　6　7
5		传统的　现代的 1　2　3　4　5　6　7
6		易进入的　隔绝的 1　2　3　4　5　6　7
7		友好的　不友好的 1　2　3　4　5　6　7
8		一般的　独特的 1　2　3　4　5　6　7
1	看完材料后,我认为罗平这个地方给我带来的感受是:	愉悦的　不愉悦的 1　2　3　4　5　6　7
2		有压力的　放松的 1　2　3　4　5　6　7
3		激动人心的　乏味的 1　2　3　4　5　6　7

序号	题 项	非常不同意　非常同意
1	基于我看到的材料,我充分意识到罗平是一个赏花地	1　2　3　4　5　6　7
2	看完材料后,我想去罗平旅游	1　2　3　4　5　6　7
3	看完材料后,我希望能了解更多关于罗平的信息	1　2　3　4　5　6　7
1	我是一个非常喜爱花卉的人	1　2　3　4　5　6　7
2	我是一个非常了解花卉的人	1　2　3　4　5　6　7

序号	题　项	从不　　非常频繁
1	我有日常购花的习惯	1　2　3　4　5　6　7
2	我去过赏花地赏花(如花田、花园、公园等)	1　2　3　4　5　6　7

请填写以下个人信息：

1. 性别：　□男　　□女

2. 学历：　□本科生　　□硕士生　　□博士生

谢谢您的支持!

附录6:媒介形象作用下的感知形象实验 (图像组)眼动数据热力图^①

A1	B1	A2
C1	C2	A3
D1	A4	A5
B2	A6	D2

---

① 　编号 A——花田;编号 B——自然环境;编号 C——民俗文化;编号 D——人地互动。

附录 7：媒介形象作用下的感知形象实验（影像组）回忆率测验画面①

01
（03）

02
（10）

03
（04）

04
（05）

05
（干扰01）

06
（08）

07
（06）

08
（干扰03）

09
（07）

10
（02）

11
（11）

12
（01）

13
（12）

14
（13）

15
（14）

16
（21）

17
（干扰04）

18
（17）

19
（15）

20
（09）

21
（16）

22
（干扰02）

23
（18）

24
（19）

25
（20）

---

① 25幅画面均来源于罗平旅游宣传片《近在远方》，其中21幅画面在实验剪辑片段内，即被试观看的实验视频，另外4幅画面作为回忆率测验的干扰画面，实际来源于实验剪辑片段外；画面下"无括号编号"代表回忆率测验的出现序号，"有括号编号"代表出现在视频中的顺序编号，包括4幅未出现在视频中的干扰画面。

附录 8：客体形象作用下的感知形象研究访谈（摘录）①

一、专家组②

问：旅游目的地形象是复合的，其形象组成的要素是多元的，如面积规模、空间结构、建筑、民俗风情、节事活动、特产、餐饮、游憩设施等，从设计与运营的角度来说，您认为赏花地作为一个以花卉与植物为主题的旅游目的地，其呈现出来的形象有哪些要素构成？这些要素可以细分出的维度有哪些？

答：

"专家组"被访者 A：从要素来说，首先是花卉景观，这就包括花卉的规模、品种、长势以及园艺水平、插花技艺等，再就是花卉景观需要有故事性的场景去呈现；目的地需要一套完整的形象体系设计，以及除了花卉景观以外其他生态景观也需要维持高质量水平；还有要素比如配套的餐饮、住宿、建筑风格、室内外装修等，以及旅游商品、节庆、园艺科普等。

"专家组"被访者 B：说到赏花地我最先想到的应该是花卉小镇，首先就是花色是要非常绚丽的，花卉种类非常丰富；由于我是建筑设计出身，我可能更多去关注一些建筑或空间，比如可以看到展示花卉历史的展览室，我知道中国历史中与花卉的故事有很多，因此很希望去了解这些有意思的事，然后就是

---

① 访谈摘录根据访谈录音及访谈人笔记整理，有删减。

② "专家组"被访者 A 信息：男，教授，研究方向：花文化、景观设计、旅游管理，中国。"专家组"被访者 B 信息：男，助理教授，研究方向：人花互动设计，巴西。"专家组"被访者 C 信息：男，扬州市瘦西湖风景区（国家重点花文化基地）中层管理人员，中国。"专家组"被访者 D 信息：女，上海植物园（国家重点花文化基地）高级工程师，中国。"专家组"被访者 E 信息：男，加拿大布查特花园（Butchart Garden）园艺工程师，加拿大。"专家组"被访者 F 信息：男，教授，研究方向：花园文化、风景园林，德国。

花卉主题的酒店,当然也希望品尝到花卉制作的各种美食。

"专家组"被访者 C:花卉旅游目的地形象要素第一是花卉的品种、数量、质量,例如花卉选一些欧洲产地的品种,一些本地的品种,能够兼顾花期搭配成为四季有花的观赏区,我们景区也开辟了一些为旅游者增添野趣的赏花区域,用人工手法模拟野外花卉的生长情况;第二是展现方式,也就是花卉呈现的载体,比如绿雕、花镜、花坛等,景区围墙采用半开放式的景观廊,能够吸引围墙外的人进来赏花;第三是花文化的延伸产品,例如精油、永生花、园艺器具,还有花食,比如菊花饺子、桂花酒等;第四是用于科普花文化的一些介绍性手册或者电子屏,也有一些表演、培训性质的园事活动,比如插花表演、大师讲堂,露营活动等,我们推出的"研学游"面向学生目的在于科普,面向家庭主要是能够提供亲子互动的空间,还会面向花卉盆景爱好者,传播花卉专业知识。当然作为一个景区还需要一定的配套设施,比如说宾馆,房间数量不多但是小而精致,需求量还是非常大的,在景区里还有设立在仿古建筑内的"林间咖啡馆",提供给旅游者漫步林间享受咖啡香的一种环境,据我观察是比较受旅游者欢迎的。

"专家组"被访者 D:在我理解的话,"形象"二字,"形"归于外在,"象"归于内在。就"形"来说,就是花卉景观呈现的设计形式,以及入口、出口、主景区等分区设计;"象"就是花文化的植入了,我认为现在的花卉旅游目的地多存在形式大于内容的问题,大片的花海是好看的,但是缺少精神上的感受或感悟的提炼,内在与外在达不成匹配;另外就是景区配套的硬件设施,比如厕所、旅游商店、便民服务区,这些硬件设施在花卉旅游目的地形象要素中是可以成为很暖心的要素,也可能会成为很闹心的要素。

"专家组"被访者 E:因为花卉属于自然之物,所以我认为对于一个花卉旅游目的地来说最重要的形象要素是一个可易于识别的自然形象(recognizable natural image),例如布查特花园的下沉式花园享誉全球;另外就是一个令人眼前一亮的因素,我们称之为"the WOW factor",这个要素能够给旅游者留下深刻的印象和记忆;此外包括交通的可进入性、停车便利性、旅游者中心、餐馆和旅游商品售卖店等。

"专家组"被访者 F:我同意旅游目的地形象是一个复合的概念,我曾经与合作者写过一本关于吕内堡石楠花草原(Lunenburg Heath)的书,这个地方位于德国北部,以石楠花为主要吸引物,在 20 世纪逐渐演化为德国热门的旅游目的地,至今每年都能吸引数百万的旅游者前往;在书中我讨论了当地的植被特征、植物地理相关的知识以及与花园艺术的融合、石楠意象的发展过程,例如石楠如何激发画家与作家的创作热情,逐渐同化为一个区域的形象,书中还涉及石楠意象的社会经济各方面。

问:从服务旅游者的角度来说,根据您的经验,在这些形象细分要素中哪些要素对旅游者来说会比较有吸引力?

答:

"专家组"被访者 A:我认为主要有两点,一是花卉品种,即花卉旅游目的地必须有它的主题花卉,且这种花卉具有唯一性,是适合当地气候、土壤条件的种群;二是花卉旅游目的地必须与产业结合,不仅仅是赏花,要与旅游者的一系列出行需求相结合,比如吃的、用的。

"专家组"被访者 B:如果从服务旅游者的角度来说,我认为花卉景观的质量是最重要的:色彩、品种、生长的状态。

"专家组"被访者 C:我认为首先是造景,包括构图、角度、修剪水平等等,现在人们来赏花地拍花,都会发朋友圈、发抖音,"景"是不是有个性化、是不是能够避免同质化,直接决定了旅游者愿不愿意把这个"景"分享出去的意愿;第二是参与感和代入感,这就需要根据细分群体采用不同的方案,我们举办的"研学游""亲子游""大师讲堂"等就是面向不同群体的旅游者,基本都处于供不应求的状态。

"专家组"被访者 D:我认为不同人群对花卉旅游目的地的需求不一样,比如像我这样的研究花卉的人群,去到赏花地肯定是看花卉的专业度,另外比较关注花文化方面的要素;可能一般老百姓主要是为了放松放松,因此一个是眼睛上的放松,比如看美丽的花,另外就是要接受一个比较周到的服务,还有就是对特殊群体的关照,例如辰山植物园专门打造了一块区域专门为视力障碍者服务。

"专家组"被访者E:我认为对于旅游者来说,有一定规模程度的五彩缤纷的花卉组合是非常重要的,其中由草坪和树篱做一定的分隔;另外花卉的分区也非常重要,例如英式花园、日式花园等,不同的花园保持一个独特的花卉种类或者修剪风格;再者是需要一定的园艺种植技术以创造花卉艺术和美感。

问:刚刚提到的形象要素是具体、细分的、可直接操作的,从赏花地的情感氛围来说,您认为一个成功的(有吸引力的)赏花地,能够在人地关系之间为旅游者带来什么样的情感联结?

答:

"专家组"被访者A:我认为花卉旅游目的地还是需要回归自然,提供给旅游者的是原生态自然的放松氛围。

"专家组"被访者B:我觉得是一种平静的(Peaceful)氛围,让人镇定(Calm)下来,能够感受慢生活的一种氛围,我不认为赏花地一定要给人一种蓬勃生长、很有活力(Energy)的一种感觉,而是能够一个可以给旅游者提供自省(introspective)机会的空间。

"专家组"被访者C:首先我认为第一是要有舒适感,人在这个花卉空间中是放松的,第二是我认为需要有愉悦感,是一种非常享受自然的感觉,因为只有旅游者获得愉悦感满意了以后,才有可能将这种感受扩散,自己会再来,也会推荐别人来,这就是我们所谓的"回头客"。

"专家组"被访者D:我认为是能够提供一个放松、舒适的氛围。

"专家组"被访者E:我认为花卉旅游目的地需要创造出一种神圣的(awe)、快乐的(happiness)、愉悦的(bliss)氛围,目的地希望旅游者的赏花之旅是快乐的、满意的、值回票价的。

二、花卉爱好者组

问:您认为赏花地的形象由哪些具体要素组成? 当去往一个赏花地,您最关注的是赏花地的哪些要素,或者说什么要素是最吸引您的?

答:

"花卉爱好组"被访者 A(女,23 岁):我认为花卉规模和花卉品种是比较吸引我的,另外就是花文化方面,比如说花卉的来源以及相关的历史文化等;另外从旅游景点来说路线安排也比较重要,再就是卫生设施、餐饮等配套设施,我比较喜欢景区内有美食小摊点,还有觉得赏花地如果能有一个类似于花店零售的地方就更好了。

"花卉爱好组"被访者 B(女,38 岁):我认为最重要的一个是花卉品种,因为我自己也养花,所以想去看的一定是日常不常见的品种;第二是赏花地需要有一定的接待吞吐能力,在维持客流量、交通、停车等方面需要能有秩序;第三我个人比较在乎的是当地的美食;第四是赏花地与我居所的远近距离,如果是一日游、两日游的程度,那最好赏花地周边有一个风光互补的配套景点;第五是花卉景观的可进入性,可以在提供一个拍照的地方的同时也能有天然防护,不至于花卉被人随意采摘;然后休憩场所也很重要,垃圾桶、厕所、买水的营业部都能够方便找到,洗手间也需要干净卫生一些;再有就是现在出游一般带着孩子、老人,还是希望赏花地能有一些可以带回家的旅游产品,比如鲜切花、花茶、鲜花皂等,但是在赏花地购买这些产品时对它们的质量会有一定疑虑。我个人比较喜欢两种风格的赏花地:一是自然野地,类似农家乐那种,有一定的接待能力;二是规模大的花田,有视觉冲击力。

"花卉爱好组"被访者 C(女,29 岁):我就把我想到的都罗列出来吧,首先是交通便利程度,如果去到赏花地非常方便,对我来说第一印象会比较好,然后就是花卉品种,一般是有不常见的品种会让我有兴趣跑去看,再就是颜色绚丽、花卉造型、大面积的规模,另外花卉资源与其他旅游资源不一样,它是有花期的,所以花卉品种搭配栽植也比较重要,其他就是相应的游憩设施、娱乐设施、餐饮住宿都是需要的,还有一点是赏花地的旅游者限流特别重要,现在去很多地方不知是看花海还是人海,花虽美但是赏花体验不好。

"花卉爱好组"被访者 D(男,26 岁):首先我想到的是三点,一个毫无疑问是花卉景观;另一个是配套设施,在配套设施这块主要有两部分,一是包含吃、住、行的商业设施,二是诸如洗手间、无障碍设施等基础设施;第三点是内容运营部分,就是游和娱的部分;我认为花卉旅游,花卉是 IP,旅游是主干,据我观察现在的赏花地有两点缺陷:一是开放层次较低,花文化的挖掘不够,花文化和旅游活动没有关联性;二是没有做成产业链,比如去一个赏花地,没有吃的、没有住的,只能看花,旅游的功能要素不全面,也就不会有旅游消费,旅游者也没有动力再去了,所以在内容运营方面,除了花展、花海等花卉景观这些能给旅游者带来感官刺激的吸引物之外,还需要各类活动、旅游商品等增加旅游者的娱乐性与互动性。

"花卉爱好组"被访者 E(女,49 岁):首先是赏花地的视觉效果,比如花卉景观的形状和风格,可以是偏向未修饰的自然风格的,也可以是经过精心修剪的,第二是花文化,例如赏花地花卉的历史典故,呈现在此地的初衷以及文化溯源等,第三是花卉与其他要素的结合,比如说水中倒影、光影等,除视觉以外,也有嗅觉、听觉、触觉等其他观感的调动,例如雨打芭蕉的声声雨滴声。

问:您认为,一个成功的(对您来说有吸引力的)赏花地,能够给旅游者提供一个怎么样的体验氛围?

答:

"花卉爱好组"被访者 A:我希望赏花地能够提供宁静、放松、浪漫的氛围。

"花卉爱好组"被访者 B:应该说是希望带着轻松的心情去赏花,整个赏花地要保持自然的氛围,不一定刻意与历史文化相联结,小朋友平时学习比较辛苦,带他去感受自然就好,过多的信息涉入有时会成为负担,旅游就不轻松了。

　　"花卉爱好者"被访者 C:我青睐的还是一个静谧的环境氛围,可以让我安静赏花、品花、感受自然的一个环境,令我能够在工作中解放出来,心旷神怡的一个地方。

　　"花卉爱好组"被访者 D:我认为主要有两点,一是环境美,视觉上的效果要好,比如说一个地方的特色花卉是梅花,那可以集中呈现各类梅花造型;二是意境美,现在伴随着城市化会出现一些生活节奏过快的问题,我希望能在赏花地获得一种不同于城市生活的意境美。

　　"花卉爱好组"被访者 E:我认为花卉传递给我的是一种单纯的美,我相信花卉是有灵性的,因此我对花卉的包容度很高,不管它是绽放的,还是凋零的,我都喜欢;无论赏花地是宁静优雅的,例如日本一些花园,或者是热闹的,例如切尔西花展,我都觉得非常好。

附录9:客体形象作用下的感知形象
调查问卷

本问卷用于调查赏花地形象相关问题。请根据每一部分提示语勾选或填答题项。本调查仅用于学术研究,采用匿名方式,问卷中所有信息严格保密。

1. 这是您第一次来上海植物园吗?

□是　□否(我之前也来过)

2. 这次的出游,您的同伴是:

□没有同伴,我自己　□家人　□朋友　□同事　□其他

3. 您在这次赏花游中的主要出行动机是:

□休闲放松　□社交　□增长见识　□陪伴亲密的人　□其他

4. 请您根据这一赏花地的情况,按照实际想法在以下合适的方框打"√"。

序号	指标	选　项
1	花卉规模	□非常小　□比较小　□不确定　□比较大　□非常大
2	花卉品种丰富度	□非常单一　□比较单一　□不确定　□比较丰富　□非常丰富
3	花卉品种特色度	□非常常见　□比较常见　□不确定　□比较有特色　□非常有特色
4	花卉色彩	□非常素雅　□比较素雅　□不确定　□比较绚烂　□非常绚烂
5	花卉长势	□非常差　□比较差　□不确定　□比较好　□非常好
6	园艺水平	□非常低　□比较低　□不确定　□比较高　□非常高
7	其他生态景观质量	□非常差　□比较差　□不确定　□比较好　□非常好

序号	指标	选 项
8	花卉历史展示	□非常少　□比较少　□不确定　□比较多　□非常多
9	花卉知识科普	□非常少　□比较少　□不确定　□比较多　□非常多
10	花卉文化呈现	□非常乏味　□比较乏味　□不确定　□比较精彩　□非常精彩
11	花文化的参与感	□完全没参与感　□没太多参与感　□不确定　□比较有参与感 □非常有参与感
12	花事节庆活动	□完全没特色　□比较没特色　□不确定　□比较有特色 □非常有特色
13	赏花地拥挤度	□非常开阔　□比较开阔　□不确定　□比较拥挤　□非常拥挤
14	赏花时受干扰度	□完全不受干扰　□比较不受干扰　□不确定　□有点受干扰 □非常受干扰
15	赏花地形象标识	□非常模糊　□比较模糊　□不确定　□比较统一明确 □非常统一明确
16	赏花地购物便利性	□非常不便利　□比较不便利　□不确定　□比较便利 □非常便利
17	赏花地交通便利性	□非常不便利　□比较不便利　□不确定　□比较便利 □非常便利
18	赏花地游线安排	□非常不合理　□比较不合理　□不确定　□比较合理 □非常合理
19	休憩设施	□非常少　□比较少　□不确定　□比较多　□非常多
20	配套设施水平（厕所等）	□非常差　□比较差　□不确定　□比较好　□非常好
21	餐饮水平	□非常差　□比较差　□不确定　□比较好　□非常好

5.在这一赏花地,您感受到的放松度是:

□非常有压力　□比较有压力　□不确定　□比较放松　□非常放松

6.在这一赏花地,您感受到的舒适度是:

□非常不适　□比较不适　□不确定　□比较舒适　□非常舒适

7.在这一赏花地,您感受到的愉悦度是:

□非常不愉快　□比较不愉快　□不确定　□比较愉快　□非常愉快

8.在这一赏花地,您感受到的自然氛围是:

□感受不到自然　□不太能享受自然　□不确定

□能感受到一些自然氛围　□非常享受自然

9.总体上,您对这次赏花游经历评价如何?

□非常差　□比较差　□一般　□比较好　□非常好

10.从整体形象来说,您对这一赏花地的评价是:

□非常差　□比较差　□一般　□比较好　□非常好

11.以下各题项描述了您关于这一赏花地的意动感知形象,请在合适的方框上打"√"。

(1)我认为再一次来这个赏花地旅游是值得的;

□非常不同意　□不太同意　□不确定　□有点同意　□非常同意

(2)如果有机会,我愿意再来这里体验一次赏花之旅;

□非常不同意　□不太同意　□不确定　□有点同意　□非常同意

(3)我有再来这个赏花地的打算;

□非常不同意　□不太同意　□不确定　□有点同意　□非常同意

(4)我愿意把这次赏花游的经历分享给我的亲戚或朋友;

□非常不同意　□不太同意　□不确定　□有点同意　□非常同意

(5)我愿意向我的亲戚或朋友推荐这一赏花地;

□非常不同意　□不太同意　□不确定　□有点同意　□非常同意

(6)当其他人向我咨询赏花地旅游建议时,我愿意将这一赏花地推荐给

他(她);

□非常不同意　□不太同意　□不确定　□有点同意　□非常同意

12.以下各题项描述了您对花卉的态度和熟悉度,请在合适的方框上打"√"。

(1)您喜爱花卉的程度是:

□非常不喜欢　□不太喜欢　□不确定　□有点喜欢　□非常喜欢

(2)您认为花卉对您的吸引力程度是:

□完全没吸引力　□不太有吸引力　□不确定　□有点吸引力

□非常有吸引力

(3)当您看到花卉时,您认为它能给您带来的感觉是:

□非常消极的　□有点消极的　□没感觉　□有点积极的

□非常积极的

(4)您了解花卉的程度是:

□完全不了解　□不太了解　□不确定　□有点了解　□非常了解

(5)您掌握的花卉知识是:

□非常匮乏的　□较为匮乏的　□不确定　□较为丰富的

□非常丰富的

(6)请您根据图片识别并填写以下6种花卉的名称,若不知道请打"×":

（1）

（2）

（3）　　　　　　　　　　　　　　（4）

（5）　　　　　　　　　　　　　　（6）

13. 请填写以下个人信息：

（1）性别：

□男　　□女

（2）年龄：

□18—28 岁　　□29—38 岁　　□39—48 岁　　□49—58 岁

□59 岁及以上

（3）学历：

□初中及以下　　□高中(中专)　　□大专　　□本科　　□硕士及以上

（4）职业状态：

□在职(有雇主)　　□学生　　□自由职业、个体户　　□待业　　□退休

谢谢您的支持！

参考文献

一、中文参考文献

图书

[英]贝拉·迪克斯:《被展示的文化:当代"可参观性"的生产》,北京大学出版社2012年版。

[美]彼得·伯格、托马斯·卢克曼:《现实的社会构建》,汪涌译,北京大学出版社2009年版。

陈俊愉、程绪珂:《中国花经》,上海文化出版社1990年版。

段鹏:《国家形象建构中的传播策略》,中国传媒大学出版社2007年版。

[瑞士]费尔迪南·德·索绪尔:《普通语言学教程》,高名凯译,商务印书馆1980年版。

海军:《视觉的诗学》,重庆大学出版社2007年版。

胡飞、尹定邦、柳冠中:《工业设计符号基础》,高等教育出版社2007年版。

[英]霍布斯鲍姆:《传统的发明》,顾杭、庞冠群译,译林出版社2008年版。

姜炎:《赏花诗选》,河南教育出版社1990年版。

[美]Linda Holtzschue:《解读色彩——写给设计师的色彩书》,高杨译,电子工业出版社2013年版。

罗胜强、姜嬿:《管理学问卷调查研究方法》,重庆大学出版社2018年版。

邵骥顺:《中国旅游历史文化概论》,上海三联书店1998年版。

邵培仁:《媒介理论前线》,浙江大学出版社 2015 年版。

盛翀:《江南园林意境:中国古典园林的审美方式》,上海交通大学出版社 2009 年版。

舒迎澜:《古代花卉》,农业出版社 1993 年版。

[美]苏珊·桑塔格:《论摄影》,黄灿然译,上海译文出版社 2012 年版。

[美]W.J.T.米歇尔:《图像学:形象、文本、意识形态》,陈永国译,北京大学出版社 2020 年版。

[美]W.J.T.米歇尔:《图像何求?》,陈永国、高焓译,北京大学出版社 2018 年版。

汪民安:《文化研究关键词》,江苏人民出版社 2011 年版。

王柯平:《旅游美学纲要》,旅游教育出版社 1997 年版。

王宁、刘丹萍、马凌等:《旅游社会学》,南开大学出版社 2008 年版。

王宁:《消费社会学:一个分析的视角》,社会科学文献出版社 2001 年版。

[美]沃尔特·李普曼:《公众舆论》,闫克文、江红译,上海人民出版社 2006 年版。

吴明隆:《问卷统计分析实务——SPSS 操作与应用》,重庆大学出版社 2008 年版。

吴明隆:《结构方程模型》,重庆大学出版社 2009 年版。

夏铸九、王志弘:《空间的文化形式与社会理论读本》,明文书局 1993 年版。

夏祖华、黄伟康:《城市空间设计》,东南大学出版社 1992 年版。

谢贵安、华国梁:《旅游文化学》,高等教育出版社 1999 年版。

谢彦君:《基础旅游学》,中国旅游出版社 2011 年版。

徐恒醇:《设计符号学》,清华大学出版社 2008 年版。

章必功:《中国旅游史》,云南人民出版社 1992 年版。

张宁:《媒介社会学:信息化时代媒介现象的社会学解读》,中山大学出版社 2010 年版。

周武忠:《中国花文化史》,海天出版社 2015 年版。

周宪:《视觉文化读本》,南京大学出版社 2013 年版。

朱晓兰:《文化研究关键词:凝视》,南京大学出版社 2013 年版。

宗坤明:《形象学基础》,人民出版社 2000 年版。

邹统钎、高中、钟林生:《旅游学术思想流派》,南开大学出版社 2008 年版。

期刊

白凯、孙天宇、谢雪梅:《旅游目的地形象的符号隐喻关联研究——以陕西省为例》,《资源科学》2008 年第 8 期。

白茹冰:《唐代牡丹文化初探》,《农业考古》2009年第4期。

曹国新:《中国与西方旅游的古代、现代和后现代特征》,《旅游学刊》2006年第6期。

陈才、耿旭、张晓磊:《旅游起源探析》,《渤海大学学报(哲学社会科学版)》2007年第6期。

陈平平:《苏轼与牡丹》,《南京晓庄学院学报》2004年第3期。

陈文华:《宋元明清时期的花卉种植业》,《农业考古》2006年第1期。

陈秀中、王琪:《中华民族传统赏花理论探微》,《北京林业大学学报》2001年第S1期。

陈载舸:《传统自然审美三维结构的建立及其意义》,《广东社会科学》2005年第4期。

程德年、周永博、魏向东:《旅游目的地意象固化与更新的动力机制研究——以苏州为例》,《旅游学刊》2017年第2期。

程杰:《论中国花卉文化的繁荣状况、发展进程、历史背景和民族特色》,《阅江学刊》2014年第1期。

程杰:《论花卉、花卉美和花卉文化》,《阅江学刊》2015年第1期。

戴光全、陈欣:《旅游者摄影心理初探——基于旅游照片的内容分析》,《旅游学刊》2009年第7期。

邓辉:《旅游本质探微》,《中南民族大学学报(人文社会科学版)》2009年第2期。

董志强:《析老子"道象"论——源初存在境域的揭示与呈现》,《东方丛刊》2004年第1期。

杜乃星:《成都花卉旅游产品开发的RMP分析》,《旅游纵览》2013年第24期。

杜小辉、宋昆:《空间单元的杂陈艺术——一种建筑空间解构重组的设计逻辑》,《新建筑》2015年第3期。

樊友猛、谢彦君:《"体验"的内涵与旅游体验属性新探》,《旅游学刊》2017年第11期。

方百寿:《中国旅游史研究之我见》,《旅游学刊》2000年第2期。

高洪涛:《管理视角下花卉与旅游的实证研究——以鄢陵名优花木科技园为例》,《安徽农业科学》2011年第17期。

高洪涛:《许昌花卉旅游发展的调查分析》,《国土与自然资源研究》2012年第4期。

葛岩、秦裕林、姚君喜等:《母鸡的长相是否重要——艺术家不良品行信息传播对作品评价的影响》，《文艺研究》2013 年第 9 期。

葛岩、赵海、秦裕林等：《国家、地区媒体形象的数据挖掘——基于认知心理学与计算机自然语言处理技术的视角》，《学术月刊》2015 年第 7 期。

巩妮、宋保平、詹新惠：《陕北民歌对旅游目的地形象的建构意义研究》，《东南传播》2014 年第 8 期。

辜应康、楼嘉军、唐秀丽：《节事旅游市场化运作研究——以上海旅游节为例》，《北京第二外国语学院学报》2005 年第 3 期。

郭菲菲：《园林景观空间的营造——以植物材料的视觉特性研究为例》，《河北林业科技》2011 年第 5 期。

郭青生：《旅游动机的文化学阐释》，《东南文化》1991 年第 6 期。

郭瑞：《基于游客体验的无锡花卉旅游发展路径研究》，《产业科技创新》2020 年第 2 期。

郝革宗：《试论现代旅游活动的基本特征》，《广西师院学报》1993 年第 2 期。

郝强：《现代旅游者观看方式的三种"理想类型"》，《都市文化研究》2018 年第 1 期。

何景明：《文化遗产旅游目的地：形象建构》，《旅游学刊》2010 年第 6 期。

何丽芳：《浅谈花卉文化旅游审美》，《湖南林业》2003 年第 9 期。

何丽芳、周本贤：《论花卉在旅游中的审美特征》，《怀化学院学报（社会科学）》2003 年第 4 期。

何建民：《我国旅游产业融合发展的形式、动因、路径、障碍及机制》，《旅游学刊》2011 年第 4 期。

胡宪洋、白凯：《旅游目的地形象修复方式量表探讨：中外旅游者整合对比的视角》，《旅游学刊》2013 年第 9 期。

胡易容：《符号学方法与普适形象学》，《中国人民大学学报》2015 年第 1 期。

黄国华、赵铁柏、刘丽萍：《对我国花卉休闲观光业发展的思考——兼论北京市花卉休闲观光业的发展》，《林业经济》2008 年第 7 期。

黄婧、罗晶：《武汉花卉旅游发展规划对策研究》，《安徽农业科学》2013 年第 3 期。

黄婧、张利科：《基于 CIS 系统的武汉花卉旅游发展策略研究》，《宁夏农林科技》2014 年第 1 期。

黄燕、赵振斌、褚玉杰等：《互联网时代的旅游地视觉表征：多元建构与循环》，《旅游学刊》2015 年第 6 期。

戢晓峰、李康康、陈方：《节假日旅游流时空分异及其形成机制——以云南省为例》，《经济地理》2018年第3期。

贾鸿雁：《牡丹文化及其旅游开发》，《北京林业大学学报（社会科学版）》2009年第2期。

姜辽、徐红罡：《文学旅游的审美消费：以水泊梁山为例》，《旅游学刊》2017年第5期。

金城：《从宋代笔记看宋人花卉消费》，《名作欣赏》2016年第11期。

赖启航：《我国杜鹃花旅游资源特点及开发初探》，《北方园艺》2011年第18期。

李保华：《广陵芍药趣谈》，《江苏地方志》2001年第5期。

李端杰：《植物空间构成与景观设计》，《规划师》2002年第5期。

李刚：《文学旅游的时空建构？——以南京秦淮河风光带为例》，《旅游论坛》2016年第5期。

李健：《中国当代大众文化的视觉建构问题调研报告》，《江海学刊》2014年第4期。

李健：《论大众文化视觉形象类型的深层结构系统》，《天津社会科学》2016年第3期。

李健：《论大众文化视觉形象类型的表层结构系统》，《临沂大学学报》2018年第1期。

李菁博、许兴、程炜：《花神文化和花朝节传统的兴衰与保护》，《北京林业大学学报（社会科学版）》2012年第3期。

李乐：《日本赏花文化本质初探》，《景德镇高专学报》2008年第1期。

李蕾蕾：《人—人感知系统：旅游地形象设计新领域》，《人文地理》1999年第4期。

李蕾蕾：《旅游地形象的传播策略初探》，《深圳大学学报（人文社会科学版）》1999年第4期。

李蕾蕾、王薇、肖秀轼：《航空广告：实证、隐喻和目的地形象的建构》，《深圳大学学报（人文社会科学版）》2004年第6期。

李巍、张树夫：《旅游地形象的认知与构建》，《资源开发与市场》2002年第6期。

李伟强、包志毅：《园林植物空间营造研究：以杭州西湖绿地为例》，《风景园林》2011年第5期。

李玺、毛蕾：《旅游目的地形象演变的策略研究——典型区域分析及对澳门的启示》，《旅游科学》2009年第4期。

李晓静：《社交媒体用户的信息加工与信任判断——基于眼动追踪的实验研究》，《新闻与传播研究》2017年第10期。

李雪松、田里:《旅游形象屏蔽机理解析》,《旅游科学》2009 年第 4 期。

李云霞:《云南花卉旅游品牌培育》,《经济问题探索》2003 年第 6 期。

梁佳、吕兴洋、曲颖:《形象趋同与个性趋异:资源同质目的地品牌差异化定位研究》,《人文地理》2016 年第 5 期。

廖卫民:《媒介地理论:多伦多城市媒介的地理印记与文化认同》,《杭州师范学院学报(社会科学版)》2008 年第 5 期。

林德荣、郭晓琳:《时空压缩与致敬传统:后现代旅游消费行为特征》,《旅游学刊》2014 年第 7 期。

林森:《"赏花三品"雅为高》,《中国花卉园艺》2002 年第 9 期。

刘彬、甘巧林:《基于旅游者摄影行为的旅游目的地形象建构研究——以江西婺源为例》,《旅游论坛》2015 年第 4 期。

刘晨、朱竑、安宁:《文学旅游地的社会文化建构:以凤凰古城为例》,《旅游学刊》2014 年第 7 期。

刘传明、曾菊新:《区域空间供需模型与空间结构优化途径选择——功能区建设的科学基础》,《经济地理》2009 年第 1 期。

刘丹凌:《客体、主体与情境:"像化"国家形象的认知图谱》,《南京社会科学》2017 年第 2 期。

刘丹萍:《旅游者、摄影节(比赛)与目的地营销——某旅游地案例定性分析》,《旅游学刊》2004 年第 4 期。

刘红娟:《明末清初的咏花诗与士人心态变迁》,《郑州大学学报(哲学社会科学版)》2012 年第 4 期。

刘加凤:《文化审美视角下的花卉旅游市场开发与经营》,《陕西农业科学》2007 年第 6 期。

刘建峰、王桂玉、郑彪:《旅游目的地形象内涵及其建构过程解析》,《旅游论坛》2009 年第 4 期。

刘建峰、王桂玉、张晓萍:《基于表征视角的旅游目的地形象内涵及其建构过程解析——以丽江古城为例》,《旅游学刊》2009 年第 3 期。

刘荣增:《城乡统筹理论的演进与展望》,《郑州大学学报(哲学社会科学版)》2008 年第 4 期。

刘永飞、徐孝昶、许佳君:《断裂与重构:农村的"空心化"到"产业化"》,《南京农业大学学报(社会科学版)》2014 年第 3 期。

刘振国、李镇清:《植物群落中物种小尺度空间结构研究》,《植物生态学报》2005

年第 6 期。

卢政营、张威、唐静:《乡村节事旅游活动品牌形象的实证研究——以罗平油菜花节为例》,《旅游学刊》2009 年第 5 期。

吕兴洋、徐虹、林爽:《品牌劫持:旅游目的地形象异化演进过程研究》,《旅游学刊》2014 年第 6 期。

马凌:《旅游社会科学中的建构主义范式》,《旅游学刊》2011 年第 1 期。

马凌、王瑜娜:《旅游目的地形象的社会文化建构:"文本与语境"的分析范式——以湖南凤凰古城为例》,《学术研究》2013 年第 3 期。

马培、张丹:《山区花卉的生态旅游价值》,《山地学报》2008 年第 S1 期。

马相彬:《"网红"文化的传播与狂欢》,《大众文艺》2016 年第 15 期。

孟莉娟、李景初:《河南花卉旅游开发优势与策略分析》,《河南商业高等专科学校学报》2006 年第 5 期。

欧翠珍:《文化消费研究述评》,《经济学家》2010 年第 3 期。

欧静、杨成华:《野生草本花卉观赏价值的定量评价》,《贵州农业科学》2009 年第 6 期。

潘鸿雷、汤澍:《南京环城游憩带花卉旅游产品探讨》,《合作经济与科技》2009 年第 19 期。

钱璐、杨晓云:《云南花卉旅游资源与产品开发探析》,《安徽农业科学》2011 年第 7 期。

邱宏亮:《旅游节庆意象、节庆依恋、节庆旅游者环境责任态度与行为——以杭州西溪花朝节为例》,《浙江社会科学》2017 年第 2 期。

沈雪瑞、李天元:《国外旅游目的地形象研究前沿探析与未来展望》,《外国经济与管理》2013 年第 11 期。

宋立中:《闲隐与雅致:明末清初江南士人鲜花鉴赏文化探论》,《复旦学报(社会科学版)》2010 年第 2 期。

宋章海:《从旅游者角度对旅游目的地形象的探讨》,《旅游学刊》2000 年第 1 期。

粟路军、何学欢:《旅游地形象涵义、构成、特征与形成过程——基于国外文献的梳理》,《旅游科学》2015 年第 3 期。

孙九霞、王学基:《旅游凝视视角下的旅游目的地形象建构——以大型演艺产品〈印象·刘三姐〉为例》,《贵州大学学报(社会科学版)》2016 年第 1 期。

汤澍、陈智博、丁蕾等:《基于乡村旅游多元影响效应的花卉旅游研究》,《安徽农业科学》2008 年第 23 期。

陶玉国、李永乐、孙天胜等:《PI背景下的TDI结构方程模型》,《旅游学刊》2009年第7期。

田如男、朱敏:《植物质感与植物景观设计》,《南京林业大学学报(人文社会科学版)》2009年第3期。

童庆炳:《文化诗学结构:中心、基本点、呼吁》,《福州大学学报(哲学社会科学版)》2012年第2期。

王斌、戴梦瑜:《迭代生产与关系建构:社交媒体中的国家形象塑造机制》,《兰州大学学报(社会科学版)》2017年第5期。

王红国、刘国华:《旅游目的地形象内涵及形成机理》,《理论月刊》2010年第2期。

王华生:《媒介形态嬗变与话语霸权的转移》,《河南大学学报(社会科学版)》2018年第3期。

王佳宇:《图片新闻中图像符号的多模态批评性分析》,《国际新闻界》2012年第4期。

王敬武:《对旅游艾斯特定义的质疑》,《北京工商大学学报(社会科学版)》2010年第1期。

王蕾:《唐宋时期的花朝节》,《华夏文化》2006年第3期。

王龙:《旅游目的地形象测量内容的研究综述》,《旅游科学》2012年第4期。

王宁:《旅游、现代性与"好恶交织"——旅游社会学的理论探索》,《社会学研究》1999年第6期。

王汝辉、吴涛、樊巧:《基于扎根理论的三圣花乡旅游景区原住民生存感知研究》,《旅游学刊》2014年第7期。

王赛时:《明清时期北京的花卉业》,《古今农业》1994年第3期。

王赛时:《古代的赏花习俗》,《文史知识》1995年第11期。

汪圣铎:《宋代种花、赏花、簪花与鲜花生意》,《文史知识》2003年第7期。

王晓琳:《关于景观设计中的植物质感的研究》,《吉林广播电视大学学报》2012年第6期。

王晓云:《关于中国旅游起源问题的研究》,《旅游科学》2001年第2期。

王宜山:《快感现象发生原理》,《齐鲁艺苑》1996年第1期。

韦俊峰、吴忠军:《"隐性介体"视野下的旅游地空间生产与形象建构话语——以龙胜金坑大寨红瑶梯田为例》,《人文地理》2015年第6期。

文春艳、李立华、徐伟等:《旅游目的地形象研究综述》,《地理与地理信息科学》2009年第6期。

文风:《"旅游"与"旅行"——《旅游史》教学中的概念新辨》,《历史教学(下半月刊)》2009 年第 3 期。

翁殊斐、何健、柯峰:《基于网页的 SBE 法研究广州城市公园木本花卉景观》,《福建林业科技》2008 年第 4 期。

乌铁红、张捷、杨效忠等:《旅游地形象随时间变化的感知差异——以安徽天堂寨风景区为例》,《地理研究》2008 年第 5 期。

吴必虎、宋治清:《一种区域旅游形象分析的技术程序》,《经济地理》2001 年第 4 期。

吴文涛:《元代大都城南花卉文化的兴起》,《北京社会科学》2010 年第 2 期。

吴越、赵延凤、王云:《采石类矿坑花园景观评价和模型建构》,《上海交通大学学报(农业科学版)》2016 年第 3 期。

奚路阳、程明:《主体性地位回归:消费者增权及其实现路径》,《商业经济研究》2018 年第 2 期。

向宏桥:《国内外花卉旅游发展模式研究》,《旅游论坛》2014 年第 1 期。

肖建勇、郑向敏:《旅游产业融合:动因、机理与效应》,《商业研究》2012 年第 1 期。

谢贵安:《中国传统旅游的伦理特征》,《旅游学刊》1999 年第 4 期。

谢进川:《试论传播学中的增权研究》,《国际新闻界》2008 年第 4 期。

谢彦君:《论旅游的现代化与原始化》,《旅游学刊》1990 年第 4 期。

邢怀滨、陈凡:《社会建构论的思想演变及其本质意含》,《科学技术与辩证法》2002 年第 5 期。

邢新朋、方洁、刘天森等:《绩效反馈对开发式创新和探索式创新的影响机制研究》,《工业技术经济》2018 年第 7 期。

熊继红:《花卉旅游资源定量评价研究——以武汉市花卉资源为例》,《旅游纵览》2014 年第 6 期。

许占民、李阳:《花意文化产品设计因子提取模型与应用研究》,《图学学报》2017 年第 1 期。

薛会娟:《旅游地感知场的形成机理及管理对策探讨》,《人文地理》2008 年第 1 期。

严奇岩:《明清时期云南的观赏花卉资源》,《中国园林》2004 年第 3 期。

杨朝云:《牡丹与寒梅:以两种花卉阐释唐宋士人的差异》,《曲靖师范学院学报》2006 年第 1 期。

杨俭波、乔纪纲:《动因与机制——对旅游地社会文化环境变迁理论的研究》,《热带地理》2003 年第 1 期。

杨雪珂、吴健清、张晓虹等:《基于网络文本的旅游目的地投射形象分析:张家界案例》,《中山大学研究生学刊(自然科学.医学版)》2014 年第 1 期。

杨颖:《产业融合:旅游业发展趋势的新视角》,《旅游科学》2008 年第 4 期。

姚远:《博物馆场域下的艺术传播与仪式表征》,《南京艺术学院学报(美术与设计版)》2017 年第 4 期。

叶静渊:《我国明清时期的花卉栽培》,《农业考古》1987 年第 2 期。

叶卫国:《文化哲学视野下的中西花卉审美特征漫议》,《广东海洋大学学报》2007年第 2 期。

尹娟、蔡秀珍、田径:《野生花卉资源调查及其观赏性状的评价》,《北方园艺》2017第 17 期。

尹贻梅、陆玉麒、邓祖涛:《国内旅游空间结构研究述评》,《旅游科学》2004 年第4 期。

俞益武、李健、肖胜和等:《浙江省生物景观类旅游资源现状分析及旅游项目开发》,《浙江林学院学报》2005 年第 1 期。

袁国宏:《旅游业可持续发展的动力系统研究》,《旅游科学》2004 年第 1 期。

曾军:《近期国外旅游影响研究综述——〈Annals of Tourism Research〉文献分析》,《云南地理环境研究》2006 年第 6 期。

张高军、吴晋峰:《不同群体的目的地形象一致吗? ——基于目的地形象群体比较研究综述》,《旅游学刊》2016 年第 8 期。

张鸿翎:《中国花文化的自然属性及其人文内涵》,《内蒙古农业大学学报(社会科学版)》2004 年第 4 期。

章杰宽、张萍:《历史与旅游:一个研究述评》,《旅游学刊》2015 年第 11 期。

张黎:《日常生活的设计与消费》,《南京艺术学院学报(美术与设计版)》2010 年第2 期。

张启翔:《中国花文化起源与形成研究(一)——人类关于花卉审美意识的形成与发展》,《中国园林》2001 年第 1 期。

张胜海:《帝子设宴纳宾贤,赏花钓鱼赋太平——中国古代曲宴初探》,《学术探索》2005 年第 3 期。

张嵩:《〈中国旅游史〉教学中"旅游"概念辨析》,《河南商业高等专科学校学报》2014 年第 5 期。

张薇、丁兰兰:《城市旅游宣传片中意识形态的三种表征方式》,《新闻世界》2015

年第 5 期。

张文瑞:《论大众传媒对旅游目的地形象的建构》,《新闻战线》2014 年第 8 期。

张骁鸣:《旅游地空间话语的社会建构——以世界遗产地西递村为例》,《思想战线》2011 年第 3 期。

张雪慧:《元人生活中之花卉及其商品化》,《商业文化月刊》1997 年第 4 期。

张亚红:《生态文明城市建设中花卉旅游发展策略研究》,《中国市场》2016 年第 38 期。

赵刘:《图像抑或意识:旅游意象的本质直观》,《旅游科学》2020 年第 2 期。

赵小雷、张渭涛:《形象的功能结构及其阐释学——论形象外延与内涵的正比例关系》,《西北大学学报(哲学社会科学版)》2002 年第 4 期。

周春林:《盛大的景观:节事概念及其景观属性考察》,《河南社会科学》2016 年第 10 期。

周武忠:《论花卉的旅游审美意义》,《东南大学学报(哲学社会科学版)》2002 年第 5 期。

周武忠:《论中国花卉文化》,《中国园林》2004 年第 2 期。

周武忠:《花文化与旅游——中国花文化国际学术研讨会综述》,《艺术百家》2007 年第 S1 期。

周宪:《现代性与视觉文化中的旅游凝视》,《天津社会科学》2008 年第 1 期。

周宪:《当代视觉文化与公民的视觉建构》,《文艺研究》2012 年第 10 期。

周宪:《从形象看视觉文化》,《江海学刊》2014 年第 4 期。

朱报著、徐斌、张方秋等:《广东红花荷属植物野生花卉观赏类型划分》,《广东农业科学》2011 年第 1 期。

朱竑、尹铎:《自然的社会建构:西方人文地理学对自然的再认识》,《地理科学》2017 年第 11 期。

庄志民:《论旅游意象属性及其构成》,《旅游科学》2007 年第 3 期。

邹本涛、曲玉镜:《旅游文化史:内涵与分期的再探讨》,《旅游学刊》2015 年第 12 期。

其他

陈传康、李蕾蕾:《风景旅游区和景点的旅游形象策划》,第五届全国区域旅游开发学术研讨会会议论文,1996 年。

陈秀中:《中华民族传统赏花趣味初探》,中国园艺学会主编:《中国园艺学会成立

70 周年纪念优秀论文选编》,中国科学技术出版社 1999 年版。

范向丽、郑向敏:《基于女性市场的花卉旅游产品开发策略研究》,载周武忠主编:《2007 年中国花文化国际学术研讨会论文集》,东南大学出版社 2007 年版。

高歌:《中国古代花卉饮食研究》,郑州大学 2006 年硕士学位论文。

杭迪:《W.J.T.米歇尔的图像理论和视觉文化理论研究》,山东大学 2012 年博士学位论文。

黄丹妹:《汉魏六朝咏花诗研究》,首都师范大学 2011 年硕士学位论文。

李海燕:《花卉旅游资源分类和评价研究》,重庆师范大学 2017 年硕士学位论文。

李田:《花卉主题公园植物景观设计》,西南大学 2010 年硕士学位论文。

李辛怡:《旅游体验下的昆明市花卉旅游发展对策研究》,云南财经大学 2016 年硕士学位论文。

刘颖:《基于女性的花卉旅游产品开发策略研究》,燕山大学 2012 年硕士学位论文。

马子森:《河南省花卉产业与旅游业融合发展路径与对策研究》,河南理工大学 2015 年硕士学位论文。

宋元明:《郑州大花海休闲观光园植物景观规划设计研究》,河南农业大学 2015 年硕士学位论文。

孙洁:《花卉旅游的游客感知价值及开发策略研究》,新疆农业大学 2014 年硕士学位论文。

田文桥:《北京地区花卉休闲观光园植物景观规划设计研究》,北京林业大学 2012 年硕士学位论文。

王晞:《旅游目的地形象的提升研究》,华东师范大学 2006 年博士学位论文。

肖艳红:《绵竹玫瑰园花卉景区开发研究》,成都理工大学 2015 年硕士学位论文。

解瑞红:《武汉花卉旅游空间布局及其评价》,华中师范大学 2016 年硕士学位论文。

姚若颖:《基于游客感知视角的广州花卉旅游开发研究》,广州大学 2016 年硕士学位论文。

于祥远:《捎客在旅游世界中的功能及其角色演化》,东北财经大学 2012 年硕士学位论文。

张伟丽:《百里杜鹃风景区花卉景观和花卉旅游产品规划探讨》,贵州大学 2015 年硕士学位论文。

赵丽霞:《花卉文学与唐宋时代的审美意识》,中南民族大学 2005 年硕士学位论文。

郑晓红:《色彩调和论研究》,苏州大学 2013 年博士学位论文。

郑阳:《花卉色彩在现代室内陈设品设计中的应用》,西南交通大学 2015 年硕士学位论文。

钟晓璐:《中国古代餐花行为及其文学书写研究》,南京师范大学 2017 年硕士学位论文。

周璐:《安徽地区花海景观的研究与实践》,安徽农业大学 2016 年硕士学位论文。

二、英文参考文献

图书

Aaker D A, *Building Strong Brands*, New York: Simon and Schuster, 2012.

Boulding K E, *The Image: Knowledge in Life and Society*, Ann Arbor: University of Michigan Press, 1956.

Goody J, *The Culture of Flowers*, Cambridge: CUP Archive, 1993.

Kress G R, Van Leeuwen T, *Reading Images: The Grammar of Visual Design*, London: Psychology Press, 1996.

Lefebvre H, Nicholson-Smith D, *The Production of Space*, Blackwell: Oxford, 1991.

Nunnally J C, Bernstein I H, Berge J M F, *Psychometric Theory*, New York: McGraw-Hill, 1967.

Parkinson F, *Flower Festivals: Themes and Ideas*, London: David & Charles Publishers, 1986.

Pine B J, Gilmore J H, *The Experience Economy: Work is Theatre &Every Business a Stage*, Boston: Harvard Business Press, 1999.

Pocock D C D, Hudson R, *Images of the Urban Environment*, London: Macmillan, 1978.

Relf D, *The Role of Horticulture in Human Well Being*, Portland, OR: Timber Press, 1992.

Ziegler C, *Favored Flowers: Culture and Economy in a Global System*, Durham: Duke University Press, 2007.

期刊

Adoni H, Mane S, "Media and the Social Construction of Reality: Toward an Integration of Theory and Research", *Communication Research*, 1984(3).

Aida M, "Smellwalks in Edo", *Aromatopia*, 2010(2).

Andereck K L, "Tourists' Perceptions of Environmentally Responsible innovations at Tourism Businesses", *Journal of Sustainable Tourism*, 2009(4).

Aono Y, Kaizui K, "Phenological Data Series of Cherry Tree Flowering in Kyoto, Japan, and its Application to Reconstruction of Springtime Temperature since the 9th Century", *International Journal of Climatology*, 2008(7).

Avraham E, "Destination Image Repair During Crisis: Attracting Tourism During the Arab Spring Uprisings", *Tourism Management*, 2015(47).

Ballantyne R, Packer J, Hughes K, "Environmental Awareness, Interests and Motives of Botanic Gardens Visitors: Implications for Interpretive Practice", *Tourism management*, 2008 (3).

Baloglu S, Brinberg D, "Affective Images of Tourism Destinations", *Journal of Travel Research*, 1997(4).

Baloglu S, Mangaloglu M, "Tourism Destination Images of Turkey, Egypt, Greece, and Italy as Perceived by US-based Tour Operators and Travel Agents", *Tourism management*, 2001(1).

Baloglu S & Mccleary K W, "A Model of Destination Image Formation", *Annals of Tourism Research*, 1999(4).

Barich H, Kotler P, "A Framework for Marketing Image Management", *MIT Sloan Management Review*, 1991(2).

Beerli A, Martín J D, "Tourists' Characteristics and the Perceived Image of Tourist Destinations: A Quantitative Analysis—A Case Study of Lanzarote, Spain", *Tourism management*, 2004(5).

Blas S S, Carvajal-Trujillo E, "Cruise Passengers' Experiences in a Mediterranean Port of Call", *The Case Study of Valencia*, 2014(102).

Chen C F, Tsai D C, "How Destination Image and Evaluative Factors Affect Behavioral Intentions?", *Tourism Management*, 2007(4).

Cherifi B, Smith A, Maitland R, et al, "Destination Images of Non-visitors", *Annals of*

Tourism Research, 2014(C).

Crompton J L, "Motivations for Pleasure Vacation", *Annals of Tourism Research*, 1979 (4).

Dann G, Jacobsen J K S, "Tourism Smellscapes", *Tourism Geographies*, 2003(1).

Echtner C M, Ritchie J B, "The Measurement of Destination Image: An Empirical Assessment", *Journal of Travel Research*, 1993(4).

Edwards R, "Arranging Society with Flowers: the Rise and Fall of Flower Shows in Gympie, 1880-2004", *Journal of Australian Studies*, 2011(1).

Elliott B, "Flower Shows in Nineteenth-Century England", *Garden History*, 2001(2).

Fesenmaier D, Mackay K, "Deconstructing Destination Image Construction", *The Tourist Review*, 1996(2).

Gallarza M G, Saura I G, GarcíA H C, "Destination Image: Towards a Conceptual Framework", *Annals of Tourism Research*, 2002(1).

Gartner W C, "Image Formation Process", *Journal of Travel &Tourism Marketing*, 1994 (2).

Hosany S, Ekinci Y, Uysal M, "Destination Image and Destination Personality: An Application of Branding Theories to Tourism Places", *Journal of Business Research*, 2006(5).

James I, Hoffman T, Munro A, et al, "The Value of Flower Tourism at the Namaqua National Park: Environmental and Ecological Economics", *South African Journal of Economic and Management Sciences*, 2007(4).

Jenkins O H, "Understanding and Measuring Tourist Destination Images", *The International Journal of Tourism Research*, 1999(1).

Kong W H, Du Cros H, Ong C E, "Tourism Destination Image Development: ALesson from Macau", *International Journal of Tourism Cities*, 2015(4).

Kruger M, Viljoen A, Saayman M, "Who Pays to View Wildflowers in South Africa?", *Journal of Ecotourism*, 2013(3).

Lai K, Li X, "Tourism Destination Image: Conceptual Problems and Definitional Solutions", *Journal of Travel Research*, 2016(8).

Lambooij M, Fortuin M, Heynderickx I, et al, "Visual discomfort and visual fatigue of stereoscopic displays: A review", *Journal of Imaging Science and Technology*, 2009(3).

Liu J, Cheng H, Jiang D, et al, "Impact of Climate-related Changes to the Timing of Autumn Foliage Colouration on Tourism in Japan", *Tourism Management*, 2019(2).

Lobo R, Goldman G, Jolly D, et al, "Agritourism Benefits Agriculture in San Diego County", *California Agriculture*, 1999(6).

Lohmann M, Kaim E, "Weather and Holiday Destination Preferences Image, Attitude and Experience", *The Tourist Review*, 1999(2).

Loubser G, Nel J, Mouton P, "The Ecotourism Potential of Herpetofauna in the Namaqua National Park, South Africa", *South African Journal of Wildlife Research*, 2001(1).

Marujo N, "Tourism and Special Events: The Flower Festival in Madeira Island", *Tourism&Management Studies*, 2014(2).

Matsuo E, "Analysis of Flower Appreciation and its International Comparison Contribute to Progress of Flower Production and International Flower Trade", *Hortscience A Publication of the American Society for Horticultural Science*, 1990(12).

McKercher B, " A Chaos Approach to Tourism", *Tourism Management*, 1999(4).

O'farrell P J, Lange W J D, Maitre D C L, et al, "The Possibilities and Pitfalls Presented by a Pragmatic Approach to Ecosystem Service Valuation in an Arid Biodiversity Hotspot", *Journal of Arid Environments*, 2011(6).

Pan S, Tsai H, Lee J, " Framing New Zealand: Understanding Tourism TV Commercials", *Tourism Management*, 2011(3).

Plog S C, "Why Destination Areas Rise and Fall in Popularity", *Cornell Hotel and Restaurant Administration Quarterly*, 1974(4).

Preston C C, Colman A M, "Optimal Number of Response Categories in Rating Scales: Reliability, Validity, Discriminating Power, and Respondent Preferences", *Acta Psychologica*, 2000(1).

Primack R, Higuchi H, "Climate Change and Cherry Tree Blossom Festivals in Japan", *Arnoldia*, 2007(2).

Priskin J, "Characteristics and Perceptions of Coastal and Wildflower Nature – based Tourists in the Central Coast Region of Western Australia", *Journal of Sustainable Tourism*, 2003(6).

Ritchie J R B, Beliveau D, "Hallmark Events: An Evaluation of a Strategic Response to Seasonality in the Travel Market", *Journal of Travel Research*, 1974(2).

Rodrigues A I, Correia A, Kozak M., "Combining Visual and Textual Data for Assessing Destination Image: Lake Tourism Example", *Journal of Global Scholars of Marketing Science*, 2017(4).

Scherrer P, Alonso A, Sheridan L, "Expanding the Destination Image: Wine Tourism in the Canary Islands", *International Journal of Tourism Research*, 2009(5).

Seiver B, Matthews A, "Beyond Whiteness: A Comparative Analysis of Representations of Aboriginality in Tourism Destination Images in New South Wales, Australia", *Journal of Sustainable Tourism*, 2016(8).

Selby M, Morgan N J, "Re-construingPlace Image: A Case Study of its Role in Destination Market Research", *Tourism Management*, 1996(4).

Sparks T H, "Local-scale Adaptation to Climate Change: the Village Flower Festival", *Climate Research*, 2014(1).

Stepchenkova S, Eales J S, "Destination Image as Quantified Media Messages: The Effect of News on Tourism Demand", *Journal of Travel Research*, 2011(2).

Stepchenkova S, Zhan F, "Visual Destination Images of Peru: Comparative Content Analysis of DMO and User-generated Photography", *Tourism Management*, 2013(Jun).

Teodorescu N, Pargaru I, Stancioiu A F, et al, "Modelling the Image Research of a Tourism Destination", *Amfiteatru Economic*, 2014(8).

Tipples R, Gibbons P, "Garden Visiting-Twentieth Century Local Tourism in Canterbury", *Horticulture in New Zealand*, 1992(2).

Tkaczynski A, "Flower Power? Activity Preferences of Residents and Tourists to an Australian Flower Festival", *Tourism Analysis*, 2013(5).

Toudert D, Bringas-Rábago N L, "Impact of the Destination Image on Cruise Repeater's Experience and Intention at the Visited Port of Call", *Ocean & Coastal Management*, 2016 (130).

Trauer B, Ryan C, "Destination Image, Romance and Place Experience-An Application of Intimacy Theory in Tourism", *Tourism Management*, 2005(4).

Turpie J, Joubert A, "The Value of Flower Tourism on the Bokkeveld Plateau - ABotanical Hotspot", *Development Southern Africa*, 2004(4).

Van Rooyen M W, Grobbelaar N, Theron G K, et al, "The Ephemerals of Namaqualand: Effects of Photoperiod, Temperature and Moisture Stress on Development and Flowering of Three Species", *Journal of Arid Environments*, 1991(1).

Voss G B, Sirdeshmukh D, Voss Z G, "The Effects of Slack Resources and Environmental Threat on Product Exploration and Exploitation", *Academy of Management Journal*, 2008(1).

吧;在做研究的数据搜集工作时,周老师积极帮助我联系调研单位,提供我使用团队的眼动仪等设备,保证我高效快速地完成调研工作……还有太多的细节在此无法一一陈述,我想正是在周老师带领的治学严谨、兴趣先行、鼓励交流的学术团队氛围下,我才能在艰辛的攻博之路上发现学术纯粹的乐趣吧,在此我深深感谢周老师对我这几年研究生活的指导、关心与包容。

此外,我要感谢上海交通大学媒体与传播学院的单世联教授、邵国松教授、姚君喜教授、张国良教授、谢金文教授,以及远在德国的柏林艺术大学 Gert Groening 教授,我在佩奇大学博士联合培养项目的匈牙利导师 Istvan Kistelegdi 教授和 Miklós Halada 副教授,感谢各位老师在一次次的学术对话中给予我关爱和启迪!

最后,我要感谢我的家人,你们给予了我生命,默默陪伴着我走过生活的高峰与谷底,教会我如何去爱这个世界,让我坚定追逐美好的信念,我承诺,我会大步走下去,一定!

徐媛媛

2021 年 10 月于上海交通大学

责任编辑：雷坤宁
封面设计：石笑梦
版式设计：胡欣欣

图书在版编目（CIP）数据

中国花卉旅游景区研究/徐媛媛 著．—北京：人民出版社，2024.3
ISBN 978－7－01－024864－6

Ⅰ.①中… Ⅱ.①徐… Ⅲ.①旅游业发展-研究-中国 Ⅳ.①F592.3

中国版本图书馆 CIP 数据核字（2022）第 115442 号

中国花卉旅游景区研究
ZHONGGUO HUAHUI LÜYOU JINGQU YANJIU

徐媛媛 著

人民出版社 出版发行
（100706 北京市东城区隆福寺街 99 号）

北京九州迅驰传媒文化有限公司印刷 新华书店经销

2024 年 3 月第 1 版 2024 年 3 月北京第 1 次印刷
开本：710 毫米×1000 毫米 1/16 印张：21.5
字数：304 千字

ISBN 978－7－01－024864－6 定价：66.00 元

邮购地址 100706 北京市东城区隆福寺街 99 号
人民东方图书销售中心 电话 （010）65250042 65289539

版权所有·侵权必究
凡购买本社图书，如有印制质量问题，我社负责调换。
服务电话：（010）65250042